고전과 설화속의
우리 물고기

고전과 설화가 오늘에 전해주는 정다운 우리 물고기 이야기

고전과 설화속의 우리 물고기
　　古典　　說話

이하상 글 / 강우규 그림

목 차

책을 펴내며

1. 잉어鯉魚 1
2. 숭어秀魚 9
3. 꺽정이松江鱸魚 15
4. 붕어鮒魚 22
5. 피라미鰷 27
6. 모래무지鯊 32
7. 쏘가리鱖魚 35
8. 웅어葦魚 42
9. 누치重脣魚 48
10. 은어銀魚 53
11. 열목어餘項魚 62
12. 두우쟁이眉叟甘味魚 67
13. 가사어袈裟魚, 산천어山川魚? 71
14. 메기鮎 75
15. 가물치鱧魚 79
16. 뱀장어鰻 83
17. 미꾸리鰌 87
18. 황복河豚 91
19. 자가사리黃顙魚 98

i

20. 빙어冰魚 ·· 102
21. 공치貢侈魚 ··· 107
22. 거북龜 ·· 111
23. 자라鼈 ·· 117
24. 게蟹 ··· 122
25. 조개蚌蛤 ··· 129
26. 우렁이田螺 ··· 133
27. 조기石首魚 ··· 138
28. 민어鮸魚 ··· 147
29. 준치眞魚 ··· 152
30. 밴댕이蘇魚 ··· 157
31. 도미禿尾魚 ··· 162
32. 청어青魚 ··· 165
33. 가자미鰈魚 ··· 174
34. 서대舌魚 ··· 180
35. 광어廣魚 ··· 184
36. 병어鯧魚 ··· 190
37. 방어魴魚 ··· 196
38. 연어年魚 ··· 204
39. 송어松魚 ··· 209
40. 전어錢魚 ··· 216

41. 황어黃魚 ·· 220

42. 삼치麻魚 ·· 224

43. 고래鯨 ·· 228

44. 돌고래海豚 ··· 235

45. 인어人魚 ·· 238

46. 대구大口 ·· 243

47. 명태明太 ·· 249

48. 고등어古刀魚 ·· 257

49. 쥐치鼠魚 ·· 262

50. 도루묵還目魚 ·· 266

51. 홍어洪魚 ·· 272

52. 오징어烏賊魚 ·· 277

53. 문어章擧 ·· 284

54. 낙지絡蹄 ·· 290

55. 새우蝦 ·· 294

56. 전복全鰒 ·· 300

57. 꼬막과 피조개瓦壟子 ··· 308

58. 홍합紅蛤 ·· 312

59. 소라螺 ·· 316

60. 어락도 읽기 ··· 319

참고문헌 ·· 323

머리말

몇 년 전부터 옛 어보를 번역하는 작업을 해 왔다. 처음 만난 어보가 서유구(徐有榘)가 쓴 『난호어목지(蘭湖漁牧志)』의 어명고였다. 이어 『자산어보(玆山魚譜)』와 『우해이어보(牛海異魚譜)』의 새김에도 착수하였다.

물속세계에 사는 존재로서 인간에 주는 신비함, 그리고 먹을거리로서 친숙함을 통해 물고기는 인간생활과 깊은 관련을 맺어 왔다. 우리 선조들이 물고기의 성상과 생태를 보다 잘 알고 이해하려 노력한 결과가 어보라는 형태로 우리에게 전해진 것이다.

순한문 어보를 번역하면서 어려운 한자의 새김에 당황스럽기도 하고 힘도 들었지만, 한 자 한 자 새긴 결과가 쌓이면서 보람과 즐거움이 커져간 것도 사실이다. 그러나 어류학에도 한문에도 어두운 나를 더욱 힘들게 한 것은 옛 분들이 관찰한 어류의 성상이 현대과학과 일치되지 않는 점이었다. 왜 이런 해석이 나왔을까? 옛 분들은 왜 이렇게 보았을까?

어보를 초벌 번역하고 나서는 어보에 나온 내용을 확인하고 변증하기 위한 평설(評說)을 정리하기 시작하였다. 옛 기록, 시문, 전설, 설화 등 어류의 생태와 관련된 자료를 가능한대로 수집하고 정리해 보았다. 그러다보니 어보 해석의 보완자료가 본문의 여러 배가 된다.

물고기에 대한 옛 자료를 살펴보면서 어류의 성상이 그렇게 기록될 수밖에 없는 사정을 알 수 있었다. 어보 이면의 이야기를 통해 당시의 사회성도 일부나마 접해볼 수 있었다. 또 물고기와 관련된 아름다운 시문도 접할 수 있었다.

  자료가 모아지니 슬그머니 이 평설자료만 가지고 책을 엮어 볼 의욕이 생겼다.『난호어명고』에 수록되어 있는 140여종의 수산물을 대상으로 평설작업을 했지만 한권의 책으로 묶기에는 분량이 넘친다. 우리에게 친숙한 어류의 음미할 만한 옛이야기를 60여 꼭지로 추려보았다.

  원고를 엮고 나니 이 물고기 옛이야기가 읽는 분들에게 제대로 전달될 수 있을까 의구심이 생겼다. 물고기마다 도판을 붙이면 어떨까, 욕심이 생겼다. 다행히 다년간의 낚시 친우인 강우규 님이 흔쾌히 그림 작업을 맡아 주었다. 강우규 님은 건축설계 전문가로 건축물의 조감도 제작에 일가견이 있고, 평소 그림 그리는 것을 즐거움으로 아는 분이다. 물고기 글 꼭지마다 생동감이 있는 도판이 머리에 나오게 되었다. 낚시로 맺은 친교가 이런 공동 성과물로 이루어지게 되어 기쁜 마음이다.

  이 책에 나오는 물고기는 필자 임의로 고른 것이며, 순서도 애초 이 작업이『난호어명고』에서 시작되었기 때문에 그에 따랐을 뿐 별다른 의미는 없다. 원고를 정리하면서 미처 수록하지 못한 글 꼭지에 대한 아쉬운 마음이 자꾸 뇌리를 스친다.

2013년 6월   이하상

1. 잉어 鯉魚

잉어는 민물고기 가운데 큰 것이고 오래 살아 옛글에도 '잉어는 모든 고기의 우두머리(鯉爲魚之長)'로 보아 왔다. 옛 사람들은 큰 잉어를 초자연적인 영물로 취급하였을 뿐 아니라 일상생활과도 깊은 연관이 있어 많은 전설이 남아있다. 설화에서 잉어는 용왕 혹은 수신(河伯)으로 나오고, 신선이 타는 물고기로도 나온다.

고려 때 명장인 윤관(尹瓘, ?~1111) 장군이 거란 군과 싸우다가 후퇴하여 함흥 석덕진 광포 강가에 이르자 잉어들이 다리를 만들어주어 무사히 강을 건널 수 있었다고 한다. 거란 군이 강가에 이르렀을 때엔 잉어들은 흩어졌다고 한다. 이런 전설로 인해 파평 윤씨(坡平尹氏) 집안에서는 잉어를 먹지 않는다고 한다.

잉어 떼가 다리가 되었다는 전설은 현실감이 안 나지만, 그렇다고 그 전설을 부인할 수만은 없다. 물고기가 번식을 하는 가리¹ 철이면 민물에 사는 커다란 물고기들이 강의 얕은 곳에서 떼를 지어 산란을 한다. 얕은 여울에 커다란 물고기 수백, 수천 마리 암수가 모여 어울리는 모습은 실로 장관이다. 지느러미와 등이 물 밖으로 나오고, 퍼덕대며 움직이면 물방울이 사방으로 흩어진다. 이러한 곳은 얕은 여울목이어서 큰 강에서도 쉽게 건널 수 있다.

윤관 장군이 후퇴하며 이러한 곳을 보고 물 깊이를 짐작하여 강을 무사히 건넌 것은 아닐까? 장수는 천시(天時)와 지리(地理)를 알아야 한다는데, 윤관 장군은 물의 이치(水理)까지 알았으니 명장일 수밖에 없을 것이다. 거란 군이 뒤늦게 강에 도착했을 때는 산란을 끝낸 물고기가 흩어져 강의 건널목을 알지 못하게 되었을 것이다.

잉어는 효성이 지극함을 상징한다. 중국의 『진서(晉書)』² 왕상전(王祥傳)에 "왕상은 효도가 극진하였는데, 어머니가 겨울에 생선을 먹고 싶다고 하므로 강에 가서 옷을 벗고 얼음 깨고 고기를 잡으려 하자, 잉어 두 마리가 얼음 위로 뛰어나왔다." 하였다. 우리 기록에도 효자와 관련되어 잉어가 많이 나온다.

경북 성주군 선남면 도성리에는 '박구효자정려비(朴矩孝子旌閭碑)'³가 있다. 이 비는 조선 전기에 효성이 지극해 세상에 널리 알려졌던 동천(東川) 박구(朴矩, ?~1425)의 효행을 기리기 위해

---

1 얕은 여울에 물고기가 모여서 산란과 수정행위를 하는 것.
2 644년에 편찬한 중국 진나라의 정사.
3 이 비석은 1999년 3월 11일 경상북도민속자료 제116호로 지정되었다.

세운 것이다. 어머니 이 씨가 병환이 들자 그는 천지신명께 빌어 얼음 위로 뛰어오르는 잉어를 구했다는 전설을 남겼다.

성리학을 국시로 삼아 효가 인간이 지켜야 할 덕목으로 중요시되던 조선조에 중국의 '빙중득리전설(氷中得鯉傳說)'이란 왕상(王祥)의 설화가 들어오면서, 지성이면 하늘도 감동하여 불가능한 일도 가능하게 된다며 효에 대한 긍정성과 절대성이 강조되고 있는 것이다.

잉어는 출세를 상징한다. 용문(龍門)은 중국 황하의 급한 여울목으로 산서성(山西省)과 섬서성(陝西省)의 경계에 있으며, 잉어가 이곳을 뛰어 오르면 용이 된다는 전설이 있다. 따라서 용문에 오른 영재란 명망이 높은 사람을 뜻하며 등용문(登龍門)이란 말이 나왔다.

과거에 급제하면 신분이 달라진다. 중국에는 '한번 용문에 오르면 몸값이 일백 배가 된다(一登龍門, 身價百倍.)'는 말이 있다. 그러나 학식이 높아도 누구나 과거에 급제하고, 출세하는 것은 아니다. 용문에 간 잉어가 여울위로 올라가면 용이 되지만, 올라가지 못하고 떨어지면 이마를 찧어 상처만 입고 되돌아온다는 전설이 있다. 그래서 '용문에서 이마를 찧었다(龍門點額)'는 것은 과거시험에 낙방한 것을 가리키는 말이다.

잉어는 편지 혹은 반가운 소식을 뜻하기도 한다. 중국 고사에 '두 마리 잉어와 한 자 비단 글(雙鯉尺素)'이란 말이 있다. 척소는 글이나 편지를 쓰던 한 자 길이의 비단을 이르던 말로 짧은 편지란 의미로 쓰인다. 척소는 잉어와 함께 반가운 소식이나 편지를 뜻하는데, 진(晉)나라 육기(陸機)의 음마장성굴행(飮馬長城窟行)이라는 악부시(樂府詩)에 나오는 구절에서 비롯되었다.

〈장성굴에서 말에 물 먹이며〉의 일부

한 나그네 먼 곳에서 오며,
내게 한 쌍의 잉어 전해주었네.
아이를 불러 잉어를 삶으라 하였더니,
잉어 뱃속에서 비단에 쓰인 편지 나왔네.
꿇어 앉아 편지를 읽어보니,
편지에는 무어라 쓰였던가?
먼저는 음식을 많이 먹으라 하였고,
다음엔 오래도록 사랑하겠다고 하였네.
〈飮馬長城窟行〉 陸機(260~303)
客從遠方來, 遺我雙鯉魚. 呼兒烹鯉魚, 中有尺素書.
長跪讀素書, 書中竟何如. 上言加飡食, 下言長相憶.

　　얼마나 사랑이 지극했으면 비단에 편지를 써서 물에 띄웠더니 잉어가 그 편지를 먹고 사랑하는 사람에게 전달하게 되었을까? 이 악부시가 있은 이후 잉어는 기다리는 소식이나 편지를 뜻하게 되었다. 낚시를 형용한 시에도 곧잘 잉어가 등장하는데 꼭 어로의 조과를 뜻하는 것만은 아니다.

〈분의당에서 지은 8수 중 낚시〉
지대가 궁벽하여 엄자릉의 부춘산과 같고,
시냇물은 맑아 강태공의 위수를 닮았다.

그리운 그대는 멀리 있는데,
낚시에 잉어가 두 마리 낚였다.
〈分宜堂八詠中釣水〉 安鼎福(1712~1791년, 順菴集卷之一)
地僻如春山, 溪淸似渭水. 美人隔千里, 釣下得雙鯉.

 시인은 엄자릉, 강태공과 같이 은거를 즐기며 낚시를 하며 살고 있는 가운데 친한 친구를 그리워하고 있다. 마지막 구에 두 마리 잉어를 잡은 것은 멀리 있는 친구로부터 편지가 왔음을 의미한다. 이와 같이 중국 고사에서 비롯되어 옛 시에 나오는 잉어는 기다리는 편지, 소식을 뜻하고 있다.
 잉어는 우리 실생활과 밀접한 물고기로 옛 민화(民畵)4의 소재로 흔히 등장한다. 민화는 전문 화원의 그림이 아니어서 예술적 품격은 진경산수화에 뒤지더라도 소박한 터치와 과감한 필법으로 정통 산수화에 비해 오히려 생생한 느낌을 전달해 준다.
 정식 화원이 그린 그림이 예술품으로서 감상의 대상이었다면, 아마추어가 소일삼아 그린 민화는 실용품으로서 집안을 장식했다. 잉어 민화는 가문의 융성, 자식의 출세를 기원한다. 여자가 태몽에서 잉어를 보면 아들을 낳는다고 해서 득남을 기원하는 용도로 벽을 장식했다. 또 잉어의 한자 리(鯉)는 리(利)자와 발음이 통한다. 따라서 '잉어를 낚았다(得鯉)'는 것은 이익을 보았음(得

---

4 민화(民畵)는 예전에 실용을 목적으로 산수, 화조 등의 정통 회화를 모방해 그렸던 그림으로 소박하고 파격적이며 익살스러운 것이 특징이다.

利)을 뜻하기도 한다. 상인의 집에 잉어 그림이 걸려 있다면 이는 장사로 돈을 벌고 싶다는 기원이 담긴 그림이다.

지금은 보기 힘들어졌지만 얼어붙은 겨울 강에서 얼음을 뚫고 잉어를 낚는 모습은 한 계절의 로망이었다. 구한말의 낚시 사진에서 제일 흔한 것이 얼음낚시 모습이다. 얼음낚시로 잉어를 잡는 모습을 그린 시가 있다.

〈한겨울 두미에 가서 잉어를 낚다〉
띳집 처마에 눈보라 치니 아들 녀석 추울 터인데,
어스름한 저녁 두미강[5]에서 낚싯줄을 드리웠네.
영감과 할미는 복 많아서 입 벌어지겠네,
얼음 속에서 잡은 잉어가 상 위에 오를 테니.
〈歸川紀俗詩 二十首, 深冬往斗尾釣鯉〉 金允植(1835~1922, 雲養集卷之一)
茅簷風雪念兒寒, 薄暮垂綸斗尾干. 翁媼解頤稱晩福, 王祥氷鯉也登盤.
● 解頤: 턱이 풀림. 즐거워하다.

시에서는 잉어를 '왕상의 얼음잉어(王祥氷鯉)'라 표현하고 있다. 부모를 봉양하기 위해 추운 겨울에 잉어를 잡는 것이고, 또 잉어는 효행의 상징이어서 잉어를 먹는 부모는 즐거웠으리라.

<그림 1>은 1905년에 조선을 찾아왔던 외국 기자가 찍은 한강

---

[5] 팔당댐에서 경기도 하남시를 거쳐 서울 쪽으로 흐르는 한강의 일부분이다. 경기도 하남시 창우동과 배알미동에 걸쳐 있으며 잉어가 많기로 유명하였다.

의 얼음낚시 모습이다. 시인이 묘사한 두미강의 겨울 잉어낚시 모습인 것이다.

〈그림 1〉 한강의 잉어낚시 모습

마지막으로 잉어를 잘 묘사한 시 한 수를 살펴본다.

〈잉어〉

앞강에서 잉어를 잡으니,
둥근 비늘에 오색이 선명하여라.
용문에서는 일찍이 이마 찧었고,
작은 웅덩이에 갇히기도 했지.
쟁반에 오르는 붕어가 아니요,
솥에 드는 전어 역시 아닐세.
훌쩍 뛰어 푸른 물속에 잠겨,
강해로 유연히 헤엄쳐서 가리.
〈鯉魚〉 李應禧(1579~1651, 玉潭詩集 玉潭私集)
獲鯉前川下, 圓鱗五色鮮. 龍門曾見點, 蛭澤底留連.
不是登盤鯽, 終非下鼎鱣. 翻將沈綠水, 江海逝油然.

잉어는 크기도 하지만, 오래 사는 민물물고기이다. 옛말에 '백년 묵은 잉어', '천년 묵은 잉어'라는 말이 있다. 『난호어목지』[6] 난호어명고에 잉어가 '한 길이 넘는 것은 모두 백년이 된 것이라, 영물이어서 먹지 않는 것이 좋다'고 하고 있다. 잉어는 사람들과 친숙한 어종이기도 하지만, 이처럼 외경의 대상이기도 하다.

---

[6] 1820년경 서유구(徐有榘, 1764~1845)가 저술한 어류학(魚類學)에 관한 기술서이다. 『난호어목지(蘭湖漁牧志)』는 어명고 부분만 전해오고 있으며, 그 제목이 『난호어명고(蘭湖魚名攷)』이다.

2. 숭어 秀魚

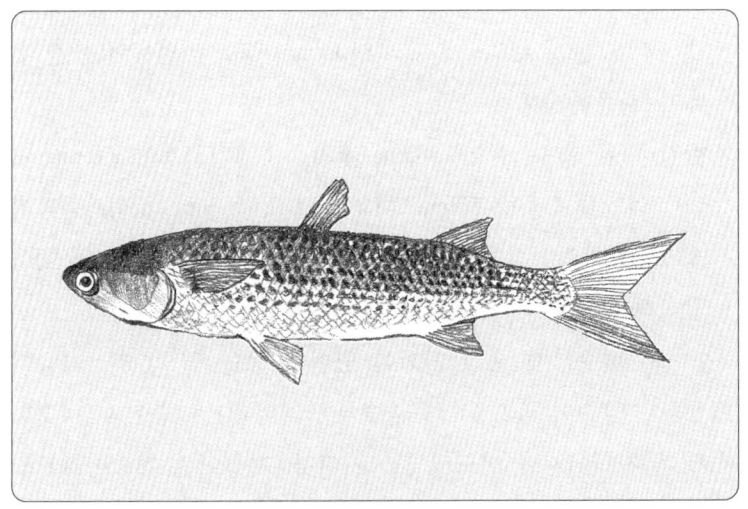

숭어는 바닷물고기지만 산란기에는 강물과 바닷물이 섞이는 기수역(汽水域)[7]에서 흔히 볼 수 있고, 강 상류로 올라오기도 한다. 예전에는 숭어를 수어(秀魚)라고 불렀는데 그 모양이 길면서 맛이 빼어나기 때문이다. 숭어는 수어(秀魚)란 이름 외에도 숭어(崇魚), 치어(鯔魚), 수어(水魚)라고 불리며 거의 우리나라의 전 연안 수역에서 살고 있는데, 숭어처럼 크기 별로, 지방별로 다양한 이름을 가진 물고기는 드물 것이다.

---

[7] 강물이 바다로 들어가 바닷물과 서로 섞이는 곳으로 소금 농도가 다양하기 때문에 여러 가지 생물들이 살고 있다. 하구역(河口域: estuary)이라고도 한다.

중부지방의 숭어 별명은 다음과 같다(정문기, 1991).
- 서울: 동어(~90mm), 모쟁이(270mm 내외), 숭어(450mm 내외), 대다리(690mm 내외), 뚝다리(810mm 내외), 격얼숭어(산란 후 배가 홀쭉한 놈)
- 한강 하류 행주: 동어(150mm 내외), 셋메기모쟁이(300mm 내외), 억그물모쟁이(450mm 내외), 덜미(600mm 내외), 뚝다리(830mm 내외), 걸치기 혹은 게걸 숭어(7월 산란 후 하구에서 탐식하는 놈)

숭어는 비슷하게 생긴 친척이 있어 혼동을 일으킨다. 가숭어(假秀魚), 알숭어(卵崇魚), 등줄숭어(背條秀魚)는 숭어와 비슷하게 생긴 친척이지만 별도의 물고기이다. 가숭어는 개숭어라고도 불리며, 우리나라 각 지방에서 숭어라 부르며 먹는 것은 대부분 가숭어이다(정문기, 1997).

숭어도 맛나지만 가숭어도 맛이 좋다. 가숭어는 동해안이나 남해안에서 잡히는데 보리이삭이 팰 때 먹어야 제맛이 난다고 해서 이름 앞에 '보리'가 붙었다. 그러나 보리는 쌀만 못하다는 의미도 있을 것이다.

숭어는 속담에도 자주 등장한다. '숭어가 뛰니 망둥이도 뛴다.', '숭어가 뛰니 전라도 빗자루도 뛴다.', '그물 던질 때마다 숭어 잡힐까?', '여름 숭어는 개도 안 먹는다.' 같은 것 들이다. 마지막 속담은 7월 이후 숭어가 알을 슬고 나면 수척해지고 맛이 떨어져 아무도 먹지 않게 된다는 의미이다.

숭어의 이름 때문에 생긴 에피소드가 옛글에 있다.

"생선은 물고기 아닌 것이 없는데 숭어(秀魚)만을 수어(水魚)라 하는 것은 속어(俗語)로 그렇게 부르기 때문이다. 중국의 사신 기순(祈順)이 우리나라에 왔을 때 숭어를 먹어보고 좋아하며, '이 생선은 이름이 무어요?' 하니, 통역관이, '수어(水魚)입니다.' 하니, 기순이 '비늘이 있는 것이 만 가지인데 하필 이것만을 물고기라 하는가? 물에 있는 고기는 모두 수어(水魚)라 해야 하지 않느냐?' 하였다(成俔, 『慵齋叢話』卷之七)."

이는 중국어의 수(秀)와 수(水)가 발음이 서로 같아 통역하는 사람이 이를 분별하지 못한 까닭도 있을 것이고, 또 당시 민간에서 숭어를 수어(水魚)라 부르기도 하였다.

숭어를 두고 실학자인 유득공이 지은 시가 있다.

〈성주부가 보내 준 네 가지 물고기 가운데 숭어〉
숭어의 길이는 한 자 남짓,
물고기 중 가장 빼어난 것이라.
본초에서는 맛있다 칭찬하지만,
기실 동해에서 나는 물고기라네.
〈成主簿餉四種魚, 鯔魚〉 柳得恭(1748~1807, 泠齋集卷之五)
鯔長一尺餘, 魚中最秀雅. 本艸劇稱佳, 産於東海者.

영재의 친지인 성주부는 물고기 잡이를 관장하는 관리(官㿝, 관어)인데 서대, 숭어, 낙지, 전어를 보내왔다. 영재는 이에 시를 지어 고마움을 표하고 있다. 그러면서 비록 중국의 『본초(本草)』[8]

에 숭어가 기록되어 있다지만, 숭어는 조선에서 많이 나는 고기여서 중국보다는 우리가 더 잘 알 것이라고 슬쩍 짚고 있다. 시의 동해는 중국의 동쪽바다이므로 우리 황해를 말하는 것일 수 있다.

숭어를 좋은 술과 함께 논한 재미난 한시가 있다.

〈평양에 가서 술과 물고기를 얻고 그 맛을 가리다〉
그대를 생각는 마음에 무엇을 드릴까?
웃음꺼리 삼아 그냥 써 보오.
평양의 감로주일까,
중화 고을의 숭어일까요.
좋은 술은 향기가 넘치고,
가는 숭어회는 눈꽃과 같네.
두 가지 맛은 항상 알고 즐기는 것이라,
아무리 생각해도 미련이 남네요.
〈適得箕城酒腰浦魚, 甚思景執分味. 代書.〉 鄭元容(1783~1873, 經山集 卷三)

思君何以贈, 呵筆細裁書. 平壤甘紅露. 中和凍秀魚.
引醻瓊液是, 飛膾雪花如. 兩味知常嗜. 辛勤意有餘.
平壤紅露酒, 爲國中佳品. 東俗謂鯔魚爲秀魚.

---

8 옛날에 한약재를 통틀어 이른 말로 그 중 식물에서 기원한 것이 가장 많기 때문에 본초라고 하거나 본초에 관한 책인 『신농본초경』, 『본초강목』을 줄여 말한 것이다.

술과 숭어를 선물 받은 친구를 대신해서 지은 시이다. 우리나라에서 가장 맛있다는 평양의 홍로주9, 그리고 백설 같이 흰 숭어회. 모두 좋은 것이라 어느 것을 고맙다고 해야 하나 고심하는 친구의 마음을 농 삼아 썼다. 마음의 표시라 꼭 어느 것이 좋다고 할 것까지는 없지만, 친구를 위한 세심한 마음을 표현한 것이다. 어쨌든 시인은 시를 지어 주며 좋은 술(美酒)과 맛난 안주(佳肴)를 실컷 먹었을 것이다.

숭어를 형용한 시 한 수를 더 살펴본다.

〈숭어〉

강과 바다 깊은 물속에 사는데,
헤엄치다 사람의 그물에 걸렸네.
맛 좋다고 예로부터 알려졌으니,
그 명성 참으로 헛된 게 아니로세.
솥에 넣고 끓이면 은빛이 진동하고,
쟁반에 얹으면 백설처럼 하얗다.
고량진미 먹는 이에겐 대접하지 말라,
의당 밥을 먹지 않아 남겨 버리게 될 테니까.
〈秀魚〉 李應禧(1579~1651, 玉潭詩集 玉潭私集)
沈潛江海外, 游泳入人漁. 美品傳來久, 佳名得不虛.

---

9 홍로주(紅露酒) 혹은 감홍로(紺紅露)는 약소주의 하나로 예부터 관서지방에서 제조되었고, 평양의 명주로 유명하다.

小鼎銀輝動, 高盤雪色舒. 莫餉膏粱客, 宜投飯糗餘.

● 糗餘: 마른 밥

   숭어는 탕으로도 회로도 좋다고 그 맛을 칭찬하고 있다. 마지막 구절이 재미있다. 숭어 고기를 손님에게 대접하면 맛난 숭어만 먹노라 밥을 남길 것이라며 의뭉스럽게 숭어 맛을 기리고 있다.

   숭어는 고기도 맛있지만 알 맛이 일품이다. 숭어 어란은 발효된 톡 쏘고 구수하면서도 짭짤한 맛으로 "어란 좋아하면 제 논 다 잡혀먹는다."는 말이 있을 정도이다. 어란은 숭어나 민어 등 생선의 알을 소금에 절여 햇볕에 반쯤 말린 식품으로 술안주나 반찬으로 애용되던 별미이다. 영암에서 만드는 숭어 어란은 예부터 유명해서 진상품이었다고 한다.

3. 꺽정이 松江鱸魚

옛 어보에 노(鱸), 곽정어(霍丁魚), 한글로 '거억정이'라 기록된 물고기는 오늘날의 꺽정이를 말한다. 꺽정이는 한자 이름에 노(鱸, 농어 로)자가 들어있어 바다고기인 농어와 혼동되기도 한다. 옛 시문에 회자되고 있는 송강농어(松江鱸魚)가 바로 꺽정이다.

꺽정이는 쏨뱅이목 둑중개과의 민물고기로 하천바닥 돌 틈에 숨어살며 갑각류와 작은 물고기를 잡아먹는다. 등은 흑갈색이며 배는 연한 노란색, 몸에는 3~4개의 큰 흑갈색 얼룩무늬가 있다. 하천의 하류, 특히 기수역의 자갈이나 모래바닥에 많이 서식하며 몸길이는 약 17cm 정도이다. 머리는 납작하지만 몸통은 옆으로 약간 납작하여 꼬리 쪽으로 갈수록 가늘어지는 방망이 모양이다.

옛글에 곧잘 등장하는 '송강농어(松江鱸魚)'의 고사는 중국 동진시대(東晉, 317~420)의 장한(張翰)이란 인물에서 비롯되었다. 장한이 낙양(洛陽)에서 벼슬을 살고 있을 때 가을바람이 불자, 고향인 강동(江東) 오강(吳江)의 순채국(蓴羹)[10]과 농어회(鱸膾)를 떠올리며 '인간의 삶 가운데 가장 귀한 것은 자신의 뜻과 마음에 따르는 것인데 어찌하여 관직에 얽매여 수천 리 밖에서 명예와 관직을 구하겠는가.'라며 벼슬을 버리고 낙향하며, '죽은 뒤에 이름을 남기기보다는 당장의 한 잔 술이 낫다.'는 말을 남겼다(『세설신어(世說新語)』)[11]. 장한이 고향을 그리면서 지은 악부시가 있다.

〈오강을 그리며〉

가을바람 불어오니 경치 아름다운 때인데,
오강의 강물에는 농어가 살찐다네.
삼천리 먼 길 아직도 집으로 돌아가지 못하니,
가지 못하는 한스러움에 하늘을 바라보며 슬퍼하노라.
〈思吳江歌〉 張翰(中國 晉代人)
秋風起兮佳景時, 吳江水兮鱸魚肥. 三千里兮家未歸, 恨難得兮仰天悲.

이 시는 추풍가(秋風歌)라고도 불린다. 훗날 사람들은 공직에

---

[10] 순채는 미나리아재비목 수련과의 여러해살이 수초로 부규·순나물이라고도 한다. 잎과 싹을 먹기 위해 논에 재배하기도 한다.
[11] 中國 南朝의 劉義慶이 後漢 말부터 東晉 사이의 명사 일화를 모은 책. 食鑒第七에 張翰의 일화가 있다.

서 물러나 고향으로 돌아가고 싶어 하는 마음을 '순노지사(蓴鱸之思)' 또는 '순갱노회(蓴羹鱸膾)'라 표현했다. 송강농어, 순노지사란 사연은 우리 선비들에게도 익숙한 성어(成語)가 되어 왔다. 장한이 어지러운 세상을 피하기 위해서 송강농어회를 핑계로 관직을 버리고 귀향한 것으로 옛 사람의 진퇴관(進退觀)을 엿 볼 수 있다.

송강농어는 민물에서 나는 것이지만 농어란 바닷물고기가 따로 있어 글자만으로는 혼동을 주었다. 옛 분들도 송강농어란 어떤 물고기일까, 궁금해 했다. 다산 정약용(丁若鏞, 1762~1836)도 한강에서 나는 농어가 어떤 것인지 궁금해 하다가 실제로 확인하고 긴 시를 남겼다.

시 제목이 '한강에는 예부터 농어가 많았는데 내가 식견이 거칠어서 어떤 것이 농어인지 미처 몰랐다가, 이제『본초(本草)』및 고인의 시구를 상고해 보고서야 비로소 그 이름을 바로잡았는바, 해거도위가 급히 그 고기를 보고자 하므로 겨우 한 마리를 잡아 회를 쳐 놓고 장난삼아 장구를 짓다.'로 무척이나 길다. 그리고 송강농어를 묘사한 구절은 다음과 같다.

네 아가미 큰 주둥이 자세히 살펴보니,
검은 바탕에 흰무늬가 그림과 꼭 맞구나.
四鰓巨口細考驗, 黑質白章符圖繪(與猶堂全書).

다산은 다른 글에서도 꺽정이(鱸魚)에 대해 비정하고 있다.

"노(鱸)란 강고기의 작은 것이다. 승지 신작(申綽)이 이르기를 '지금 이른바 거억정이(居億貞伊)라고 하는데, 큰 입에 작은 비늘이고 빛은 검어 쏘가리 같고, 그 큰 것이라야 붕어와 같으니 바다 어족이 아니다.' 살펴 보건대 노(盧)란 검은 빛(黑)을 뜻하는 말인데, 그 빛깔이 검으니 더욱 그것을 증험할 수 있을 것이다(『雅言覺比』)."

우리 시인들도 고향, 은퇴와 관련지어 꺽정이가 나오는 시를 많이 남기고 있다. 서거정은 '선성(宣城)이 소장한 십화(十畵)에 제(題)하다'란 시에서 장한에 대해 읊고 있다.

〈장한(張翰)〉
가을이라 순채와 농어의 맛 무르녹는데,
서풍에 돌아갈 흥취 돛단배에 가득했네.
세상에 아무 거리낌 없었다 할 수 있나,
선생의 식탐 부린 게 도리어 우습구려.
〈張翰〉 徐居正(1420~1488, 四佳詩集第四十卷)
秋後蓴鱸味政酣, 西風歸興滿孤帆. 可能於世都無累, 翻笑先生口業饞.

고향의 순채와 농어의 맛이 그리워 벼슬을 버린 장한을 두고 시인은 슬쩍 농담을 걸고 있다. 먹을 것을 가지고 그리 유난을 떨었느냐고. 사가는 늘 강가에 돌아가 살겠다는 말을 입에 달고 살면서도 끝까지 벼슬살이를 한 사람이다.

『난호어명고』에서는 꺽정이 혹은 송강농어를 말하면서 '하늘이 낸 횟감(天生鱠材也)'이라고 하였다. 또 '아가미가 넷(四鰓魚)'이라고 하였다. 어떤 의미일까? 우선 시에 나온 꺽정이 회의 맛이 나온 구절을 살펴본다.

'소반에 담은 꺽정이 회는 흰 실을 씻은 듯하네'('鱸下盤中澡雪絲', 徐居正)

'가늘기는 머리털 같고 깨끗하긴 서리 같애'('細如絲髮皚如霜', 丁若鏞)

　여러 시구에서는 꺽정이 회가 희다는 것을 강조하고 있을 뿐 그 맛에 대해서는 언급된 것이 적다. 마침 이러한 의문을 풀어 줄 중국 시가 있다.

〈송강농어를 먹고〉

농어를 옛사람이 귀히 여겼다기에,
나도 오강으로 농어 찾아 왔다오.
가을바람 부는 때 이미 지났는데도,
마음은 순채와 농어의 향기로 가득하였지.
애당초 배를 채우기 위함이 아니었는데,
색다른 고기라니 맛보지 않을 수 있으랴.
큰 입에 아가미는 겹으로 나왔는데,
섬세한 비늘이 눈빛과 빛을 다툰다.
등은 화려하게 점점이 얼룩진 것이,
더러는 둥글고 더러는 비껴 모나기도.
하나의 등골뼈에 잔뼈들이 없으니,
먹으면서 가시에 찔릴 것을 면하네.

고기가 기름지기는 바다 생선보다 뛰어나고,
맛이 좋기는 강에 나는 편어를 능가하누나.
등불 앞에 앉아서 젓가락을 놓지 못하니,
씹으면 씹을수록 맛 더욱 뛰어나도다.
〈食鱸魚〉 王惲(元人, 1227~1304)
鱸魚昔人貴, 我行次吳江. 秋風時已過, 滿意薦鱸香.
初非爲口腹, 物異可闕嘗. 口哆頰重出, 鱗纖雪爭光.
背華點玳斑, 或圓或斜方. 一脊無亂骨, 食免刺鯁防.
肉膩勝海鯽, 味佳掩河魴. 燈前不放箸, 愈啖味愈長.

● 劌: 鍘, 생선을 요리할 결

   시는 꺽정이의 맛이 '잔뼈가 없고, 맛이 다른 고기보다 뛰어나다고 한다. 게다가 젓가락을 놓지 못할 정도'로 맛있다 하니, 씹으면 씹을수록 깊고 고소한 맛이 우러나는 모양이다. 꺽정이의 모양을 묘사하고 있는 가운데 '큰 입에 아가미는 겹으로 나왔는데, 섬세한 비늘이 눈빛과 빛을 다툰다.'고 하였다. 즉 아가미가 4개인 것이 아니라 2개인 아가미의 뼈가 겹으로 되어 있는 것이다. 또 『본초강목(本草綱目)』에도 '사새어(四鰓魚)는 농어의 별칭으로, 아가미 뼈가 네 개라 하여 이른 말'이라 나와 있다.

   흔히 꺽정이를 묘사할 때 '입이 크고 비늘이 잘다(巨口細鱗)'고 했다. 중국의 문호 소동파가 쓴 후적벽부(後赤壁賦)에 나오는 구절로 후세에 '거구세린' 혹은 '세린'은 많은 경우 꺽정이를 지칭하는 말로 쓰이기도 한다.

꺽정이를 정리하면서 시 한 수 더.

〈꺽정이〉

꺽정이는 송강에서 나는 것인데,
어느 때 우리 해동에 들어왔나.
잔 비늘은 은빛보다 더 희고,
두툼한 살은 빛나는 옥과도 같아라.
회 쳐서 반가운 손님을 대접하고,
탕을 끓여 이 늙은이 배 불린다.
그 누가 이 맛을 알리오,
아득한 옛날 장공을 생각할 뿐.
〈鱸魚〉 李應禧(1579~1651, 玉潭詩集 玉潭私集)
巨口松江産, 何年入海東. 鱗纖銀色奪, 肌腴玉光同.
設膾供佳客, 煎湯飫老翁. 誰能知此味, 千載憶張公.

   시에서 장공이라 함은 장한을 이르지만, 시인은 은퇴, 귀향보다는 꺽정이 맛을 즐기는 것에 우선한다. 꺽정이는 육질이 좋을 뿐더러, 또 가늘게 회를 치면 희고 모양이 고와 은설회(銀雪膾)라 했다 한다. 회뿐 아니라 예로부터 소금구이나 매운탕 감으로 호평을 받아 왔다. 그런 까닭으로 환경의 변화로 개체수가 격감하고 있음에 안타까움이 더해진다.

4. 붕어 鮒魚

붕어는 흔하고 누구에게나 친숙한 민물고기이다. 한 어류분포 조사에 의하면 민물에 사는 물고기 중 붕어의 우점순위는 2위(12.6%)이고, 계류어인 피라미를 제외한다면 호소(湖沼) 물고기 중에서는 가장 개체 수가 많은 물고기이다(최기철, 2002).

붕어는 전국적으로 분포되어 있는 만큼 크기에 따라 지방 이름도 많다. 호박씨, 쌀붕어, 감잎, 넓적붕어, 돌매기, 맥붕어, 밤잎, 붕매, 붕에, 뼘치, 희나리, 자치, 떡붕어, 송어 등등이 붕어의 지방 이름이다.

붕어는 민물 대낚시의 주 대상어종이기도 하다. 붕어는 호수의 바닥에서 생활하고 있고 미끼를 물면 위로 떠오르는 습성이 있어 대낚시에서 붕어가 미끼를 물면 찌가 천천히 솟구치게 마련이다.

그때 낚싯대를 채어 올리면 붕어의 힘찬 몸짓이 손에 전달된다. 이런 찌맛, 손맛 때문에 호소낚시는 붕어 낚는 재미를 제일로 친다. 붕어낚시의 멋을 고풍스럽게 표현한 글이 있다.

"낚시꾼들은 고기라면 으레 붕어를 친다. 처음에는 크기만 하다면 아무거나 재미있었지만, 금년 들어선 붕어의 멋을 알게 된 것도 같다. 둔중(鈍重)하게 끌려오는 메기를 시골 막걸리집 작부(酌婦)에 비한다면, 날쌔게 잡아나꾸는 끄리는 바아의 여급처럼 천박하고, 부드럽고 우아한 붕어는 흡사 고전(古典)을 추는 무기(舞妓)의 손을 잡는 풍미가 있다(최태호, 1978)."

그런데 이런 붕어낚시에도 변화가 닥쳐왔다. 붕어가 바뀌고 있는 것이다. 우리 호소에 붕어 자원이 감소하자 일본, 중국 등지에서 붕어가 도입되었다. 떡붕어라 불리는 일본 붕어는 비파호(琵琶湖)[12] 지역에서 선발된 '헤라후나(주걱붕어)'라는 속성어종으로 이제는 우리 호소를 채워가고 있다. 떡붕어는 토종 붕어와 달리 바닥에서만 회유하지 않고 상층으로 떠오르기도 한다. 따라서 토종붕어를 낚던 바닥낚시 자리를 중층낚시라는 일본식 낚시가 잠식해 가고 있다.

찌를 천천히 시원하게 밀어 올리던 찌 놀음인 붕어낚시가 이제는 깜빡대는 찌 움직임에 민감하게 반응하는 낚시로 되어가고 있다. 물론 스포츠 적인 요소는 있지만, 토종 붕어 낚시의 유현함과 기다림의 멋은 적어진 낚시이다. 본래 떡붕어는 넓적한 붕어

---

[12] 일본 시가현(滋賀縣) 중앙에 있는 일본 최대의 호수로 면적은 673.9㎢이다.

를 이르는 경상도 사투리 이름인데, 떡하니 일본 붕어가 그 이름을 차지한 것이다.

중국 붕어는 한 자 내외의 성어가 관리낚시터에 수입되고 있다. 중국붕어는 입술이 짧아 입질이 약하고, 찌 움직임이 방정맞다. 중국 붕어를 낚시로 낚으려면 언간이 정신을 바짝 차리고 눈을 찌에서 떼지 말아야 한다. 꾼들이 어쩔 수 없이 중국붕어를 대상으로 낚시를 하고는 있지만 '짜장붕어'라 부르며 좀은 신경질적인 반응을 보이고 있다. 게다가 낚시용으로 들여 온 일본 붕어, 중국 붕어가 호수와 강계로 퍼지고 있다. 우리 생태계의 보존을 위해서도 바람직한 일이 아니다.

붕어는 단일종(單一種)으로 알려져 있지만, 실제 어류분류학이 더 깊이 들어가지 못한 분야이다. 예전에는 지역마다, 호수마다 붕어 생김새가 특징이 있었다. 길쭉한 놈, 넙적한 놈, 등이 툭 솟아있는 놈, 비늘이 단단한 놈 등 요즘 말로 '골라 낚는 재미'가 있었다. 그러나 근래 낚시에 잡히는 붕어는 여기나, 저기나 비슷비슷한 모양이다. 왜 그렇게 되었을까? 호소에 붕어자원이 적어지자 양식한 붕어 치어가 대량으로 방류되고 있다. 그런데 치어를 양식하는 수산기관이 같은 종류의 어미, 아비 붕어를 쓰고 있어 전국적으로 단일종의 붕어가 확산되고 있는 것이다. 생태계 보존의 본질은 부족한 어류의 방류에만 있는 것이 아니라, 생태계의 종다양성(種多樣性)을 보존해 주는 데에 있다.

붕어는 워낙 흔한 고기여서 매운탕, 찜, 조림으로 단백질이 부족한 시절 훌륭한 먹을거리, 찬거리가 되어 왔는데, 요즘 붕어찜이 각광을 받고 있다. 붕어찜은 '무와 시래기를 깔고 큼직한 붕어에 양념장을 얹은 다음 물을 자작하게 넣어 끓여 졸여 낸 찜'이다. 구수한 맛이 제법인데다, 예전에 먹었던 옛 맛을 찾으려는 사람들이 물가로 모여 들고 있다. 근년 경기도 광주 퇴촌면 강가에는 붕어찜을 파는 음식점이 40개소 이상 생겨 '붕어찜마을'을 이루고 있으며, 브랜드화된 붕어찜이 향토음식, 웰빙음식으로 자리 잡아가고 있다. 붕어는 '위를 다스리고, 오장을 이롭게 하는 효과가 있다'고『동의보감』에 적혀 있다. 또 붕어 즙이 암에 효과가 있다는 민간요법도 있다.

붕어는 귀한 물고기는 아니었지만 조선시대에도 양어소(養魚所)를 두고 붕어를 길러서 이용한 기록이 있다.『신증동국여지승람』한성부(漢城府) 편에 "훈국(訓局)[13]의 양어소는 보제원(普濟院)에 있는데, 착어군(捉魚軍)이 보살펴 기른다. 금위영(禁衛營)[14]의 양어소는 왕십리에 있는데, 군병(軍兵)을 정하여 붕어를 사다가 기른다. 어영청(御營廳)[15]의 양어소는 흥인문(興仁門) 밖에 있는데 붕어를 사다가 기른다."고 기록되어 있다. 양어소에서 기른 붕어를 왕실에 바쳤다는 기록은 없다. 세 군데의 양어소가 모두 군대와 관련된 것으로 보아 군병의 부식용으로 기른 것이 아닌가 싶기도 하다. 붕어를 부화시켜 양식한 것이 아니라, 붕어를 사들

---

[13] 조선 삼군문(三軍門) 또는 오군영(五軍營)의 하나로 서울의 경비와 군사 훈련을 맡았다. 훈련도감(訓鍊都監)의 다른 이름.
[14] 오군영의 하나로서 국왕 호위와 수도 방어를 위해 설치되었다.
[15] 오군영의 하나로 화포술(火砲術) 중심의 군대이다.

여 일시 저수지에 두었다가 필요할 때 쓴 것으로 보인다. 그래도 물고기를 대량으로 수집해 길렀다는 유일한 옛 기록이다.

　어찌되었든 붕어는 우리와 가장 친숙한 물고기이며, 이렇듯 우리네와 친근한 붕어를 읊은 옛 시를 감상해 보자. 붕어는 옛 사람에게 고향을 뜻하는 물고기이기도 하였다. 서거정의 시에 그런 구절이 나온다.

〈김직강이 순채와 붕어를 보내 준 데 대하여 사례하며〉

봄 시내에 비 들어 물이 한창 불었을 터이니,
순채는 매끄럽고 붕어는 팔짝팔짝 뛰겠지.
홀연히 내게 강촌의 흥취 일게 하지만,
서글프구나, 돌아갈 생각뿐 그리 하기 어려워라.
〈謝金直講送蓴菜鯽魚〉 徐居正(1420~1488, 四佳詩集卷之四十四)
雨入春溪水政肥, 蓴絲細滑鯽兒飛. 忽然攪我江村興, 惆悵思歸苦未歸.

　친구가 보낸 순채와 붕어를 보고 중국 진(晉)나라 때 문인 장한(張翰)이 가을바람이 일어나자 고향의 순챗국(蓴羹)과 농어회(鱸鱠)가 그리워져서 벼슬을 버렸다는 고사에 기대어 친구에게 사례하며 강촌을 그린다. 이 같이 붕어는 고향의 맛, 시골의 맛이기도 하다.

　붕어는 그 순박하고 어진 생김새가 우리에게 절로 친숙한 감을 준다. 누구나 한번쯤은 어린 시절 냇가에서 붕어를 잡아보았을 것이다. 붕어는 우리가 자라던 시골, 아스라한 기억 속에 잠겨 있는 마음의 고향과 같은 그런 물고기이다.

5. 피라미 鰷

피라미는 한 어류분포조사에서 우점비율이 20%에 가깝다 보고되어 있을 정도로 민물고기 중에서 가장 개체 수가 많은 어종이다(최기철 2002). 워낙 개체 수가 많고 여러 물에 흔히 있다 보니 작은 물고기의 대명사가 되었다. 보잘 것 없는 존재로 통한 나머지 '피라미 같은 녀석'이라고 상대방의 인격을 비하할 때 인용되기도 한다.

피라미는 어떤 면에서 제대로 대접을 받지 못하고 있다. 갈겨니, 송사리 등등과 같은 부류로 취급받기도 하고, 좀 무작스러운 낚시꾼에게는 '잡어'란 이름으로 우습게 취급당하기도 한다. 옛글에 나오는 피라미는 그리 우습게 취급당하지 않는다. '피라미의 즐거움'에 대해 논한 고사가 있다. 중국의 철인 장자(莊子)와 혜자(惠子)가 강물 위 다리(濠梁)를 거닐다가 피라미가 물속에서 노니는 것을 보고 대화를 나눈다.

장자가 "피라미가 조용히 노니니 이는 물고기의 즐거움이로다(儵魚出游從容, 是魚樂也)." 하니, 혜자가 "그대는 물고기가 아닌데 어찌 물고기의 즐거움을 아는가?" 하였다. 이에 장자가 "그대는 내가 아닌데 내가 물고기의 즐거움을 모르는 줄로 어찌 아는가?" 하니, 혜자가 "나는 그대가 아니므로 진실로 그대를 알지 못하니, 그대는 물고기가 아니므로 그대가 물고기의 즐거움을 모르는 것은 분명하다." 하였다(『莊子』秋水).

장자와 혜자의 대화 글 때문인지 우리 옛 시인들은 피라미를 따듯한 눈으로 바라보고 있다. 맑은 물에 노니는 피라미를 두고 지은 정약용의 시이다.

〈곡운구곡 중 8곡〉
팔곡이라, 맑은 소 널찍하니 열렸는데,
이따금 구름 그림자 홀로 오르내리네.
참 근원 지척이라 맑고 밝음 유별나니,
오가는 피라미 떼 앉아서도 보이누나.
〈谷雲九曲, 八曲〉丁若鏞(1762~1836, 茶山詩文集第二十二卷)
八谷淸淵漠漠開, 時將雲影獨沿洄. 眞源咫尺澄明別, 座見儵魚自往來.

시인은 한적한 맑은 강 상류에 앉아서 강물 속을 오가는 피라미를 바라보고 있다. 시에서 '참 근원(眞源)'이라 함은 강의 원류로 볼 수도 있고, 또 물가에서 사색하면서 얻은 진리라고도 볼 수 있다. 옛글에 '도를 얻을 수 없는 것이 조어를 보는 것과 같다('所謂不得其道, 若觀儵魚.'『淮南子』)'고 하였다. 피라미는 떼를 지어 물속에서 다니다가 별안간 방향을 바꾸기도 하고, 또 모였다가 흩어지기도 한다. 따라서 예측할 수 없는 상황, 무언가 잡힐 것 같다가도 사라지는 도(道)를 추구하는 것에 피라미를 비교한 것일 수도 있겠다. 어쨌든 시인은 맑은 물가에서 피라미를 바라보며 사색과 관조의 경지에 잠겨 있다.

『난호어명고』에는 피라미를 류조법(流釣法)으로 잡는다 했다. 이 낚시에 대해서는 『임원경제지』 전어지(佃漁志)[16]에 잘 설명되어 있다.

"이름난 낚시법이 하나가 아니어서, 대체로 물이 고이거나 깊은 곳에서 한다. 그러나 이 낚시만은 얕은 여울물에서 그 흐름을 따라 가면서 고기를 잡는다. 그러므로 유조(流釣, 흘림낚시)라고 이름 한다. 그 법은 대나무를 쪼개어 길이 8~9치에 너비 5치 되는 작고 네모난 틀(方匡)을 만들고 그 중간에 막대기 하나를 끼워 자루를 만든다. 낚싯줄 한쪽 끝을 틀에 매어 손으로 자루를 잡고 돌리면 낚싯줄이 자연 그 틀(얼레)에 감기게 되는데 얼레로 연줄을 감는 것과 같다. 낚싯줄의 길이는 30여 자인데 줄 끝에 낚싯

---

[16] 조선 후기에 서유구가 쓴 농업정책과 자급자족의 경제론을 편 실학적 농촌경제서로 16부분으로 나뉘어 있다. 전어지는 16지 중 사냥과 어로에 관한 책이다.

바늘을 매달고 낚싯바늘 위에 콩알 크기의 납덩이를 매단다. 납덩이 위로 몇 치를 가서 억새 줄기를 몇 치 쯤 매단다. 지렁이나

〈그림 2〉 작자 미상 평양성도의 여울견지

물 밑바닥의 돌에 붙어사는 청충(靑蟲: 곤충의 유충)을 미끼로 한다. 얕은 여울에 들어가서 물 가운데를 바라보며 낚시를 던져 넣고, 천천히 낚싯줄을 풀어 주면서 당기기도 하고 풀기도 하기를 마치 연을 날리듯이 한다. 물고기가 와서 미끼를 건드리면 손 안의 낚싯줄이 새가 먹이를 쪼는듯하고 물고기가 미끼를 완전히 삼키게 되면 줄이 팽팽히 긴장되는 것을 느끼게 된다. 그때 얼레에 줄을 감게 되면 물고기가 줄을 따라 위로 올라온다. 이는 물결이 일고 여울이 급한데다 물결을 거슬러 잡아당기므로 물고기가 미끼를 토할 겨를이 없기 때문이다."

이 낚시는 견지낚시를 말하며, 그 가운데도 여울견지를 설명하고 있다. 오늘날에도 피라미는 견지낚시의 주 대상어 중 하나이며, 견지낚시에 가장 많이 잡히는 물고기이기도 하다. <그림 2>는 1800년대 초중반에 그린 것으로 추정되는 평양성도(平壤城圖)에 나오는 류조법의 모습이다. 강물에 들어서 있는 사람들이 견지낚시꾼이다.

피라미는 물이 빠르게 흐르는 하천에 알을 낳는다. 부화되어 물을 따라 떠내려가며 성장하고는, 성어가 되어 물살을 거슬러 오를 힘이 생기면 태어난 곳으로 돌아와 산다. 강한 개체들만 살아남게 되는 것이다. 섬과 같이 하천이 짧은 곳에서는 잘 살지 못한다. 그런데 강에 둑과 댐이 생기면서 피라미의 알이 떠내려가지 않게 되었고, 힘들게 강을 소상할 필요도 없게 되었다. 이래저래 피라미에게 번식하기 좋은 여건이 된 것이다.

6. 모래무지 鯊

모래무지는 한자로 사(鯊)라고 하는데 이 한자는 문절망둑어, 상어, 모래무지라는 뜻이 있어서 고문 번역에서 엉뚱하게 상어나 망둑어로 잘못 번역되기도 한다. 모래 속으로 파고 들어가는 그 습성을 잘 나타낸 한자 이름이 사매어(沙埋魚)라 할 수 있다.

모래무지는 민물고기 개체 수 조사에서 13위(1.81%)로 그다지 귀한 고기는 아니나, 강 생태계의 오염으로 서식지가 좁아지고 개체 수가 감소 경향에 있다. 강고기 중 맛있는 것으로 구이가 특히 맛있다. 개모자, 꿀꿀이, 두루지, 땅모자, 똘똘이, 마자, 마주, 모래마자, 모래마주, 모래모지, 모래모치, 모자, 모재미 등 재미있는 사투리 이름이 있다(최기철, 2002).

모래무지는 위험이 닥치면 모랫바닥을 파고 들어가 눈만 내놓고 숨는다. 모래무지는 모래를 삼켰다가 다시 모래만 내뿜어 하천의 청소부 역할을 하고 있어 강 생태계에서 중요한 역할을 한다. 따라서 모래무지가 적어지는 것은 하천의 재생기능이 약화됨을 의미하기도 한다.

모래무지에 관한 옛 시는 그리 많지 않았다.

〈금탄에서 중국에 들어가는 분께〉
보리는 익어가고 밀 꽃은 피었는데,
서강의 즐거운 일 모래무지 잡이라네.
부끄럽게 병이라 핑계대고 느직하게 누웠다가,
감히 놀잇배에 술을 싣고 가지는 않겠지요.
〈黃獻之到金灘皮玉家. 送大家入漢, 患痢索燒酒, 題三絶.〉
朴祥(1474~1530, 訥齋集第五)
大麥初黃小麥華, 西江樂事打紅鯊. 還慙告病連朝臥, 不敢蘭舟載酒過.
● 蘭舟: 목련(木蓮)으로 만든 아름다운 배.

시의 제목이 길다. 시인이 친구가 중국에 가는데, 이질에 걸렸으면서도 술만 찾는다고 농조로 써 보낸 시 가운데 한 수이다. 두 사람은 한강에서 물고기를 같이 잡으며 논 적이 있는가보다. '서강의 즐거운 일 모래무지 잡이라네'라는 표현이 재미있다.

잉어가 효행을 뜻하기만, 모래무지도 효행의 상징으로 등장하기도 한다. 효자의 효성을 드러낸 모래무지 이야기이다.

"유생 유흥림은 어려서부터 성품이 어질었다. 아버지가 병이 들어 모래무지 회를 먹고 싶어 했다. 때는 겨울철이어서 얼음과 눈으로 내가 막혀 있었다. 흥림이 물가에 가서, 얼음을 두드리며 크게 울자, 모래무지 수십 마리가 튀어나와 아버지에게 공양하였다."

강재항(姜再恒, 1689~1756)이 충청도에 암행어사로 나갔을 때 회인군에서 보고는 그 효행을 포상하기 위해 기록한 글이다(立齋遺稿卷之八). 회인은 충청도의 한 군이었으나 지금은 보은군 회인면이 되었다.

모래무지는 우리나라의 서해나 남해 쪽으로 흐르는 강에 많이 살고 있어서 지렁이 미끼 낚시로도 쉽게 잡을 수 있어서 천렵의 대상 어종이 되고 있다. 소금을 뿌리고 굽거나, 고추장 양념을 듬뿍 해서 탕을 끓여 먹기도 한다.

모래무지는 수질오염에 민감한 편이어서 주로 깨끗한 물에서 살고 있으나, 강계의 수질이 악화됨에 따라 점차 드물어지고 있다. 요즘엔 모래에 숨는 특징과 더불어 관상용으로의 가치를 인정받아 수조와 같은 인공적 환경에서 키우기도 한다. 어항에서도 모래나 작은 돌에 붙은 유기물을 걸러서 먹는 습성을 버리지 않고 있어, 어항 물의 정화작용을 돕는 역할을 하기도 한다.

7. 쏘가리 鱖魚

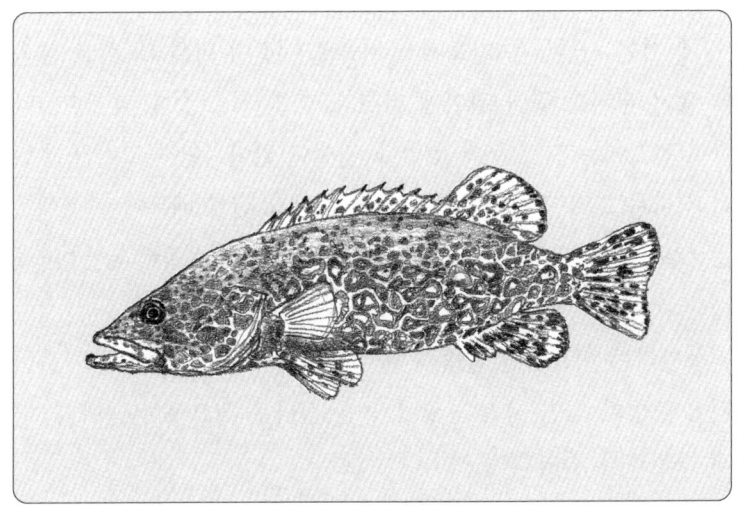

 쏘가리는 좁은 험상스러운 머리, 찬란한 무늬와 색깔, 실로 위엄 있게 생긴 모습이 계류의 왕자답다. 쏘가리는 1m이상 자라는 대형어종이나 남획으로 인해 개체 수가 감소하고 있고, 요즘은 50cm만 되어도 대어 대접을 받는다.
 쏘가리는 물이 흐르는 곳의 돌과 바위틈에 살고 있고 주로 낚시나 작살로 잡는다. 쏘가리는 물속에 제 터전을 가지고 있어 다른 물체가 제 집 가까이 오면 밖으로 나가 살펴본다고 한다. 이런 습성 때문에 작살꾼이 헤엄쳐 다가가면, 쏘가리가 피하지 않고 나아가 살피다가 쉽사리 작살에 당하게 된다고 한다.
 『난호어명고』에는 쏘가리가 '겨울이면 섶에 즐겨 든다'고 한다. 이 섶을 놓아 고기를 잡는 방법(沈巢捉魚)에 대한 좀 더 상세한 옛 자료가 있다.

"강에 사는 사람들은 가을에서 겨울로 계절이 바뀔 때 섶을 물속에 쌓고 고기를 잡아 관아에 바쳤다. 이를 침소(沈巢, 섶 넣기)라 하며 관가에는 그 장부가 있었다. 강물이 얕아지면 물고기가 추워서 섶나무(고기 깃) 안에 모여들어 숨어서 쉬기 때문에 그곳에서는 '소(巢)'라 칭한다(李安訥, '戱詠錦中風土', 東岳集卷之十錦溪錄)."

쏘가리는 여름이면 물속의 바위 틈, 돌 틈에서 살지만, 겨울이 되어 결빙이 되면 사람이 쌓아 놓은 섶나무 밑으로 은신한다. 이때 쏘가리를 잡아내는 것이다.

쏘가리는 회와 탕 맛이 일품인 고기이기도 하지만, 쏘가리에 얽힌 일화로 인해 시문에 많이 등장한다. 이 고사는 중국 장지화가 지은 어부가에서 비롯된다.

〈어부가〉
서새산 앞에 해오라기 날고,
복사꽃 물에 흐르는 때면 쏘가리가 살찐다.
푸른 부들삿갓, 푸른 도롱이,
빗겨 부는 바람 부슬비에 돌아가지 않는다.
〈漁父歌, 一首〉 唐, 張志和(730?~810?)
西塞山前白鷺飛, 桃花流水鱖魚肥.
靑蒻笠, 綠蓑衣, 斜風細雨不須歸.

● 西塞山: 중국 절강성 湖州 烏程縣 서남 25리이고, 산 앞에 초계(苕溪)가 있다(『大淸一統志』). 斜風: 현대 중국어에서는 微風을 뜻하기도 한다.

이 시는 어부가의 효시로 일컬어지며, 장지화의 어부가 이후 쏘가리는 선비의 은거, 은일을 상징하게 되었고, 또 복사꽃 피는 계절, 하면 쏘가리가 따라다니게 되었다. 우리 시에도 복숭아꽃과 쏘가리가 등장하는 것이 많다. 쏘가리가 나오는 시를 감상해 보자.

〈가성(可成)과 양천에 가서 물고기를 구경하기로 언약하다.〉
도화수 벌창하고 쏘가리가 살쪘을 테니,
거룻배 노 저어서 우리 갔다 오자고요.
밝은 달, 십오야 보름밤일 것이니,
정겹고 흥취 더욱 진진할 걸세.
〈約與可成, 歸陽川觀魚.〉徐居正(1420~1488, 四佳詩集卷之十四)
桃花水漲鱖魚肥, 有約蘭舟一棹歸. 明月正當三五夜, 十分情興重依依

이 시에서 복사꽃과 쏘가리가 같이 나온다. 도화수(桃花水), 즉 복숭아꽃이 필 무렵에 얼음이 녹고 비가 내려서 물이 벌창해진 강에 같이 가기를 친구에게 권하고 있다. 좋은 계절에 좋은 친구와 이런 나들이를 한다면 서로의 정은 더욱 깊어질 것이다.

옛 분들은 봄이 되면서 강물의 변화하는 모습을 이름 지어 1월을 해동수(解凍水), 2월을 백빈수(白蘋水), 3월을 도화수(桃花水)라고 했다(徐瀅修, 明皐全集卷之二). 음력 1월이면 초봄이라 얼었던 강이 녹아 흐르고, 2월이면 물속에 뿌리를 둔 가래들이 수면으로 잎을 살그머니 내미는 시기이다. 그리고 3월이면 복사꽃이 져서 물위로 흐르는 때여서 도화수라 한 것이다. 이 도화수가 한창일 때 쏘가리도 움직이는 시기인 것이다. 이 도화수가 흐를 때면 의당 복사꽃 물결(桃花浪)이 일 것이다.

쏘가리는 농어목 꺽지과의 민물고기로 민물고기 중 맛있는 것의 하나이다. 쏘가리 매운탕이라면 민물고기 매운탕의 대표주자이다. 또 회, 구이, 찜, 곰국 등으로도 먹는다. 우리나라의 큰 강에 두루 있는 물고기여서 강쏘가리, 금잉어, 금영어, 천잉어, 쏘래기, 소갈이 등의 방언 이름과 궐어, 금린어, 수돈, 대어, 석계어 등의 별칭이 있다. 몸은 둥근 잔 비늘로 덮여 있으며, 지느러미에는 날카로운 가시가 있다. 언뜻 보기에는 바다볼락과 비슷하며, 다른 민물고기와는 생김새가 영판 다르다.

쏘가리는 옛글과 그림에 많이 등장하는 물고기이다. 옛 문헌에 나온 쏘가리 이름은 다음과 같다.

- 한국: 所加里, 錦鱗魚, 錦文魚, 鱖豚, 水豚, 滋魚, 闕魚, 鱖魚, 居衛肋魚, 錦袍魚
- 일본: 阿左知, 阿散知(古事類苑)
- 중국: 鱖魚, 桂花魚, 季花魚, 牧豚魚, 鰲花魚, 天子魚, 鮇鮯, 烏何魚, 臺魚

쏘가리의 가장 일반적인 한자 이름인 궐(鱖)은 한국과 중국이 공통이지만 금린어(錦鱗魚)란 이름은 중국 이름에서 보이지 않는다. 이 이름이 생긴 사연이 있다. 허균의 기록이다.

"금린어(錦鱗魚)는 산골에는 어디에나 있는데 양근(楊根)[17]에서 나는 것이 가장 좋다. 처음 이름은 천자어(天子魚)였는데 동규봉(董圭峯)[18]이 먹고는 맛이 좋아 이름을 물으니 통역관이 얼떨결에 금린어라고 하였는데 모두 좋다고 하여 금린어가 되었다(『屠門大嚼』)."

어찌 되었건 금린어(錦鱗魚)는 아름다운 쏘가리의 채색을 살려 우리 옛 분들이 붙인 이름으로 보인다. 그러나 허균은 같은 책에서 일반 쏘가리(鱖魚)와 구별하여 금린어를 따로 설명하고 있다. 아마도 황쏘가리를 두고 금린어(錦鱗魚)라 부른 것이 아닐까 싶다.

예로부터 한국과 중국의 문인들 사이에서 쏘가리의 모습이 당당하고 한자 이름의 궐(鱖)이 대궐의 궐(闕)자와 음이 같아 고귀하게 여겨졌으며 시문과 도자기, 회화 등에 흔히 등장한다. 어해도(魚蟹圖)[19]나 민화에 등장하는 쏘가리는 출세를 기원하며, 한 마리만 그려야 한다고 한다. 나라에 대궐은 하나밖에 없기 때문이다. 또 쏘가리는 중국 이름이 천자어(天子魚)이어서 여러 마리를 그리면 역적질을 상징하게 된단다.

율곡 이이 선생의 어머니인 신사임당(申師任堂)이 그린 것이라 전해지는 쏘가리 그림이 있다(그림 3). 중국의 쏘가리 그림과는 달리 늠름한 것이 우리 금린어답다. 그림에는 쏘가리 한 마리가 유유히 헤엄쳐 오고, 수초 속에 깃들었던 새우가 놀랐는지 솟구치고 있다. 이 그림의 표면상 뜻은 입궐경하(入鱖驚蝦)로 '쏘가리

---

[17] 경기도 양평 지역의 옛 지명.
[18] 圭峯은 명나라 사람인 동월(董越)의 호이다. 成宗23년(1492)에 조선에 사신으로 왔었다.
[19] 조선 중기에 유행한 물고기와 게 등을 소재로 그린 그림.

가 들어와 새우를 놀래키다.'이지만, 실은 음이 같은 입궐경하(入闕慶賀)를 상징한다. 즉 과거에 급제하는 것을 기원하거나 축하한다는 말이 된다. 사임당이 아들의 과거급제를 기원하면서 그린 그림일 수도 있겠다.

　쏘가리를 읊은 시 한 수로 이 난을 마감한다.

<그림 3> 신사임당의 금린어 그림

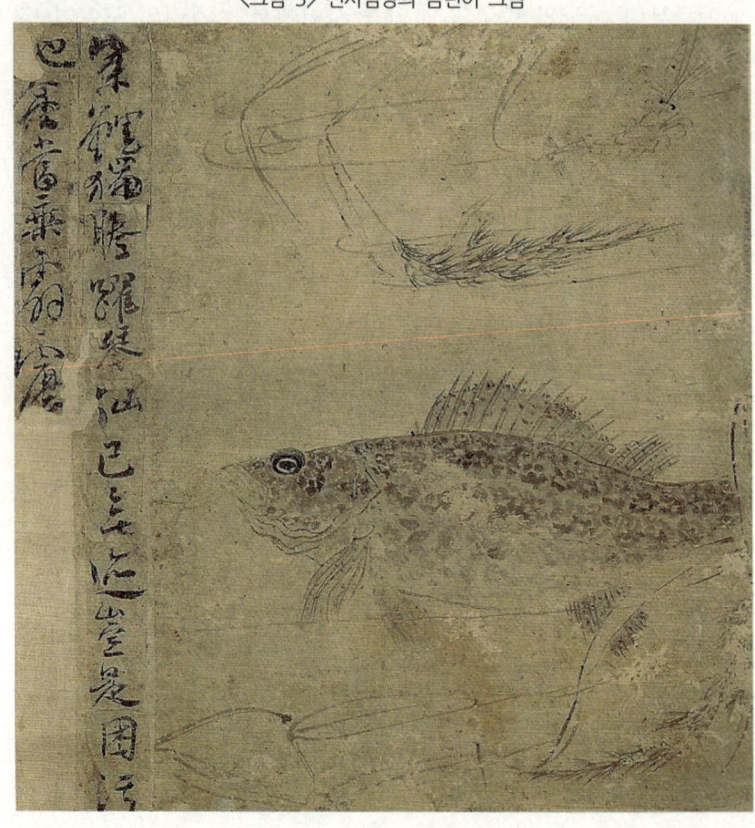

〈쏘가리〉

낚시로 쏘가리를 낚아서,
광주리 가득 담고 버들가지로 꿰었네.
붉은 비늘은 비단처럼 번득이고,
차가운 광채 내며 은빛으로 번득인다.
칼로 잘게 저며서 회를 만들고,
진하게 끓여서 그릇 가득 탕을 담는다.
동강의 그윽한 취미가 뛰어나다지만,
좋은 맛이야 이보다 더 나으랴.
〈錦鱗魚〉李應禧(1579~1651, 玉潭詩集 玉潭私集)
把釣牽金鯽, 盈筐復貫楊. 紫鱗翻錦色, 寒彩動銀光.
細設鸞刀膾, 濃盛玉椀湯. 桐江幽趣勝, 佳味豈增長.

　시에서 쏘가리를 금즉(金鯽)이라고 했다. 싯누런 붕어란 의미가 아니라 쏘가리의 멋진 모양을 그린 것이다. 멋지고 맛난 물고기를 잔뜩 잡고 시인은 행복해 한다. '동강(桐江)의 그윽한 취미'란 은거하여 소일삼아 낚시한다는 뜻이다. 엄광(嚴光, BC37~AD43)은 중국 후한 광무제(光武帝)의 소싯적 친구로서, 높은 벼슬을 주려는 광무제의 호의를 거절하고 부춘산(富春山)에 들어가 숨어 살며 양가죽 갓옷(羊裘)을 걸치고 동강(桐江)에서 낚시로 세월을 보냈다고 한다(『後漢書』嚴光列傳). 시인은 은거하는 정취도 좋지만, 우선 쏘가리를 요리해 먹는 것이 더 좋지 않느냐고 넌지시 말하고 있다. 실속 있고 즐거운 취미가 아닌가, 하며.

8. 웅어 葦魚

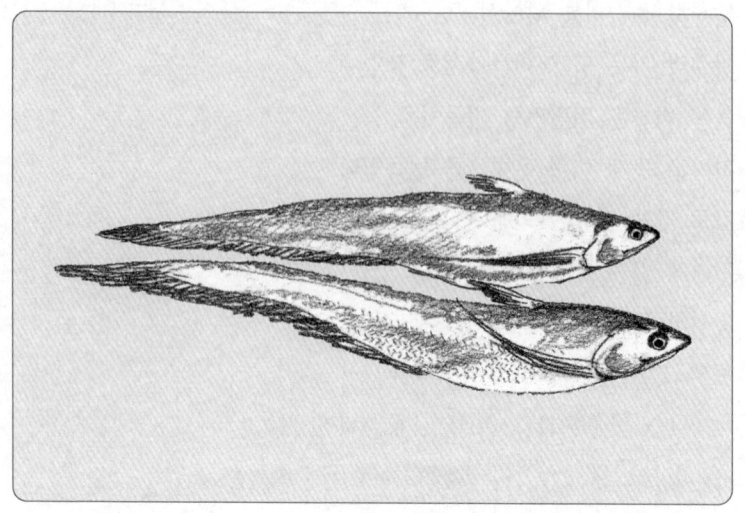

웅어는 청어목 멸치과의 바닷물고기로 봄이면 산란을 하려고 강으로 오른다. 방언으로 우어, 웅에, 위어, 위여, 차나리 등 여러 이름이 있다. 웅어는 얕은 강물 갈대 속에서 많이 살아서 갈대 '위(葦)'자를 써서 위어(葦魚)라고도 한다.

웅어는 산란철이 되면 서해바다에서 한강 하구에 많이 올라오는데 예전부터 행주(幸州)[20] 인근 한강(杏湖)의 특산품이었다. 오늘날에도 행주 웅어회는 고양의 대표적인 먹을거리로 익혀 먹는

---

[20] 고려 초에는 왕이 여행(行幸)한 곳이라서 행주(幸州)였지만, 조선시대에 와서는 杏州를 幸州를 함께 쓰는 경우가 많아졌고, 행주 아래 넓은 한강물을 행호(杏湖)라 부르게 되었다.

것은 맛이 덜하고, 회로 먹어야 제맛이라고 한다. 살이 연하면서도 씹는 맛이 독특하고 지방질이 풍부하여 고소하니, 가을 전어와 비교되는 봄의 진미로 4~5월이 제철이다.

웅어가 가장 많이 나는 행주강변의 웅어잡이는 볼만한 구경거리였던 모양이고, 이 광경을 묘사한 겸재 정선(謙齋 鄭敾, 1676~1759)의 행호관어도(杏湖觀漁圖)가 남아 있어 당시의 웅어 잡는 모습을 전해주고 있다. 겸재의 그림에는 여러 척의 배가 강물위에서 그물질을 하는 모습이 묘사되어 있다(그림 4).

봄철의 이런 모습을 그린 웅어잡이에 대한 시도 있다.

<그림 4> 겸재 정선의 행호관어도

〈행주의 봄, 웅어잡이〉

사람들이 행주의 경치가 뛰어나다는데,
아름다운 나무는 그윽한 거처를 감쌌구나.
그물 치는 어부 다투어 모여드는데,
봄 물결에서 웅어가 잡힌다네.
〈春生窩八景, 杏洲春漁〉 鄭來僑(1681~1759, 浣巖集卷之三)
人言杏洲勝, 佳木擁幽居. 網罟爭來集, 春波上葦魚.

  봄철 행주강에서 배들이 모여 들어 그물을 치는 모습을 시인은 읊고 있는 것이다. 봄이 되면 여러 가지 먹을거리들이 새로 나온다. 그런 봄철 새 음식의 하나인 웅어를 잡는 모습을 그린 시가 더 있다.

〈새 철의 음식을 읊은 시 중 웅어〉

갯가에 동아줄을 질러 놓고,
그물을 빽빽이 걸어 조수를 막는구나.
썰물이 져서 뭍이 드러났는데,
옥 같은 웅어는 뛰지도 않는다네.
〈食新四詠, 葦魚〉 金安老(1481~1537, 希樂堂文稿卷之四)
走索橫遮浦, 懸罾密掩潮. 層濤眞易陸, 臥玉不成跳.

葦魚始生於春時, 日暖則上江浦. 漁人張網橫江, 潮落泥出, 則赤手捕拾. 不捐細大, 謂之防浦.

시인은 시에 부연하여, "웅어는 봄철이 되어 나오기 시작하는데 날이 따듯하면 강어구로 오른다. 고기잡이들은 강을 가로질러 그물을 폈다가, 썰물이 져서 갯바닥이 드러나면 맨손으로 잡아낸다. 크고, 잔 것을 가리지 않는데 이를 '방포(防浦)'라 한다."고 설명하고 있다.

3구에서 '층도(層濤)'라 함은 밀물과 썰물의 수위 차이를 말하는 것 같다. 썰물이 지면 강의 갯바닥이 드러나고 미리 쳐 놓았던 그물에는 웅어가 걸려있다. 이 웅어를 '엎드려 있는 옥(臥玉)'이라고 한 표현이 재미있는데, 웅어는 일단 그물에 걸리면 그리 퍼덕대지 않는 모양이다.

웅어는 맛이 좋아 임금님의 수라상에 오르던 고기였다. 조선시대에 궁중의 음식에 관한 일을 맡아보던 관청인 사옹원(司饔院)[21]은 웅어를 전문적으로 잡는 '위어소(葦魚所)'를 두고 왕궁에 진상하였다. 위어소는 웅어의 명산지인 한강 하류의 고양에 있었다.

위어소는 관리가 직접 웅어를 잡는 것이 아니라 어부를 지정하여 웅어를 잡게 한 후 궁중에 바쳤다. 나라에서는 위어소에 소속된 어부에게 농사지을 땅(1호 당 8結[22])을 주고 다른 부역을 면

---

[21] 조선시대 대궐의 식사 공급에 관한 일을 관장하던 관서로 계절에 따라 생산되는 과일이나 농산물을 신주를 모신 사당이나 제단에 올려 먼저 차례를 지내거나 지방 특산물을 왕에게 올리는 것을 관장하기도 한다.
[22] 농토의 면적 단위이나 토지의 비옥도에 따라 면적이 다르다. 고려시대에는 농지를 3등급으로 나누었고, 조선 세종 26년(1444)부터는 6등급으로 나누게 되었는데, 1등전 1결의 넓이는 9,859.7㎡였다. 하등전으로 갈수록 면적은 더 넓어진다.

제해 주었다.

   위어소에서 웅어를 제때에, 정한 물량을 잡기는 쉽지 않았던 모양이다. 흉어가 되는 해도 있고, 또 위어소 소속 외의 다른 어부들과 어로 경쟁도 심했나 보다. 사옹원에서는 웅어를 제때에 잡지 못해 밴댕이(蘇魚)로 대신하거나, 바치는 웅어의 량을 감해 달라고 올린 상소가 여럿 왕조실록에 보인다. 또 웅어의 할당량을 채우기 위해 지나가던 어부의 웅어를 뺏는 경우도 있었던 모양이다. 웅어 철에 위어소의 관리가 어부들에게 횡포를 부리는 내용이 나오는 시가 있다.

〈어부사시사, 봄〉

새 불씨 피우고 복사꽃 피려는데,
행주와 김포 강변에 웅어가 나온다네.
고기 잡아 위어소를 지나지 말라,
애써 잡은 웅어를 관리가 뺏는다네.
〈漁父四時詞, 春〉 金載瓚(1746~1827년, 海石遺稿卷之一)
新火初生桃欲發, 杏洲金浦葦魚出. 捉魚莫過葦魚所, 辛苦得魚官吏奪.

   시는 행주와 김포 강변에서 봄철 웅어 이야기로 시작되어 위어소 이야기가 나온다. 신화(新火)는 청명 하루 전인 한식날에 불씨를 일단 껐다가 청명 날에 새 불씨를 일으켜 나눠 받던 옛 풍속을 말하며, 봄철 새잎이 나오고 꽃이 필 무렵을 지칭한 것이다. 이때가 웅어 철인 것이다.

시는 봄철 복사꽃 피는 계절부터 한가롭게 시작하지만, 끝말미가 좀 씁쓸하다. 만선의 기쁨도 잠깐, 강가에는 어부가 잡은 웅어를 뺏고 등쳐먹는 관리들이 기다리고 있었다.

 웅어는 봄철이 제맛으로 단오가 지나면 뼈가 억세고 냄새가 나서 회로 먹기는 좋지 않다고 한다. 지금도 행주 인근에는 웅어 요리를 파는 집이 있다. 그러나 행호 부근에서 웅어가 잘 잡히지 않기 때문에 군산 지역에서 사온다고 한다. 한강 행호에서 웅어를 잡는 장면도 옛 추억의 하나가 되어버린 것이다.

9. 누치 重脣魚

누치는 잉어목 잉어과의 민물고기로 큰 강의 바닥에서 작은 수서생물을 잡아먹고 사는데 가시가 많고 비린내가 나서 식용으로는 그다지 인기가 없다. 한자로 중순어(重脣魚)라고 부르는데 옛 어명고에는 중진어(重脣魚)라고도 표기하고 있다. 오자인가 했는데, 실은 진(脣, 놀랄 진)자를 순(脣, 입술 순)자 대신 쓴 것이다. 누치는 눌어(訥魚)라고도 불렸다. 눌(訥)은 말을 더듬는다는 뜻이 있다. 누치가 입을 뻐끔거리는 모습에서 그 이름이 나왔을 것 같다. '말은 더디고 행동에는 민첩하다(訥言敏行).'라는 공자 말씀이 있듯이 누치는 동작이 꽤나 민첩한 물고기이다.

누치는 지방별로 부르는 이름이 여럿이지만, 또 크기별 이름도 여러 가지다. 한자 이름 말고도 눗치, 눈치, 금잉어 등이 성어의 이름이고, 어린 누치는 쇠누치, 젯비, 접부, 부눈치, 적비 등의 이름이 있다. 성어인 누치 소리를 들으려면 40cm정도는 넘어야 한다.

누치는 요즘 큰 강에서 쉽게 만날 수 있는 고기다. 강 생태가 변화하고, 강물이 오염되면서 환경변화에 예민한 물고기들은 개체 수가 감소했지만 누치만은 왕성하게 증가하고 있다. 2000년대 초의 조사에 의하면 한강의 누치 우점비율은 35%를 넘어섰다고 한다. 씨알 좋은 누치가 증가한 것은 견지낚시꾼에게는 반가운 일이지만, 한 종의 물고기가 지나치게 많아지는 것은 생태계의 균형상 바람직하지 않다.

오늘날 왜 이리 누치가 번성하게 되었을까? 여러 이유가 있다. 누치는 맑은 물에서도 살지만, 다소 오염이 진행된 물에서도 잘 견딘다. 이러한 환경적응력 때문에 누치는 증가할 조건을 가진 것이다. 또 천적의 감소이다. 누치는 60cm이상까지 자라는 큰 고기이기 때문에 일단 부화가 되면 천적은 그다지 없다. 다만 산란기 때 누치가 낳은 알을 모래무지나 참마자 같은 것들이 탐식을 해서 성어가 되는 누치 숫자를 줄여 왔는데, 이런 물고기들이 감소하면서 생태계가 자연조절 기능을 잃어버리게 되었고, 누치는 증가 일로인 것이다. 또 인위적인 직강작업과 자갈채취로 여러 물고기들은 살터를 잃었으나 누치는 잔돌밭에 알을 낳는 생활습성으로 살 터전이 오히려 넓어진 것이다.

이런 생태, 환경조건 아니라도 누치가 증가한 여건은 따로 있다. '치' 자 들어간 물고기치고 맛없는 것이 없다지만, 실은 누치는 그다지 맛있는 물고기가 못된다. 값도 싸다. 어부가 하루 종일 어로작업을 해도 누치만을 잡아서는 타산이 안 서기 때문에 남획에서 벗어날 수 있는 것이다. 만일 '향토의 미각'이라던가 '정력에 특효'라는 소문만 났어도 누치는 씨가 말랐을 것이다.

그래도 누치는 민물고기치고 큰 고기로 예로부터 강변 사람들의 사랑을 받아왔다. 다산 정약용의 시에 나오는 누치 모습이다.

〈여름에 소천에서 지은 시〉

항아리에 술이 괴자 술내가 향기로워,
강변에서 한가로이 고기 파는 사내 불러.
새로 방아 찧은 보리 한 말 넘겨주고,
두 자가 넘는 누치를 사왔다네.
〈夏日苕川雜詩〉 丁若鏞(1762~1836, 與猶堂全書 與猶堂全書)
磁甕初鳴酒氣香, 水邊閒喚賣魚郞. 只消一斗新春麥, 賖得重脣二尺强.

항아리에서 술이 익어 보글보글 끓어오르기 시작하자(初鳴) 시인은 안주거리를 장만한다. 그 물고기가 누치이고, 두자가 넘는 멍짜 누치 값이 보리쌀 한 말이라는 것이 흥미롭다. 고향 강의 여울을 그리며 누치를 읊은 시를 한 수 더 감상하자.

〈순흥에서 누치를 보내오다〉

외손자 집에서 보낸 누치를 받고나니,
외려 고산에 돌아갈 뜻 많아지네.

정자 아래 백사장에는 여울이 급할 것이고,
붉은 뺨 누치가 응당 살구꽃 좇아 문질러 댈 것인데.
〈順輿饋訥魚〉 柳根(1549~1627, 西坰詩集卷之二)
訥魚來自外孫家, 却憶孤山歸意多. 臺下白沙灘正急, 紅腮應趁杏花磨.

   선물로 들어온 누치를 보며 시인은 고향 생각만 한다. 살구꽃이 물에 떨어져 흐르는 봄, 여울에는 누치가 산란을 하려고 암수가 어울려서 아가미를 돌에 문지르며 오간다. 시인은 이 광경을 그리고 있는 것이다. 시인이 이처럼 누치의 생태를 잘 알고 있으니 강마을 태생임이 분명하다.
   여울에서 물고기 암수가 어울려 알을 낳고 수정시키는 번식행위를 '가리'라 한다. 봄철에 강에서 누치가리를 하는 모습을 읊은 시가 있다.

〈환탄의 고기잡이 불〉
어부가 새벽이 밝았다고 알리니,
누치가 물결 따라 오르고 살구꽃은 휘날린다.
환탄(丸灘)에서 하룻밤 강물은 어지러이 여울지는데,
횃불은 별처럼 밝았다 슬어지네.
〈梨湖十六詠, 丸灘漁火〉 申光漢(1484~1555년, 企齋別集卷之五)
漁子淸晨報客知, 訥魚初上杏花飛. 丸灘一夜江流亂, 把火如星粲復微.

   예전에 큰 강에서 물이 잔잔하고 깊은 곳에 호(湖)라는 지명이 많았다. 시에 나오는 이호(梨湖)는 오늘 날 여주군 금사면 이포리(梨浦里) 지역을 말한다. 환탄이란 곳이 지금의 이포대교 하류에 있는 여울을 말하는 것 같기도 하다.

　시에서는 가리를 하는 누치들이 여울로 몰려들고, 어부들이 밤에 햇불을 밝히면서까지 누치를 잡고 있는 것이다. 아마도 4월 곡우 무렵의 모습일 것이다. 가리 철이 되면 누치 암수가 얕은 여울로 모여들어 번식행위를 한다. 수백, 수천의 누치가 떼를 지어 한 해의 큰 행사인 생식행위를 한다. 얕은 물에 누치의 지느러미가 움직여 물살이 흩어지고, 비늘이 번득인다. 자연이 우리에게 보여주는 장관의 하나이다. 누치 가리의 광경을 본 사람이면 시의 모습이 금방 다가올 것이다.

　누치는 잉어의 친척이어서 수염이 있지만, 잉어에 비해 그 모습에 위엄이 좀 덜하다. 잉어가 수염이 2쌍인데 비해, 누치는 수염이 1쌍 뿐이어서인지도 모른다. 그러나 큼직한 누치를 바라보면 절로 미소가 번진다. 두툼한 입술, 큼직한 머리, 그리고 늘씬한 몸체, 거기에 흰 비늘이 참으로 멋지다. 그 큼직한 눈에 순박한 모습은 호소에 사는 붕어에 비할만한 여울의 의젓한 고전 미인이다.

10. 은어 銀魚

　은어는 바다빙어목 바다빙어과의 물고기로 비록 큰 물고기는 아니지만 희고 쭉 뻗은 멋진 몸매와 수박향이 풍기는 맛으로 인해 예로부터 귀물, 별미로 인정받아 왔다. 은어만큼 우리 생활과 관련되어 여러 사연을 남긴 물고기도 드물 것이다.
　은어는 우선 그 맛으로 인해 귀한 선물로 인정받아 왔다. 옛분이 느낀 은어의 맛은 어땠을까? 은어를 먹고 그 감상을 쓴 시가 있다.

〈은어를 사다〉
살은 신선하고 뼈는 가는데다 비늘도 없어,

늙은 입술에 넣을 때 그 맛이 너무 좋았네.
장사치들이 비싸게 파는 걸 이상타 생각 말라,
예부터 이것 이름을 은(銀)이라 하였느니.
〈買銀魚〉 李廷馣(1541~1600, 四留齋集卷之二)
皮鮮骨細又無鱗, 美味要令入老脣. 莫怪商人須厚價, 從來此物號爲銀.

은어가 귀하기에 값도 비쌌던 모양이다. 그러기에 이름에 은(銀)자가 들었다고 시인은 둘러 붙이고 있다. 은어를 입안에 넣으면 상큼한 향이 느껴진다. 옛 분들도 이 맛을 잘 알고 있었다. 은어의 향을 읊은 시가 있다.

〈삼수의 고기잡이〉

안개물결 사이를 누가 즐기고 있나,
차고 맑은 물에 그물을 질러 쳤네.
은어가 그물에 오르는 것 아니,
가을 오이 향내가 물가에 그득하네.
〈鴻山李氏墳菴和十二景詩, 三水漁客〉 金澤榮(1850~1927, 韶濩堂集)
烟波誰好事, 橫網截寒光. 知有銀魚上, 秋瓜滿水香. 銀口魚身有瓜香.

시인은 물안개와 물결 속에 즐거운 일을 보러 간다. 기대에 차서 은어 잡는 곳으로 간다. 그냥 구경하는 것만이 아니라 은어를 맛볼 생각인지도 모른다. 그러기에 가을오이(秋瓜)라며 은어 맛을 떠올린다. 은어의 맛을 말하는 것이다. 시에 첨부하여 시인은

'은어는 몸에서 오이향이 난다'고 자상하게 설명하고 있다. 시인은 구례의 화개(花開)에 살던 사람이다. 은어가 나오는 계절, 그리고 은어의 맛과 멋을 잘 알고 있다.

옛 분들은 은어를 어떻게 즐겼는가? 은어를 먹는 여러 방법이 나오는 시도 있다.

〈은어〉

서쪽 남쪽 지방에선 나지 않으니,
동쪽 북쪽 지방에서 가져왔구나.
쟁반 수북이 은빛 물고기 펄떡이고,
도마에는 백설 같은 회가 빛난다.
말려서 화롯불에 구우면 별미이고,
진하게 간장에 졸이면 향기롭지.
여곽을 먹는 사람에 권할 만하지만,
고량진미 먹는 이도 실컷 먹긴 어려워라.
〈銀魚〉 李應禧(1579~1651, 玉潭詩集 玉潭私集)
不是西南物, 輸來北東方. 高盤銀色動, 登俎雪輝揚.
乾炙爐中味, 濃煎醬裏香, 宜餤藜藿子, 難盡厭膏粱.

시에서는 우선 은어를 회로 먹는 것을 강조하고 있다. 구워도 먹고, 간장에 졸여 먹기도 한단다. 옛 분들도 은어를 먹는 여러 가지 방법을 잘 알고 있었던 것이다. 시의 말미에 '고량진미 먹는 이도 실컷 먹긴 어려워라.'라 한만큼 싱싱한 은어는 쉽게 접할 수 없는 귀한 물고기였던 것이다. 여곽(藜藿)은 명아주와 콩잎으로 가난한 사람의 거친 음식을 뜻한다. 즉 맛이 담백하여 가난한 선비가 먹기에 좋지만, 워낙 귀한 것이라서 부자들도 실컷 먹기는 어렵다는 것이다.

조선시대에 은어는 귀한 물건으로 대접받아 중국 사신에게 대접하는 선사품, 그리고 조공 품목에도 포함되어 있었지만, 무엇보다 은어가 중요시 되었던 점은 왕실 제사(薦新)[23]에 오르는 물건이란 점이다. 조선시대에는 은어 특산지가 지정되어 있어 은어철이면 해당 지방 수령들이 은어를 잡아 한양의 사옹원(司饔院)으로 보냈다. 그러나 은어를 잡는 것도 쉬운 일은 아니었지만, 잡은 은어를 신선하게 한양으로 보내는 일 또한 쉽지 않은 일이었다.

은어를 잡는 것은 어차피 그 지역 백성의 일이었다. 은어를 잡기 위해서 백성을 동원하였고, 그 폐단에 대한 상소가 왕조실록에 실려 있다.

"경상도와 전라도에서 올리는 은구어(銀口魚)[24]는 이미 백성을 사역(使役)시켜 내를 막아 잡는데 게다가 백성에게 바치기를 독촉한다 합니다. 그러니 백성이 해(害)를 받음을 어찌 다 말할 수 있겠습니까?(성종 23년 1492)"

또 정범조(丁範祖, 1723~1801)의 글에,

---

[23] 새로 농사지은 과일이나 곡식을 먼저 사직(社稷)이나 조상에게 감사하는 뜻으로 드리는 의식.
[24] 은구어(銀口魚)는 은어의 옛 이름이다. 옛글에서 은어(銀魚)라 함은 도루묵을 말한다.

"읍에는 은구어를 진상하는 규칙이 있다. 매년 초가을이면 지역 모두가 모여 은구어를 잡아 바치는데, 이 부역에 빠지면 1명당 벼 1섬을 바쳐야 했고, 이를 관용으로 썼다."고 한다('海左先生年譜', 海左集).

공물을 바치기 위한 은어잡이에 백성들이 부역(賦役)25으로 동원되었고, 이를 빌미로 지방 관속들이 백성을 등치기도 한 것이다. 은어 진상으로 백성들이 처한 상황에 대해 한 암행어사가 보고하고 있다. 전라좌도로 암행어사를 나갔던 최창대(崔昌大, 1669~1720)의 보고이다('廉問時書啓').

"은어 진상(進上)은 도의 여러 읍에 큰 폐단이 되고 있습니다. 옥과(玉果)와 남원(南原)이 바로 그렇습니다. 강에서 은어가 나서 세공(歲貢)을 바쳐 왔으나 세월이 흐름에 따라 내와 못이 변해 은어가 없어진지 수년이 되었습니다... 백성들은 은어가 나는 곳인 하동, 진주에서 구해 와야 하는 실정입니다... 흉년이 든 해나 농사철을 가리지 않고... 두세 마리의 값이 5백전이나 합니다('戊寅全羅左道御史時', 昆侖集卷之十)."

은어를 진상하기 위해 백성들만 고생한 것이 아니었다. 은어가 나는 지역의 수령(封進官)도 어려움을 피할 길이 없었다. 은어가 제때 진상할 물량이 잡히면 별 문제가 없지만 기상 악화로 은어가 강으로 올라오지 않거나, 또 은어가 규격에 못 미치면 문제가

---

25 국가가 특정한 사업을 위하여 보수 없이 국민에게 의무적으로 책임을 지우는 노역.

되었다.

조선왕조실록과 승정원일기에는 은어 진상을 제대로 못해 처벌을 받은 지방수령이 수십여 건 기록되어 있다. 대형사고도 발생하였다. 숙종 연간에 전라감사가 장계하기를,
"진상하여야 하는 은어를 바치지 못한 남원부사, 장흥부사, 순창군수, 보성군수, 임실현감, 곡성군수, 동복현감, 옥과현감, 강진현감 등을 내치시고 신 또한 대죄합니다." 하였다. 전라도 내의 수령 9명이 동시에 탄핵 대상이 된 것이다. 다행히 왕이 "진상을 파하고, 대죄할 것 없다."고 회유하였다(숙종 25년, 1699). 그 당시 전라도에는 전염병이 돌아 수만 명이 병에 걸리고, 죽은 사람이 많았던 정황이 참작되었기 때문이었다.

은어를 진상하는 일은 지방 수령에게 실로 힘겨운 일이었다. 고성 군수가 장계를 올려, "이번 생은어 봉진에 크기가 적당한 것을 구할 수 없고, 진상은 막중한 일이나 이번 일은 불가능하다."며 징계를 받기 전에 스스로 군수 직을 사임하는 경우도 있었다(洪宇遠, '辭高城郡守狀', 南坡集卷之十).

은어를 잡기 위해 각 은어산지에서는 어떤 일이 있었을까? 왕실용 은어만 잡을 수 있도록 지정되어 있는 강도 있었다. "풍양천(豊壤川)의 은구어(銀口魚)는 오로지 천신(薦新)을 위한 것이어서 사사로이 잡는 것을 엄금해왔는데, 올해는 그렇게 하지 않아 잡은 것이 매우 적으니, 양주 목사(楊州牧使)를 추고하고, 포감고를 치죄하라 전교하였다(왕조실록, 명종 16년)."

포감고(浦監考)는 '시내를 감시하며 고기잡이를 금지하는 사

람'으로 어장관리를 위한 전문 인력이었던 것이다. 풍양천은 오늘의 왕숙천으로 옛 지리지에는 왕숙탄(王宿灘) 혹은 왕산천(王山川)으로 표기되어 있다(『신증동국여지승람』).

은어를 잡는 방법은 여러 가지이다. 우선 낚시를 들 수 있겠지만, 이 방법은 당시에도 취미였고, 대량으로 포획하는 방법은 그물이나 어살이었다.

"우리 풍속에 귀한 물고기가 오가는 목에 발을 치고 흐르는 물을 막아 고기가 이곳에 도착해도 더 가지 못하고 방황할 때, 어부들이 이를 정찰하고는 급히 다른 발로 아래쪽 돌아갈 길을 막고 나서 그물로 포위하여 잡는다. 백 중에 하나도 놓치지 않으며 이를 어장(魚場)이라 한다(具思孟, '東川觀獵銀口魚', 八谷集卷之二)."

일반인이 개인적으로 어살을 만들어 은어를 포획하는 것이 금지되기도 하였고, 은어를 잡으려면 돈을 내야하는 곳도 있었다. "화개(花開)는 다만 악양(岳陽)의 일개 작은 냇물로서 은구어(銀口魚)가 나는데, 또한 절수(折受)를 당했습니다. 비록 임금께 바치는 진상(進上)일지라도 돈을 주어야만 비로소 그물질을 할 수 있으며…(왕조실록, 숙종 28년)"

여기서 절수(折受)란 것은 '벼슬아치가 봉록(俸祿)으로 결세(結稅)를 떼어 받도록 임금이 정하는 것'으로 농지뿐만 아니라 어장도 해당되었다. 은어가 많이 나는 화계천을 권력층에서 독점한 결과, 백성들은 멀쩡한 어장을 두고도 은어를 잡지 못하게 된 것이다. 백성들이 그곳에서 은어를 잡으려면 요즘말로 '입어료'를 내야 했던 것이다.

또 특수한 경우에는 은어를 잡는 전문가도 있었다.
"제주도 안에는 내와 못이 있는데 육지와 같이 깨끗하지 않고, 또 잡히는 물고기도 없다. 다만 은어만이 있다. 관가에서 사사로이 은어를 잡는 것을 금하고 있으며, 택해진 은어를 잘 잡는 사람을 이름 하여 '은어장(銀魚匠)'이라 하고, 날마다 은어를 잡아 관가에 바친다(李健, '濟州風土記', 葵窓遺稿卷之十一)."

심한 경우 강에 독약을 풀어 은어를 잡는 경우도 있었다. 왕조실록의 한 상소문에,
"각 고을에서 은구어(銀口魚)를 잡아서 진상하는데 독약(毒藥)을 쓰므로 수족(水族)이 다 죽습니다."하니, 이를 금지토록 하기도 한다(문종 1년, 1450).

은어는 생은어, 말린 은어, 절인 은어, 은어알, 은어젓갈 등의 형태로 왕실에서 이용되었다. 이 중 생은어의 진상이 가장 어려울 수밖에 없었다. 은어의 신선도를 유지할 신통한 방법이 변변치 않았기 때문이다. 은어는 통에 넣고 얼음에 채워 한양까지 올라왔다. 아무리 냉장을 잘해도 시간이 걸릴 수밖에 없으며, 가능한 한 빠르게 운송하는 방안으로 역마를 이용했다. 이러한 역마 사용의 문제점에 대한 상소가 왕조실록에 나온다.
"충청도의 역마(驛馬)가 조잔(凋殘)하기 막심합니다. 이때 그 폐단을 물은즉, 생물(生物)을 진상할 때에는 은어(銀口魚) 같은 것이 10여 개만 되어도 반드시 상등 말에 얼음덩어리(氷丁)[26]까지 실어서, 뭉그러지지 않도록 길을 배나 달려 몰아갑니다. 그러므

로 이로 인하여 말이 병들거나 죽어버려....(연산군 2년, 1496)"

역마로 운반한다고 해도 한양에 가면 사옹원에서 조달품 감수(看品)를 받아야 하고, 양이 부족하거나, 크기가 작거나, 상했으면 현지 수령이 엄한 처벌을 받아야 했다.

은어 진상을 개선하자는 상소가 여러 번 있었음에도 불구하고, 은어 진상은 조선시대 내내 계속되었다. 왕조에서 태묘(宗廟)에 제사를 지내는데 제수로 쓰는 은어는 포기할 수 없었기 때문이다. 말도 많고, 탈도 많았던 은어 진상은 1864년이 되어서야 종막을 고한다. 조선의 마지막 왕인 고종은,

"각 도의 6, 7월 물선(物膳) 가운데 생복(生鰒)과 생은구어(生銀口魚)는 민폐에 크게 관계된다고 하니, 내년부터는 영구히 봉진하지 말게 하여 생민의 고질적인 폐단을 제거토록 하라."며 은어 공납제도를 철폐한다(승정원일기, 고종 1년). 이로써 조선 왕조 내내 은어산지의 백성들을 애먹이던 은어 진상이 폐지된 것이다.

---

26 氷丁: 얼음덩어리 혹은 얼음 뜨는 일을 업으로 하는 사람(氷夫).

11. 열목어 餘項魚

열목어는 강원도, 충북, 경북 지역에 널리 분포했지만, 지금은 강원도 일부지역에만 남아 있다. 여름에는 강의 가장 상류에 살고 있다가 겨울이 되면 중류로 내려와 겨울을 나고, 봄이 되면 다시 상류로 소상한다.

열목어는 옛글에 여항어(餘項魚), 연목어(椽木魚)로 기록되어 있다. 요즘에는 열목어가 적어졌지만 예전에는 봄이 되어 열목어가 소상하는 장면은 장관이었다고 하며, 옛글에 다음과 같이 묘사되어 있다.

"금강연(金剛淵)은 오대산 월정사(月精寺) 곁에 있으며, 부에서 서쪽으로 1백 10리이다. 4면이 모두 반석이고 폭포는 높이가 열자이다. 물이 휘돌아 모여서 못이 되었는데, 용이 숨어 있다는 말이 전해온다. 봄이면 여항어가 천 마리, 백 마리씩 무리지어서 물을 거슬러 올라오다가, 이 못에 와서는 이리저리 돌아다니며 자맥질한다. 힘을 내어 낭떠러지에 뛰어오르는데, 혹 오르는 것도 있으나 어떤 것은 반쯤 오르다가 도로 떨어지기도 한다(『신증동국여지승람』 강릉대도호부)."

김창흡(金昌翕, 1653~1722)의 글에도 "금강연에 도착하니, 소의 넓이가 백여 칸이 될 듯하며.... 봄이면 열목어가 다투어 뛰어 올라, 용문에 노니는 것 같다. 기관(奇觀)이라 칭할만하다."고 열목어의 도약 모습을 묘사하고 있다('五臺山記', 三淵集卷之二十四).

강원도 설악산의 내에도 열목어가 많았다. 김수증(金壽增, 1624~1701)의 글에도 "물이 맑고 고기가 많다. 열목어가 내에 그득해서, 힘들이지 않고 잡는다."고 기록되어 있다('曲淵記', 谷雲集卷之三). 곡연은 설악산 한계에 있는 소의 이름이다.

옛글에는 '막대기로 때려잡을 만큼' 열목어가 흔했다고 하며, 주로 작살이나 그물로 잡았다. 열목어를 그물로 잡는 방법에 대한 기록도 있다. 김수증의 다른 글에는 "봄에서 여름이 될 때, 강을 살펴 돌 아래 통발을 설치한다. 여항어가 뛰어 오르다 통발에 떨어진다. 돌 위에서 보고 있다가, 머슴아이를 시켜 거둬가지고 돌아온다."고 기록되어 있다('華陰洞志', 谷雲集卷之四).

옛 시에 산골의 풍습과 관련되어 열목어 잡는 모습이 나온다.

〈골짜기의 풍속〉

길가는 사람은 골짜기 사이 길 싫어하지만,
사는 사람은 골짜기에 살기를 싫어하지 않네.
당귀랑 고사리랑 산나물이 지천이고,
밤이면 앞 여울에서 작살로 열목어 잡는다네.
〈紀行中峽俗〉林悌(1549~1587, 林白湖集卷之二)
行人苦厭峽中路, 居人不厭峽中居. 當歸薇蕨足春菜, 夜刺前灘餘項魚.

산속의 생활이 풍성하고 게다가 밤이면 열목어도 잡으면서 산다고 한다. 싫증나지 않는 생활일 것이다. 3구의 당귀(當歸)는 약초 이름이지만 '돌아감에 있어'라는 뜻도 있다. 하필이면 당귀라는 약초를 시인이 시에 넣은 것은 그러한 뜻도 내포하고 있는 것이 아닐까 싶다. 다른 시에서도 열목어와 관련되어 그윽한 산촌의 생활을 그리고 있다.

〈인제에 사는 김생에게 주는 시 중 8수〉

질편히 흐르는 물 건너고 건너,
그곳이야말로 조용히 살만한 곳이라네.
원컨대 마음 맞는 반려자와 함께,
열목어 물에 노니는 것을 보러 갈까나.
〈草贈麟蹄金生絶句, 八句〉蔡彭胤(1669~1731, 希菴集卷之十六)
溶溶水濟水, 此地可幽居. 願結同心侶, 去觀餘項魚.

강원도 인제는 산 높고 물 맑은 고장이다. 그곳 시내에는 열목어가 노닐고 있었다. 조선시대에 인제 산골은 은거하기를 원하는 선비가 이상향으로 바라는 고장이었나 보다. 지금도 인제는 번잡한 도시를 떠나 조용히 살만한 고장이다.

열목어를 지방에 따라서는 댄피리, 댓잎, 연메게, 연묵어, 연메기, 연미기, 염묵어 등으로 부른다. 옛 어보에 여항어(餘項魚)로 기록된 것이 어떻게 오늘날 열목어(熱目魚)란 표준명을 얻었을까. 문자 그대로 보면 눈이 붉거나, 열이 있어 그런 이름이 붙은 것 같기도 하다. '눈에 열이 너무 많아서 찬 곳을 찾아가 열을 식힌다.'고 하여 열목어라고 붙였다는데, 열목어 눈에는 일렁거리는 열도 전연 없고 그렇다고 붉지도 않다(권오길, 2003). 연메게, 연묵어, 연메기, 엿묵어와 같은 지방이름을 한자로 음차(音差)한 결과 열목어란 이름이 붙은 것 같기도 하다. 아무튼 열목어 눈에는 열이 없다.

절벽을 올라간 물고기가 나무에서 산다는 고대 중국 설화가 있다(『山海經』). 연어의 옛 이름의 하나인 연목어(椽木魚)는 이 물고기가 '동쪽과 북쪽 바다에서 나며 능히 절벽을 오를 수 있음으로(能陞絶壁) 이런 이름을 얻었다(柳僖, 『物名考』).'고 설명되고 있다. 연어가 급류를 헤치고 절벽을 넘어 소상하는 모습에서 옛 분들은 중국 전설을 연상했을 수도 있을 것이다. 연목(椽木)은 '나무를 타고 오른다.'는 뜻이 있다.

열목어는 물이 오염되지 않는 맑은 곳, 그것도 한여름 수온이 20도 이하인 곳에 산다. 지구 온난화와 수목 남벌로 인하여 열목어 서식지의 기온이 올라가고 있어 서식지의 폭은 점차 좁아지고 있다. 일반인들은 열목어가 천연기념물인 것으로 오해하고 있다. 열목어의 개체 수가 줄고, 서식지가 좁아지고 있는 상황에서 열목어는 보호를 받아야 마땅할 것이다. 현재로선 열목어가 서식하고 있는 강원도 정선군에 있는 정암사(천연기념물 제73호, 1962)와 경상북도 봉화군에 있는 봉화 석포면(천연기념물 제74호, 1962)이 열목어 서식지로 지정하여 보존에 힘쓰고 있다. 1996년 1월에는 환경부가 특정보호어종으로 지정함으로써 허가 없이 이를 잡을 수 없도록 하였고, 2012년 5월 31일에 멸종위기야생동식물 2급으로 지정되어 보호받고 있다.

12. 두우쟁이 眉叟甘味魚

두우쟁이는 잉어과 모래무지아과의 물고기로 모래무지와 친척 간이다. 두우쟁이는 『난호어명고』에 미수감미어(眉叟甘味魚)라고 기록되어 있고, 방언으로는 생새미, 공지, 미수개미, 사침어 등으로 불린다. 미수 허목(眉叟 許穆, 1595~1682)이 임진강 징파(澄波)에 살면서 이 물고기를 즐겨 먹었다 해서 '미수감미어'란 멋진 이름을 얻었다. 다른 한자 이름으로는 공지(貢脂), 공지(供旨), 행화어(杏花魚)가 있다.

김매순(金邁淳, 1776~1840)의 글에 두우쟁이는 맛있는 물고기로 봄이면 한강 상류 쪽으로 올라간다고 기록되어 있다.
"강 물고기 중에 맛이 있는 것으로 공지(貢脂)라 부르는 물고기가 있다. 큰 것은 한 자쯤 된다. 비늘이 잘고 살이 많다. 회로 먹어도 좋고 국을 끓여도 맛이 좋다. 매년 3월 초에 한강을 동쪽으로 거슬러 올라가서 미음(渼陰)에서 멈춘다. 이런 일은 곡우 전후 3일이 가장 두드러진다. 그 기간을 지나면 공지가 올라가는 것을 볼 수가 없게 된다. 한강변에 사는 사람들은 이런 것을 보고 절기가 빠르고 늦는 것을 안다('洌陽歲時記', 臺山集)."

미음(渼陰)[27]은 팔당 하류인 남양주시 와부 근처로 오늘날도 미음나루터의 표지석이 강변을 지키고 있다. 두우쟁이가 한강을 올라오다 미음나루에서 멈춘다고 했지만 더 상류로 올라간다. 두우쟁이는 여주까지 올라가서 '공지가 여주 신륵사까지 갔다가 두루쟁이(모래무지)가 되어 돌아온다.'는 속담이 있다(최기철, 2007).

두우쟁이는 봄이 되면 왜 강을 거슬러 올라가는 것일까? 이러한 행동은 번식행위와 관련이 있다. 두우쟁이는 알을 강바닥 돌에다 낳지 않고 수중에 낳아 물결에 하류로 흘러가게 한다. 이런 알을 부란(浮卵)[28]이라 한다. 강의 중상류 먼 곳에 낳아 떠다니던 알이 서해 바다에 떠내려 갈 즈음이 되면 부화가 이루어져 어린 새끼가 태어난다. 너무 바다에 가까운 곳에 알을 낳으면 바다에 도착해도 부화가 되지 않는다. 언제 어느 곳에 알을 낳아야 바다에 도착할 때 쯤 부화한다는 것을 아는 두우쟁이의 지혜가 놀랍

---

[27] 경기도 남양주시의 수석동 미음에 있는 나루터이다. 남양주시와 하남시 미사리를 건너던 한강나루이다. 한강의 나루터 중 광나루에 버금가는 곳이었다.
[28] 물고기 암컷이 난 알이 주위의 물과 거의 같은 비중을 가지고 있어, 물에 떠 있다가 수정·부화되는 알.

다. 너무나 자연을 교묘하게 이용하고 있는 두우쟁이의 본능이 신비롭기만 하다.

팔당댐이 건설되어 물길이 막혀 두우쟁이가 한강 상류로 갈 수 없게 되었고, 번식행위에도 장애가 생겼다. 한강에 두우쟁이가 적어진 것은 수질 변화뿐 아니라 물길의 변화에도 기인되었을 것이다.

『해동죽지(海東竹枝)』[29]에 행화어란 이름으로 두우쟁이에 대해 지은 시가 있다. 시에 '이 고기는 광주 두미강 하류에서 나온다. 맛이 무척 좋고, 향기로워 세상에서는 절품(絶品)이라고 한다. 속칭 공지이다.' 라고 설명을 달고 있다.

〈행화어〉

한 그물 비린내에 이슬비는 오고,
살구꽃 피는 시절 봄날이 한창인 강.
동풍에 물고기 세는 소리 들려오더니,
사람마다 행화어를 버들가지에 꿰들고 오네.
〈杏花魚〉 崔永年(1856~1935, 海東竹枝)

一網腥香細雨初, 杏花時節上春湖. 算聲吹到東風便. 箇箇穿來綠柳條.
此出於廣州斗尾江下流者. 味極甘香, 世稱絶品, 俗謂供旨.

시에는 두우쟁이가 잡히는 광경, 잡히는 때인 곡우철이 묘사되

---

[29] 1925년에 崔永年이 지은 시집. 우리나라의 역사·풍속·지리·명승·고적 등을 읊은 시 500여 편을 수록하고 있다.

어 있고, 강변에서 두우쟁이를 사고파는 광경도 나온다. 여러 사람이 사들고 다닌다니 그리 값비싼 고기는 아니었던 모양이다. 한때 한강변 김포 고촌 일대에서는 가장 많이 잡히는 고기였다는데 이제는 쉽게 만날 수 없게 되었다. 그 '절품'이라는 맛이 어떤 것이었을까?

13. 가사어袈裟魚, 산천어山川魚?

『난호어명고』에 가사어(袈裟魚)란 물고기에 대해 다음과 같은 기록이 있다.

"용유담(龍游潭)은 함양부(咸陽府) 남쪽 40리 지점에 있는데 담(潭)의 양 옆에 암석이 평평히 퍼져 쌓인 곳이 모두 숫돌의 형상과 같다. 물속에 물고기가 있는데 등에 가사(袈裟) 문양이 있으므로 이렇게 이름 붙였다. 이 물고기는 지리산 서북쪽 저연(猪淵)에서 나와 매년 가을 물길을 따라 내려와서 용유담에 이르러 멈춘다. 다음 해 봄에 다시 물길을 거슬러 저연으로 돌아가므로 용유담 아래로는 없다. 이 물고기를 잡는 사람은 그때를 살펴 그물을 바위 벼랑 사이에 쳐둔다. 그러면 물고기가 튀어 오르다가 문득 그물에 떨어진다. 저연은 달공사(達空寺) 곁에 있으니 바로 호남 운봉(雲峰) 지역이다."

이 고기의 오늘날 이름을 어류학자 최기철은 가사어의 '습성이나 색깔로 보아 황어'라 비정하고 있다(최기철, 2002). 또 물고기가 '가사와 같이 빨간 띠를 걸쳤다면 이는 혼인색으로 가사어가 황어에 틀림없다'는 국어학자의 의견도 있다(김홍석, 2000).

그러나 『난호어명고』 해어(海魚) 편에 황어가 별도로 기술되어 있고, 또 황어가 산란을 위해 바다에서 강을 따라 소상하기는 하지만, 함양의 지리산 부근까지 올라온다는 점도 신빙성이 약하다. 어명고에 '가사어가 가을에 함양 용유담에서 이르렀다가, 봄이면 달공사(남원 운봉)로 돌아가는 까닭에 엄천(嚴川)보다 하류에서는 이 고기를 볼 수 없다'고 확언한 점을 보아도 가사어가 황어일까 의문이 간다. 즉 가사어는 강 상류의 일정 구간을 오르내리지만, 황어와 같이 바다에 갔다 오는 강해형(降海型) 물고기가 아닌 것이다.

가사어는 환상 속의 물고기가 아니라 현실에 존재하고 있었고, 가사어에 대한 시문은 꽤 많이 남아 있다. 김종직이 가사어를 선물로 받고 쓴 시이다.

〈운봉의 김훈도가 가사어 한 마리를 보내다〉

달공사 아래에 있는 멋진 물고기는,
자줏빛 지느러미 얼룩무늬에 맛은 더욱 좋다네.
워낙 귀하고 맛난 물고기라 맛볼 수도 없었는데,

함양 땅 병든 사람의 집까지 어렵게 가져오셨구려.

〈雲峯金訓導, 送示袈裟魚一尾.〉 金宗直(1431~1492, 佔畢齋集卷之十)
達空寺下水梭花, 紫鬐斑鱗味更嘉. 珍重廣文嘗不得, 却來天嶺病夫家.

● 水梭花: 절에서 물고기를 이르는 말. 廣文: 두보(杜甫)가 자기의 벗인 정건(鄭虔)을 높여서 부른 말. 天嶺: 경남 함양의 옛 이름

가사어가 지리산에서 나는 귀한 물고기인 것은 틀림없다. 조선 중기 유몽인(柳夢寅, 1559~1623)이 지리산을 찾아가서 가사어를 직접 잡으려 한 기록도 있다('遊頭流山錄', 於于集後集卷之六). 두류산(頭流山)은 지리산의 옛 이름의 하나이다.
"소에 고기가 있는데 이름이 가사어이다. 비늘에 벼논과 가사 모양의 무늬가 있다. 천하에 다른 곳엔 없고 다만 이 소에서만 알을 낳는다 한다. 그래서 어부를 시켜 그물로 잡으려 했지만, 물이 깊어 종내 한 마리도 잡지 못했다."

이수광(李睟光, 1563~1628)의 『지봉유설(芝峯類說)』에는 "가사어는 지리산 계곡 물에서 나오는데 길이가 한 자가 못된다. 색깔이 붉은 것이 송어와 같고 그 맛이 매우 좋다. 모습이 가사를 입은 중 같아 그 이름이 붙었다. 산 아래 사람들은 몇 년에 겨우 한번 볼 수 있으니, 특이한 것(異物)이다. 어떤 이는 말하기를 소나무 기운이 감응되어 나온 것이라 한다."고 기록되어 있다(禽蟲部鱗介).

이덕무(李德懋, 1741~1763)의 『청장관전서(靑莊館全書)』에도 가사어에 대해 기록되어 있다.
"지리산(智異山) 속에 소(湫)가 있는데 소의 위에 소나무가 죽

늘어서 있어 그 그림자가 항시 그 소 속에 쌓여 있다. 거기서 나는 고기의 무늬가 매우 아롱아롱하여 가사(袈裟) 같으므로 이름을 가사어(袈裟魚)라 하니, 대개 소나무 그림자대로 변화한 것이다. 구득하기가 매우 어려운데, 삶아서 먹으면 병이 없게 되고, 오래 살게 된다고 한다('耳目口心書二')."

가사어에 대해 여러 글이 있음에도 가사어가 오늘날 무어라 부르는 물고기인가는 옛글에 확실히 밝혀져 있지 않다. 다만 여러 글에서 유추할 수 있는 점을 정리하면 다음과 같다.

첫째, 지리산과 같이 깊은 산 맑은 계곡에서 사는 물고기이다. 둘째, 송어, 연어, 황어처럼 강을 오르내리지만, 바다까지 내려가지는 않는다. 셋째, 얼룩무늬가 있어 중의 가사를 닮았다. 넷째, 고기 이름의 생긴 연유가 소나무와 관계가 깊다. 다섯째, 색깔이나 습성이 송어를 닮았으나 크기는 한 자가 못 된다 한다.

산골 깊숙한 곳, 맑은 물에 사는 얼룩무늬가 있는 물고기 중 소나무와 가장 연고가 깊고, 송어를 닮은 고기가 가사어인데, 산골의 일정 지역(함양에서 남원 운봉까지)만을 오간다고 한다. 혹시 송어의 육봉형(陸封型)[30]인 산천어(山川魚)를 이르는 것이 아닐까? 가사어가 오늘날 산천어라 부르는 물고기일 것 같은 심증은 가나, 확언할 수 없어 답답할 뿐이다. 산천어가 틀림없는 것 같은데…

---

[30] 강과 바다를 오르내리던 강해형 물고기가 환경의 제약에 따라 바다에 내려가지 않고 담수 지역에서 사는 것.

14. 메기 鮎

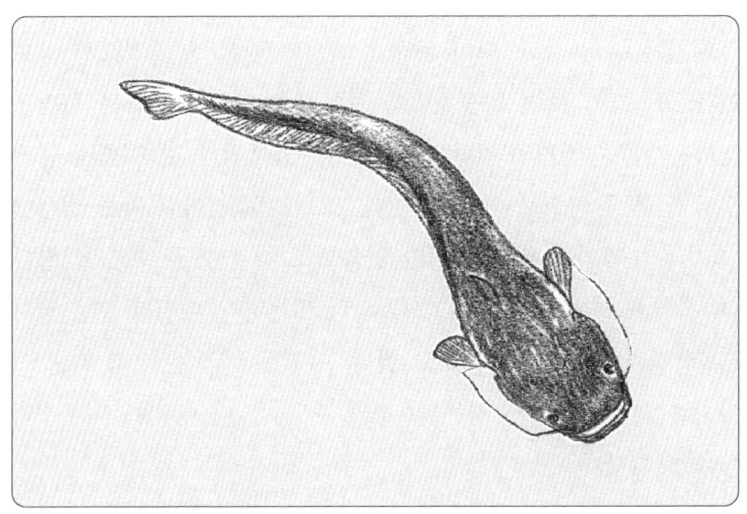

　메기는 오염에 민감하지 않고 물이 깨끗하지 않아도 잘 살 수 있는 환경 적응력 덕분에 우리나라 전 지역의 강과 호수에 두루 분포한다. 몸이 길고 전체적으로 원통 모양이지만 머리는 위아래로 납작하고 몸 뒤쪽은 옆으로 납작하며, 눈은 작고 두 눈 사이가 매우 넓다. 입은 크고, 입수염은 두 쌍이며 콧구멍 옆에 달린 수염은 길어서 가슴지느러미까지 닿는다. 몸에는 비늘이 없이 점액으로 뒤덮여 있다. 지역이나 개체에 따라 몸 색깔의 변화가 심하며 불규칙한 얼룩무늬가 있고, 배 부분은 연한 노란빛을 띤다.
　메기는 물살이 느린 강 중·하류의 돌 틈이나 바닥 근처에서 곧잘 산다. 야행성으로 낮에는 강바닥이나 돌 틈 속에 숨어 있다가 밤에 먹이를 찾아 활동하는데, 작은 물고기나 수생곤충, 올챙이 등 수중동물을 닥치는 대로 잡아먹는다.

메기는 눈이 작고, 입이 큰데다 색깔이 검어 좀 흉물스럽게 보인다. 또 어찌 보면 의뭉스럽게 보이기도 한다. 입이 큰 사람을 놀리는 말로 '메기입'이란 말이 있다. '입아귀가 길게 째져 넓게 생긴 입을 놀림조로 하는 말'이다. 또 메기수염이란 말도 있는데 '메기의 수염처럼 몇 오라기만 양쪽으로 길게 기른 수염'을 말한다. 속담에도 '메기 아가리 큰대로 다 먹는다.', '메기가 눈은 작아도 저 먹을 것은 알아본다.'고 한다. 어쨌든 메기는 그리 좋은 이미지로 사람에 다가오지는 않지만, 제 것은 다 챙기는 의뭉스러움을 뜻한다.

옛글에서 메기는 관직생활의 어려움을 상징하기도 한다. 이규보의 시에서 메기를 만나본다.

〈시랑 이백전이 화답하므로 다시 차운하여 답함〉

아직도 앞길이 창창한데,
잠시 벼슬길 지체된들 어떠하리.
나는 메기가 대나무에 오르려는 꼴이지만,
그대는 장차 준마처럼 달려가리라.
〈李侍郞百全見和, 復次韻奉答 二首〉 李奎報(1168~1241, 東國李相國全集卷第十八)

尙有無窮前去路, 何妨暫閼後來薪. 如予正合鮎緣竹, 知子行須驥逸塵.

이 시를 받는 사람은 승진이 늦어 오랫동안 4품 벼슬에 머물러 있었고, 시인 또한 3품에 머물러 있었다. 그러기에 힘을 내어 정진하라는 격려의 글을 보내는 것이다.

『시경(詩經)』[31] 이아(爾雅)에, "메기가 비늘도 없이 미끄럽지만 대나무에 오르는 재능이 있어, 물이 내리흐르는 곳이 있으면 훌쩍 뛰어서 대나무 잎을 입에 물고서 계속 뛰어 대나무 꼭대기까지 올라간다."고 하였다. 송(宋) 나라 매성유(梅聖兪)[32]의 아내 조씨(刁氏)가 이 말을 인용하여 남편에게 "당신이 벼슬길에 오르는 것은 메기가 대나무 꼭대기에 올라가는 것과 무엇이 다르냐?"고 하였다는 고사가 있다('君於仕宦, 亦何異鮎魚上竹竿耶.', 『類說』).

매끄러운 물고기인 메기가 미끄러운 대나무를 오르기란 실로 어려운 일이므로 성취하기 어려운 일을 비유한다. 또 실제 메기가 대나무에 올라가는 것이 가능한 것은 아닐 터이지만, 설사 올라갔더라도 미끄러져 떨어지기 쉬울 것이다. 이 말은 벼슬은 하기도 어렵고, 또 벼슬에 올라있어도 항상 아슬아슬하게 살아야 하는 어려움을 비유한 것이다. 이처럼 스스로 곤란한 지경에 처하는 것을 비유한 옛 성어(成語)가 '점어상죽(鮎魚上竹)'이라 한다.

메기의 비유가 벼슬살이에만 비유된 것이 아니다. 목은 이색(牧隱 李穡)은 '즉사(卽事)'란 시에서 '전원에 돌아가기가 메기가

---

[31] 중국 은대(殷代)로부터 춘추시대까지의 시집(詩集)으로 흔히 시전(詩傳)·모시(毛詩)·시(詩)라고도 한다. 전부터 전해오던 3,000여 편의 고시(古詩)에서 공자가 311편을 추렸다고 한다. 그중 아(雅)는 주(周)의 조정에서 부른 노래이다.
[32] 송나라 시인 매효신(梅堯臣, 1002~1060)을 말하며 성유는 자(字)이다.

대나무 오르는 같구나(歸田緣竹鮎)'라 읊고 있다. 무엇인가 하기 어려운 상황을 비유하는데도 메기는 동원되고 있다.

메기는 지진이 있기 전에 특이한 행동을 취한다고 한다. 한 연구보고에 의하면 메기를 이용한 지진의 예보는 80% 적중률을 보였다고 한다. 지진이 발생하기 전에 진원지로 부터 지전(地電)이라는 전기가 발생하는데, 이를 메기는 제6감각으로 감지하게 되며 이때부터 수면에서 날뛰기 시작한다고 한다. 현재에도 메기의 지진 예지능력에 관하여 과학적인 실험·관찰을 진행되고 있다.

메기는 개구리나 거머리를 미끼로 해서 낚거나 가짜 미끼를 이용한 루어낚시로 잡기도 하지만, 낚시꾼에게 그다지 인기 있는 어종은 못된다. 자연 상태에서는 개체 수도 적을뿐더러 잡혔댔자 낚시 손맛도 그저 그렇기 때문이다. 다만 메기 매운탕은 민물고기 애호가에게 인기가 꽤 있다. 하지만 그 메기들은 대부분 양식한 것이다.

15. 가물치 鱧魚

　가물치는 농어목 가물치과의 물고기로 고서에는 례어(鱧魚), 제(鯷)라 기록되어 있다. 『난호어명고』에서 가물치는 좋은 이미지로 표현되지 않고 있다. '예의를 아는 고기(鱧魚)'라는 점은 칭찬이지만, '뱀과 교접하기를 좋아하므로 맛이 비린내가 심하다'는 것은 가물치의 생김새에서 비롯된 것이다. 가물치는 머리 모양이 파충류, 특히 뱀과 비슷한 점이 있다. 그래서 영어로는 스네이크피시(snake fish)라 불리고, 중국에서도 사두어(蛇頭魚)라 불린다.
　정약용이 쓴 『아언각비(雅言覺非)』[33]에 가물치가 '감을치'로 기록되어 있다. '감을'은 고어로 '검다'는 의미이고 중국에서 가물치를 오어(烏魚), 현어(玄魚), 흑어(黑魚)라 부르는 것과 의미가 상통한다.

가물치는 여성의 산후 조리용 보양식품으로 사랑받고 있는 대표적인 토종 물고기로 가모치(加母治)라고도 불린다.『동의보감』에는 '성질이 차고 맛이 달며 독은 없고 부은 것을 내리고 오줌이 잘 나오게 하며 5가지 치질을 치료하지만 부스럼이 있는 사람은 먹어서는 안 된다'고 효과를 설명하고 있다.

가물치는 우리 민물고기 중에서는 대형종으로 1m 가까이 자라기도 하며 일본으로 시집가기도 했다. 1923년 일본에 처음 이식되어 우리 이름대로 '가무루치(かむるち)'로 불린다. 가물치가 일본 담수어를 닥치는 대로 잡아먹고 생태계에 위협이 되자 퇴치에 나섰으나 실패하였고, 지금은 혼슈, 규슈, 시코쿠 등지까지 널리 분포되어 있다.

미국에서도 가물치가 생태계를 위협하는 외래 어종이어서 저수지에서 가물치가 발견되면 수계에 비상이 걸리고, 그 저수지 물을 모두 퍼내어 가물치를 없앤다고 한다. 미국에 사는 어느 한국계 상인이 살아 있는 가물치를 판 혐의로 체포되는데 '혐의가 사실일 경우 최대 15년형을 살게 될 것'이라는 보도가 있을 정도로 가물치는 미국 환경에서 경계의 대상이다.

산란기인 5~8월에는 암수가 수초에 지름 1미터 안팎의 둥지를

---

33 정약용이 지은 책으로 200여 항목의 우리나라 속어를 모아 어원적으로 원어(原語)·원자(原字)와의 오류를 고증하였다.

만들고 알을 지키고, 위험이 닥치면 둥지를 밀어서 다른 곳으로 옮긴다. 산란이 끝나도 둥지 근방에서 치어를 보호하는 자식사랑이 큰 물고기이다. 험상스러운 생김새와는 달리 자식을 애틋하게 돌보는 자상한 면이 있다.

가물치는 공기호흡이 가능해 탁한 물에서도 생존하는 등 생명력이 강하며, 겨울에는 깊은 곳의 진흙이나 해캄 속에 묻혀서 동면한다. 비가 올 때는 습지에서 뱀처럼 기기도 한다. 수온이 높을 때는 아가미호흡보다 주로 공기호흡을 하는데, 아가미 부근에 부속 호흡기관이 있어 이것으로 입으로 공기를 호흡한다.

가물치에 관한 옛 시문은 찾아보기 어려웠다. 아마도 그 생김새 때문일 것으로 생각된다. 다만 어렵게 찾은 성현(成俔)의 시 한 구석에 '파리처럼 윙윙거리고, 가물치처럼 욕심 부리고 있네(辛苦蠅營而鮦貪).'라는 구절로 미루어 옛 분들에게 가물치가 그리 정겨운 물고기는 아니었던 것 같다('題金季昷頭流錄後', 『續東文選』).

가물치에 관련된 속담이 꽤 있다. '오동(烏銅) 숟가락으로 가물치국을 먹는다'는 속담은 살결이 검은 사람을 놀리는 말이다. 오동이나 가물치나 모두 검기 때문이다. '소갈머리가 가물치 콧구멍'이란 말은 가물치가 콧구멍이 작기 때문에 마음 씀씀이가 좁고 옹졸한 사람을 놀리는 말이다. 또 그냥 '가물치 콧구멍'이라 하면 '오랫동안 소식을 전하지 않음'을 의미하며, 아주 작다는 뜻도 있다.

가물치는 모양은 좀 거시기해도 맛있는 물고기이다. 구이나, 찜도 좋고, 탕도 좋다. 가물치는 회를 떠 놓으면 광어회처럼 보이며 맛도 비슷하다. 가물치회가 광어회로 둔갑해서 시중에 유통된 사건이 있었다. 가물치회는 민물 회라 위생상 문제가 없지 않지만, 회 자체로는 맛이 나쁘지 않다. 전라도 영암 지역에서는 큰 잔치에 가물치회가 꼭 오른다. 그래야 제대로 손님 대접을 한 것이란다.

16. 뱀장어 鰻

　장어는 여러 종류가 있지만 뱀장어라 함은 주로 민물장어를 이르는 이름이다. 뱀장어는 강에서 자라지만 성숙해지면 바다로 가서 산란을 하고, 어린 뱀장어는 다시 강으로 돌아와 3~4년이면 성숙해진다.

　뱀장어는 예전부터 여러 가지 약효가 있는 것으로 알려져 있다.『산림경제』에는 "뱀장어는 강호(江湖)에서 살고 어디든지 있다. 드렁허리 같으나 배가 크고 비늘이 없으며, 청황색이다. 대개 뱀 종류이다. 5색이 갖추어진 것이 공효가 더욱 좋다. 악창(惡瘡) 및 부인의 음호(陰戶)가 충(蟲)으로 가려운 것을 치료한다."고 하였다. 또『동의보감』에도 "뱀장어(蛇長魚)를 말렸다가 방안에서

태우면 모기가 화하여 물로 된다."고 하였다.

그러나『난호어명고』에서는 약효보다는 그 맛을 높이 평가하고 있다. "육질이 단단하고 기름기가 많아 불에 구우면 향기가 좋으니 꼭 살충하여 중풍을 그치게 하는 약효 때문에 귀하게 여기는 것은 아니다." 라는 구절은 저자 서유구가 뱀장어를 먹어보고 평가한 것이며, 기존 중국책의 평가를 답습한 것만이 아니라는 점을 보여준다.

뱀장어는 시문에 그다지 등장하지 않는다. 겨우 다산의 탐진어(耽津漁歌)가 제1장에 뱀장어가 나오는 것을 만날 수 있었다.

〈탐진어가 10장 중 1장〉
계랑에 봄이 들면 뱀장어 물때 좋아
그걸 잡으러 활배가 푸른 물결 헤쳐 간다.
높새바람 불어오면 일제히 나갔다가
마파람 세게 불면 그때가 올 때라네(한국고전번역원 역).
〈耽津漁歌十章〉丁若鏞(1762~1836, 與猶堂全書)

桂浪春水足鰻鱺, 橕取弓船漾碧漪. 高鳥風高齊出港, 馬兒風緊足歸時.

- 弓船: 배 위에다 그물을 장치한 배를 방언으로 활배(弓船)라고 함. 高鳥: 새(鳥)는 을(乙)이고, 을은 동쪽을 말하므로 동북풍을 일러 높새바람(高鳥風)이라고 함. 馬兒風: 말(馬)은 오(午)이므로 남풍을 일러 마파람(馬兒風)이라고 함.

남쪽 바다인 강진의 봄 어촌의 활기어린 장면을 묘사한 시이다. 시에서 계랑(桂浪)의 뜻이 잘 와 닿지 않는다. 탐진 근처 바다의 이름인지, 아니면 특정한 시기에 이는 물결을 이름인지 확인하지 못하였다. 계수나무가 남쪽에서 자라므로 남해를 계해(桂海)라 이른다. 그러면 첫 구는 '남쪽 물결, 봄 바다에…'로 시작될 수 있는 것은 아닌지 모르겠다.

담수호에서 대낚시를 할 때 실뱀장어가 걸리기도 했다. 바로 끌어내서 바늘을 빼지 못하면, 이리저리 꿈틀대며 낚싯줄을 꼬아 놓아, 낚싯바늘을 뽑기는커녕 채비를 버리게 된다. 반갑지 않은 손님이다. 하지만 담수호에서 뱀장어가 낚시에 걸리는 것도 점차 드물어지고 있다.

뱀장어에 대한 속담이 많다. '메기 잔등에 뱀장어 넘어가듯'이란 말은 미끄러운 메기 등을 미끄러운 뱀장어가 넘어가니 오죽 잘 넘어 가겠는가. 어려운 일을 얼버무려 슬그머니 넘어가는 것을 빗댄 말이다. '뱀장어가 눈은 작아도 저 먹을 것은 다 본다'는 속담은 아무리 식견이 낮은 자라도 제 살 길은 마련한다는 말이다. 서양에는 '뱀장어 꼬리를 잡았다'는 속담이 있다. 그러지 않아도 미끄러운 뱀장어를 꼬리를 잡으려니 제대로 잡힐 리가 없다. 애당초 시작부터 잘못되었다는 말이다.

어쨌든 뱀장어는 맛있는 물고기이다. 느끼하고 기름진 것을 싫어하는 사람은 그다지 즐기지 않지만, 별미인 것은 사실이다. 뱀장어는 예로부터 동서양을 막론하고 스태미나 식품으로 알려져 있다. 일본에서는 낭군이 뱀장어 요리를 먹고 들어오는 날에는 부인은 얼른 목욕부터 한다고 한다.

이처럼 뱀장어가 정력에 좋다는 설에 따라 색다른 뱀장어 이름 풀이가 있다. 뱀장어 만(鰻) 자를 파자해서 '뱀장어(魚)를 먹으면, 하루에(日) 네 번(四)을 해도 또다시(又) 그 짓이 하고 싶어진다.'는 엉뚱한 해석이다. 과연 그럴까?

17. 미꾸리鰌

  미꾸리의 옛 이름은 한자로는 추(鰌), 니추(泥鰌)이며, 『난호어명고』에는 한글로 '밋구리'라고 표기하고 있다. 비슷한 이름인 미꾸리와 미꾸라지는 기름종개과의 가까운 친척간이지만 별도의 어종으로 분류된다.

  어류학자의 어종 출현 빈도조사에 의하면 미꾸리는 전체 민물어류의 2.72%(6위)이고, 미꾸라지는 2.56%(7위)로 둘을 합하면 우점도가 매우 높은 물고기이다(최기철, 2002). 이 두 물고기는 서식장소도 '바닥에 진흙이 깔린 시냇물, 연못, 논, 늪'으로 같고, 또 습성도 '환경에 따라 진흙 속으로 들어가 휴면을 취하기도 하며 물속 산소가 부족한 경우에는 장으로 공기호흡을 한다.'는 점도 똑 같다. 게다가 추어탕의 재료로 이용된다는 점에서도 같다.

　물론 분류학적으로는 다른 종이지만 미꾸리와 미꾸라지의 구분은 학문분야의 일거리일 뿐, 실용적인 면에서는 구분할 필요가 없을 정도이다. 구태여 구분하자면 미꾸라지는 '몸이 미꾸리에 비해 크며 전체적으로 가늘고 길다. 몸은 미꾸리보다 옆으로 더 납작하고 머리는 위아래로 납작하며, 비늘이 좀 더 크다.'는 정도이다. 또 미꾸라지가 좀 더 납작하다는 점에서 '납작이'로, 미꾸리를 '동글이'라 부르기도 한다(김홍석, 2000). 허나 이도 설명하기 위한 글일 뿐 일반인이 쉬이 납득하기는 어렵다.

　여기에 같은 기름종개과인 참종개, 쌀미꾸리, 검줄종개, 종개, 왕종개, 기름종개, 부안종개, 새코미꾸리, 줄종개, 수수미꾸리, 좀수수치, 북방종개, 미호종개, 남방종개, 동방종개를 뒤섞어 놓으면 어류학자도 눈이 어지러울 것이다. 이들은 미꾸리나 미꾸라지의 별명이 아니고 모두 다른 어종이다. 이들 물고기들도 고향말로는 미꾸리 혹은 미꾸라지라는 별명을 갖고 있을 것이다. 궁금하신 분은 어류도감을 확인해 보시라.

　미꾸리(혹은 미꾸라지)는 봄과 여름 사이에 비가 내리는 날 농수로나 작은 도랑에서 반두로 잡을 수 있다. 가을철 벼를 수확한 후 물고 자리에 체를 대고 훑어도 잔고기에 섞여 미꾸리가 곧잘 잡힌다. 날씨가 추워지면 진흙 속으로 들어가므로 이때에는 논물고자리나, 습기가 많은 웅덩이 자리 같은 곳을 삽으로 파서 잡기 내기도 한다.

　민물낚시에서 미꾸리 종류가 혹간 잡히기는 하지만, 환영받지 못하는 존재이고, 오히려 바다낚시용 미끼로 이용되기도 한다. 우럭 선상낚시의 기본 미끼가 미꾸라지라는데, 미꾸리일 수도 있음은 물론이고, 민물고기가 바다에 가서 생고생을 하는 셈이다.

미꾸리와 미꾸라지는 단백질과 비타민A의 함량이 높아 보양식으로 인기가 있고, 튀김으로 먹기도 한다. 요리재료로 쓸 때에는 며칠 동안 물속에 넣어 냄새를 제거하는 것이 좋다. 남원에 있는 유명한 추어탕 집에서는 꼭 미꾸리만을 재료로 쓴다고 한다. 그래야 추어탕 맛이 제대로 난다고 하니, 미꾸리와 미꾸라지는 생김새는 비슷한데 맛에는 차이가 있는가보다.

미꾸리류들은 물속에서 방귀를 뀐다. 이들 종류는 창자호흡을 하기 때문에 이 과정에서 창자에 있던 공기가 항문으로 나오게 된다. 물속에서 공기방울이 뽀글뽀글 올라오면 미꾸리들이 있다고 봐도 좋을 것이다. 그래서 '밑이 구리다'에서 밑구리가 밋구리, 미꾸리로 바뀌어 이름이 되었다고 한다. 그러나 옛글에서는 '워낙 미끄러워 손으로 잡기 어렵다며(滑疾難握) 밋그라지'라 설명하기도 한다(『물명고』).

미꾸리들은 물이 아닌 엉뚱한 곳에서 나타나기도 한다. 예전에 혹간 시골 마당에서 미꾸라지를 발견하곤 놀랐다는 이야기가 있다. 바람에 휩쓸린 것이 육지로 떨어진 것이라는 이야기도 있다. 장마를 읊은 장유(張維, 1587~1638)의 시에 '개구리 어떡하다 부엌에서 길러지고, 미꾸라지 웬일로 뜰에서 놀게 되었는가(䵷何爲而竈育兮, 鯲何爲而庭游.)'라는 구절이 나온다('秋霖賦', 谿谷集 第一卷). 아마도 가을장마에 습기를 좋아하는 미꾸라지가 마당으로 올라온 모양이다.

  미꾸리에 대한 옛 시문을 찾아보았지만 그럴듯한 것이 눈에 띄지 않는다. 하지만 미꾸라지는 속담에 곧잘 등장하고 있다. '미꾸라지 한 마리가 온 웅덩이를 흐린다.', '미꾸라지 국 먹고 용트림 한다.', '미꾸라지 용 됐다.' '미꾸라지 천년에 용 되랴.' 등과 같은 속담이다. 어쨌든 미꾸라지는 보잘 것 없고, 좀 깔보이는 이미지로 우리에 다가오고 있다. 미꾸라지는 진흙탕에서 사는데다 미끄러워서 잡으려 해도 잘 빠져 나간다. 그래서 좀은 '뺀들뺀들'하고, 얌체인 사람을 미꾸라지로 표현하기도 한다.

  미꾸리가 더 맛이 좋고 개체 수도 많은데, 이들 족속의 일반적인 대표 이름은 역시 미꾸라지이다. 미꾸리가 좀 억울해 할 것 같기도 하다.

18. 황복 河豚

복어는 복어목 복과 어류의 총칭으로 참복, 황복, 까치복, 은복 등 여러 종류가 있으며 그냥 복어라 할 때는 참복을 가리키는 것이 보통이다.

옛글에 하돈(河豚)이라고 하고, 근래까지 한강 하류에서 많이 잡히던 복어는 황복이다. 황복은 바다에서 살다가 알을 낳으러 서해에 접한 강으로 올라온다. 산란기에만 강에서 잡히며, 맛이 좋아 고급어종에 속한다. 황복은 4월 말에서 6월 말에 강으로 올라와서 바닷물의 영향을 받지 않는 자갈이 깔려 있는 여울 바닥에 알을 낳는다. 알에서 깨어난 어린 고기는 바다로 내려가서 자란다.

옛글에 『주역』 중부(中孚)를 해설하면서 '신의가 돈어(豚魚)에까지 미친다(信及豚魚)'라고 한 부분을 몇몇 고전 번역에서 '돼지나 물고기는 무지한 동물인데, 사람의 신의가 워낙 진실하면 그 동물도 능히 감동시킬 수 있다'는 것으로 해석하고 있다. 이는 봉건군주의 어진 다스림을 강조한 말이다. 그러나 이때 돈어는 돼지와 물고기가 아니라 황복(豚魚)으로 보아야 하며, 신(信)은 때, 소식, 믿음 등 여러 의미가 있어 달리 해석할 수 있다. 해마다 정한 때면 계절에 감응하여 약속한 것(信)처럼 황복이 강으로 오르는 것을 이르는 것을 이른 것으로 봄이 타당할 것이다.

복어 이야기에서 빼 놓을 수 없는 것이 독이다. 황복은 식재료로서 맛이 좋지만, 난소를 비롯하여 간과 장, 피부에 강한 독이 있어 먹을 때 조심해야 한다. 복어 독의 성분은 테트로도톡신(tetrodotoxin)으로 알려져 있고, 이 독은 강한 신경독소로 말초신경을 마비시킨다. 일본에 '복어는 먹고 싶고, 죽기는 싫고'라는 속담이 있다. 우리 옛글에도 복어의 맛과 그 독에 대한 묘사가 나온다.

봄철이면 한강으로 오르는 황복 맛이 그중 좋았다 한다. 허균의 글에 "복어는 한강에서 나는 것이 맛이 좋은데 독이 있어 사람이 많이 죽는다. 영동지방에서 나는 것은 맛이 조금 떨어지지만 독은 없다(『屠門大嚼』)."고 하였다. 그러나 독이 있는 줄 알면서도, 맛있는 복어를 먹고 싶은 것을 어찌하겠는가.

남공철(南公轍, 1760~1840)의 시 '황복(河豚)'은 복어의 맛과 독에 대해서 읊고 있다. 워낙 긴 시라 부분적으로 옮기면 다음과 같다.

'늦은 봄 강물이 벌창할 때면, 강기슭에는 복숭아 싹이 트네. 한 잔 소곡주에는, 복어 맛이 가장 좋다네(晩春江水漲, 岸上桃芽軟. 一酌小麯酒, 河豚味最善.)'라며 복어 맛을 칭찬하고 있다. 그리고 '어떤 사람이 먹지 말라며, 그 독이 독사와 같다 말하지만 중국의『선성지(宣城志)』를 보면 그곳 사람들은 잘도 먹는다.'고 말하고 있다. 또 황복을 먹으려면 '간과 그 알을 제거하고, 더욱이 피할 것은 검은 피 흔적이며', 먹는 부위를 신중하게 잘 택해야. 진귀한 먹을거리가 된다고 한다. 그러나 시의 끝에는 '맛있는 것은 바로 악한 것이기도 하니, 위험을 멀리하면 마음이 편하리라.' 하며, 끝내는 황복 먹기를 피하고 있다('金陵集', 潁翁再續藁卷之一).

독이 있음에도 복어 맛의 유혹은 피하기 어렵다. 황복의 맛을 아름다운 여인에 절묘하게 비유한 시가 있다.

〈나는 복어를 먹지 않네.〉

소동파는 차의 새싹이 미녀와 닮았다 말했지만,
나는 황복을 아름다운 여인에 비해 말하겠네.
미부는 아름다움으로 남자의 인성을 손상시키지만,
복어는 그 진미로 사람의 장과 위를 상하게 한다네.
〈余雅不食河豚. 爲薑山所强少嘗之, 戱贈長歌.〉 柳得恭(1749~1807, 泠齋集卷之一)
坡言佳茗似佳人, 我道河豚比美婦. 美婦雖美性命戕, 河豚甚珍腸胃剖.
● 坡: 문호 소동파의 별호가 坡仙이다.

황복은 봄이면 바다에서 한강으로 올라오는 계절의 진미이다. 좋은 계절에 때맞추어 올라오는 복어 소식은 미각을 자극하기도 하였겠지만, 뭇 시인의 시정(詩情)도 촉발되었던 모양인지 시가 많이 남아 있다. 황복에 대한 시가 많은 것은 송나라 때 문장가인 동파 소식(東坡 蘇軾)의 시 때문이 아닌가 싶다. 소동파의 황복이 나오는 시이다.

〈봄 강의 저녁 경치〉

대밭 너머에 복사꽃이 두세 가지 피면,
봄 강물 따스해짐을 오리가 먼저 안다.
물쑥은 땅에 가득하고 갈대 싹은 피어나니,
지금이 바로 황복이 올라오는 때란다.
〈惠崇春江晚景, 二首之一〉 蘇軾(1037~1101, 蘇東坡詩集卷二六)
竹外桃花三兩枝, 春江水暖鴨先知. 蔞蒿滿地蘆芽短, 正是河豚欲上時.

　소동파의 시에서는 계절의 변화와 황복의 소상을 낭만적으로 그리고 있다. 황복이 한강에 오르는 계절을 읊은 좋은 우리 시도 상당히 많아 고르기가 어려울 정도이다.

〈봄날의 감회를 읊은 시 중 2수〉

머리 가로 지나는 세월 나는 새보다도 빠른데,
봄이 돌아오는 때인데 나는 돌아가질 못하네.
땅 가득 물쑥과 갈대 싹이 나오는 걸 보니,

황복이 올라오려고 한창 살찔 때로구나.
〈春日感懷〉 徐居正(1420~1488, 四佳詩集卷之五十一)
頭邊歲月疾於飛, 春政歸時我不歸. 滿地蔞蒿荻芽出, 河豚欲上盡情肥.

   소동파와 비슷한 정서의 시이다. 봄날, 복사꽃, 여울, 갈대와 부들 싹이 나오는 때이면 의래 황복이 등장한다.
   봄철이 되어 첫물 황복가 소상하는 모습과 그 맛을 읊은 시도 있다.

〈첫물 복어를 먹고〉

복사꽃 물결에서 나오는 황복은 예로부터 진미인데,
여울머리에 작살을 들고 어부들 모여 있다.
삼춘의 계절, 곡우 철 되면 찾아오는데,
등에는 은빛 꽃 피고 오색비늘이 빛나지.
사나운 기운 물결 거슬리며 배는 북처럼 부풀리고,
황복이 무리지어 강으로 올라오기 시작하네.
강호에 나그네 되었지만 흥은 외려 많아지고,
이웃과 나누어 먹으니 첫물 그 맛 한결 새롭네.
〈初食河豚〉 金世濂(1593~1646, 東溟集卷之一)
桃浪河豚夙擅珍, 灘頭挺扠簇漁人. 來從穀雨三春節, 背被銀花五色鱗.
猛氣逆波能鼓腹, 芳酥流玉始磨唇. 江湖作客還多興, 隣舍初分一味新.

- 唇: 脣(입술 순)의 이체자. 初分: 평생을 셋으로 나눈 젊은 때의 운수나 처지. 처음 나누다.

복사꽃이 져서 강물에 흐르는 때는 황복이 산란을 하려고 바다에서 강으로 올라오는 계절이다. 시는 제철을 맞아 강을 오르는 황복의 모습, 그리고 첫물 황복을 먹는 맛과 흥취를 읊고 있다. 복어 종류는 놀라거나 적의 공격을 받으면 배를 불룩하게 팽창시킨다. 시인은 황복이 배가 '북처럼 부풀었다(鼓腹)'고 표현하고 있다.

6구는 '향기로운 좋은 술에 비로소 입술 씻었네'로 새기기 쉽지만, 5구의 복어 모습을 이어받아야 한다. 시인은 '향기로워 젖과 같고(芳酥) 흐르는 옥 같은(流玉)'이란 표현으로 황복을 아름답게 표현한 것이다. 황복의 흰 살을 '서시유(西施乳)'라고도 부르지 않던가. '입술을 문지른다(磨脣)'는 봄철 물고기가 입을 뻐끔대면서 강바닥 돌을 더듬으며 소상할 때의 모습이다(魚隊磨脣). 황복이 알자리를 찾아 강바닥을 더듬으며 떼 지어 소상하는 모습을 시인은 그렇게 읊은 것이다.

황복은 서해안에서 들어와 알자리인 한강으로 올라온다. 황복은 한강을 거슬러 어디에까지 올라갔을까? 목은 이색의 시 제목에 '배를 타고 용산탄(龍山灘)과 이탄(梨灘)과 하돈탄(河豚灘)과 신탄(新灘)을 지나갔다.'는 글이 있다(牧隱詩藁第三二卷). 하돈탄이 지금의 어느 곳인지 확실치 않지만, 이탄, 즉 이포를 지나서인 한강 상류지역이다.

소세양(蘇世讓, 1486~1562)의 시 '달천(㺚川)'[34]에도 황복이 나

---

[34] 달천(獺川, 達川)은 충청북도 보은군 속리산에서 발원하여 괴산군을 거쳐 남

온다. 3, 4구에 '양쪽 강 언덕에 부들 싹 트는데, 황복이 이른 물결 타고 오르네(兩岸蒲芽短, 河豚上早潮.)'라고 묘사되어 있다(陽谷集卷之四). 달천에 황복이 오른다면 한강을 거슬려 올라가 충주 근처에까지 황복이 소상했다는 이야기이다. 지금은 한강에 황복 개체수도 적어졌지만, 댐이 여러 개 생겨 상류 먼 곳까지 황복이 올라갈 수가 없게 되었다.

1960년대 초반만 해도 지금은 없어진 섬인 저자도 앞, 그러니까 옥수동 앞 무수막 선착장에는 한강 하류에서 황복을 잡아 싣고 올라온 배가 만선을 자랑하기도 하였다. 그러나 생태계의 변화가 일어나고, 산란기에 무분별하게 남획한 탓에 최근에는 황복이 멸종위기에 몰리게 되었다. 1996년 1월 환경부가 특정보호어종으로 지정하여 허가 없이 포획, 유통할 수 없게 하였다.

최근 인공사육에 성공하여 치어를 대량으로 강화도 앞바다 등지에 방류하고 있어 한강 하류에서 잡히는 황복이 늘어나고 있다는 반가운 소식이 있다. 그러나 한강의 자연산 황복은 아직도 비싼 물고기이며, 요즘 국내에서 소비되는 것은 양식하거나 중국에서 수입한 것이다. 자연산 황복은 크기가 양식 황복의 두 배에 이른다고 한다.

한강으로 흘러든다. 달래강, 감천(甘川)이라고도 불리며 예전에 수달이 많이 살아서 달천, 달강이라 하였다 한다.

19. 자가사리 黃顙魚

자가사리는 『난호어명고』에 한자로 황상어(黃顙魚), 황협어(黃頰魚), 한글로 '자가사리'로 올라 있다. 황상어(黃顙魚)란 한자 이름의 물고기 표준명은 학자에 따라 자가사리(정문기, 2005) 혹은 동자개(최기철, 2002)로 달리 비정되기도 한다. 그러나 자가사리는 메기목 퉁가리과이고 동자개는 메기목 동자개과의 물고기이어서 먼 친척 간이다.

자가사리와 동자개는 모양도 닮은 점이 없지 않은데다, 등지느러미에 날카로운 가시(鋸齒)가 달려 사람이 찔리면 무척 아픈 점도 같다. 어류학자간의 의견이 엇갈리지만 『난호어명고』 저자의 의견을 살려 황상어(黃顙魚)를 자가사리로 보고 싶다. 또 자가사리는 『표준국어대사전』에 한자 이름이 석어(螫魚), 탁어(鮀魚), 황상어(黃顙魚), 황알(黃䰲)로 밝혀져 있다.

 자가사리는 그다지 크지 않은 고기지만 가시가 있어 사람을 쏘기 때문에 '작지만 성깔이 있는 놈'으로 표현된다. '자가사리 끓듯'이란 속담은 '크지도 않은 것들이 많이 모여 복작거림'을 비유적으로 이르는 말이다. 또 '자가사리 용을 건드린다.'는 속담도 있다. 힘도 약한 것이 자기 힘으로 상대할 수 없는 강한 것 앞에서 분수를 모르고 까부는 것을 비유적으로 이르는 말이다.

 자가사리가 이렇듯 제 분수를 모르는 모습으로 묘사된 것만은 아니다. '별주부전'에 등장하는 자가사리는 제법 강직한 면모를 갖추고 있다. 토끼가 자라에게 속아 용궁에 와서는 간을 집에 두고 왔다고 하며, 돌아가서 다시 가져오겠다고 한다.

 이때 자가사리가 나서서, "신이 듣사오니 토끼는 본시 간사한 짐승이라 하옵니다. 바라옵건대 토끼의 간사한 말을 곧이듣지 마시라."며 용왕에게 직언할 정도로 소신 있는 모습을 보이고 있다 ('토끼전', 중등학교 국어교과서).

 시문에 나오는 자가사리의 모습은 좀 다르다. 자가사리는 환어(鰥魚)라고도 불린다. 환(鰥)은 홀아비를 말한다. 홀아비고기(鰥魚)라니 무슨 뜻일까? 세상에 외로운 사람이 네 가지 있다 한다. 처가 없는 홀아비, 남편 없는 과부, 어리고 부모 없는 아이, 늙어 자식이 없는 사람 등을 일컫는 말이 소위 '환과고독(鰥寡孤獨)'이다.

 '외로운 노인으로 노동력이 없는데다, 의탁할 데도 없는 사람'을 환고(鰥孤)라 하며, '노년에 배우자가 없이 홀로 사는 사람'을 환거(鰥居)라 말한다. 또 환고(鰥孤)는 '시름에 겨워 잠 못 이룸'을 비유하기도 한다. 그래서 환환(鰥鰥)은 '시름에 겨워 눈을 감지도 못하고 잠 못 이룬다.'는 말이다. 자가사리, 즉 환어는 외로워 잠을 못 이루는 사람을 대변하는 고기가 되었다. 김종직(金宗直)의 시 구절처럼 '서울에 와서는 자못 외로워서, 환어처럼 밤잠을 이루지 못하네(入洛頗踽踽, 鰥魚夜難晨.).'와 같이 표현된다.

잠 못 이루고 밤새 뒤척거리는 것은 참으로 고역이다. 그것도 의지할 배우자 없이 밤을 지내려면. 이규경의 『오주연문장전산고(五洲衍文長箋散稿)』에 잠자는 것에 대한 글이 있다.

"그런데 50세가 지나서는 항상 무엇을 염려한 듯이 잠을 못 이루는데, 혹은 마치 환어(鰥魚)가 눈을 감지 못한 것처럼 무우(無耦, 짝이 없어 외로움)의 예증(例症)으로 빌미를 돌리기도 하지만, 나는 그렇지 않아서 대체로 노쇠하여 기혈(氣血)이 고갈(枯渴)된 소치이므로, 매양 잠 잘 자는 옆 사람을 부럽게 여긴다. 그 코를 골며 쿨쿨 자는 방법을 얻으려 하나 어찌 쉬운 일이겠는가(人事編 性行)."

홀아비가 되었든, 불면증에 걸렸던, 걱정이 많든 간에 잠 못 이루는 기나긴 밤의 시적 표현에는 환어가 등장한다. 환어를 들어 답답한 마음을 호소한 시도 있다.

〈여러분께〉

내 마음을 말할 수 없으니,
이 정황 누가 알아줄까.
고향을 바라보며 우는 말처럼,

또 환어처럼 시름에 겨워 잠 못 이루네.
〈贈諸生〉 許篈(1551~1588, 荷谷集 荷谷詩鈔)
此心不可道, 此情誰得知. 如何棄馬戀, 復作鰥魚悲.

　자가사리는 여울의 맑은 물이 흐르는 자갈 사이에 살며, 남부 지방의 여러 하천에 있다. 입이 좌우로 길게 찢어졌으며 아래턱이 위턱보다 짧고 입술은 두껍다. 낮에는 주로 돌 밑에 숨어 있고 밤에 활발히 활동하며 한국 특산종이다. 등지느러미 가시에는 독이 있어 찔리면 사람이 퉁퉁 부어오르고 몹시 아프다. 조심스럽게 다뤄야 한다.
　자가사리는 크지도 않고, 그다지 볼품 있는 고기도 아니다. 자가사리는 한 밤중에 여울에 나타나는 야행성 고기이다. 그래서 홀아비 고기(鰥魚)라는 명칭이 생겼고, 아름다운 시문에도 등장하는 영광을 누린다. 동자개도 야행성이어서 역시 홀아비 고기이다. 그런데 환어의 영광은 자가사리가 독차지 하고 있으니, 동자개 입장에서 샘이 나겠다. 동자개도 한자 이름으로는 자가사리와 같이 황상어, 황협어로 불리기도 한다.

20. 빙어 氷魚

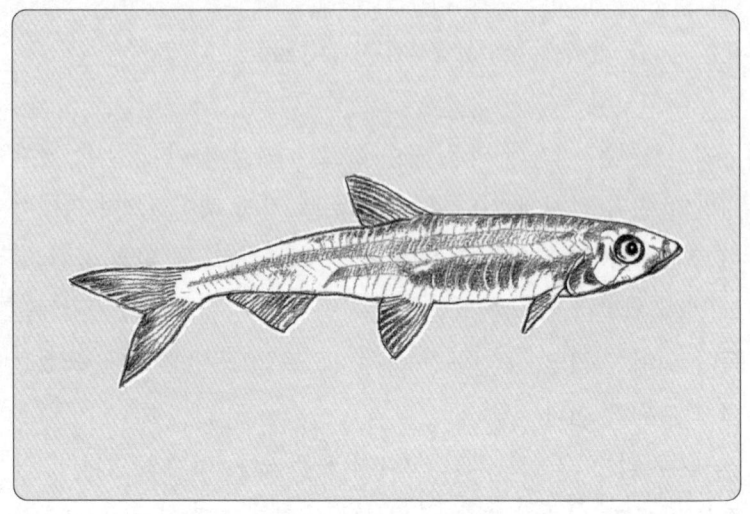

매서운 강추위가 길어지자 깊은 댐의 호면도 꽁꽁 얼어붙었다. 흰 눈마저 내려 설원이 된 너른 호수 빙판에 사람들이 점점이 모여 낚시를 하고 있다. 강원도의 화천댐, 춘천댐 그리고 계곡이 진 깊은 호수에서 한겨울에 볼 수 있는 풍경이다. 바로 빙어를 낚는 모습이다. 한겨울 호수의 얼음판에 구멍을 뚫고 견지낚싯대로 작은 빙어를 낚는 모습은 요즘에는 눈에 익은 겨울 풍경의 하나가 되고 있다.

빙어는 바다빙어과(科)에 속하는 작은 물고기로 예부터 빙어(氷魚)라고 불려왔다. 또 지방에 따라서는 동어(凍魚, 충남과 전남), 과어(瓜魚), 공어(公魚), 공어(空魚)라고도 불렸다. 빙어는 사는 곳에 따라 순 담수성, 기수성, 강해성35 등이 있다. 요즘 호수에서 잡는 빙어는 본래 담수성이거나, 기수성 빙어가 육봉화된 모습인 것이다.

옛글에 빙어(氷魚)로 표기된 물고기의 현재 표준명은 학자에 따라 엇갈리기도 한다. 한 어류학자는 백어(白魚)라고 불리기도 한다는 점에서 빙어(氷魚)를 뱅어의 일종인 '붕퉁뱅어'로 비정하고 있다(최기철, 2002). 그러나『한국어도보』에는 빙어와 뱅어가 엄연히 별도의 어종으로 기재되어 있다(정문기, 2005).

『난호어명고』에 빙어는, "동지가 지난 뒤 얼음에 구멍을 내어 그물이나 낚시로 잡고, 입추가 지나면 푸른색이 점점 사라지기 시작하다가 얼음이 녹으면 잘 보이지 않는다."고 하였다. 그래서 얼음 빙(氷)에 물고기 어(魚)자를 따서 '빙어'라 불렀다는 것이다. 『난호어명고』에 나오는 빙어(氷魚) 설명의 포인트는 '색깔이 희고(白魚)', '한겨울에만 나오고 더워지면 사라진다는 점'이다. 바로 빙어의 성상이다.

예전 교과서에 빙어는 제천 의림지의 특산이라고 했었지만, 요즘엔 물이 깨끗하고, 냉수역인 호수에 빙어가 널리 살고 있다. 빙어는 강이나 호수에 살고 있지만 원래는 바다와 강을 오르내리는 종이다. 그렇다면 소양호나 춘천호의 빙어는 어떻게 된 놈들인가? 이놈들은 강과 바다로 오가는 성질을 잃어버리고 민물에 적

---

35 하천에서 성장하거나 상류에서 부화한 물고기들이 하천을 따라 내려가서 바다로 들어가는 성질.

응한 육봉종이다.

"해방 전에 함경남도 용흥강에 살던 빙어를 제천의 의림지, 춘천의 소양호와 춘천호, 강화의 장흥지 등지에 옮겼다고 한다. 빙어를 과어(瓜魚)라고 하는데, 살에서 오이 향기가 난다는 뜻이다. 또 공어(空魚)라고도 하는데, 이는 겨울에 먹이를 먹지 못해 속이 비었다고 일컫는 말이다. 한마디로 '겨울 호수의 요정'이라 별명이 붙을 만큼 잘생긴 물고기임에 틀림없다. 호수의 빙어는 원래부터 거기에 살았던 것이 아니라 사람들이 일부러 가져다 넣은 것이다(권오길, 2003)."

어찌되었든 요즘 겨울철 빙어는 얼음낚시 대상어로 인기가 높다. 인제군에서는 겨울이면 화천댐 상류에서 '빙어축제'를 열고 있다. 한겨울, 여울에 못가는 낚시꾼들이 빙어 얼음낚시를 즐긴다. 추운 겨울에 수많은 사람들이 얼음판에 찾아와 즐기는 모습은 이제는 한겨울 풍물(風物)의 하나가 되었다.

얼음판에 구멍을 뚫고 낚시를 드리운다. 조그만 고추찌가 간들대면 빙어 입질이 온 것이다. 좀 더 기다린다. 낚시찌는 계속 간들댄다. 그제야 낚시를 걷어 올리면 낚싯바늘 수대로 흰 빙어가 달려 있다. 이 낚시는 빙어를 손쉽게 잡을 수 있어 겨울철 가족낚시 아이템의 하나가 되고 있다. 낚시를 하는 손맛은 크게 기대할 수 없지만, 얼음판 아래 깊은 물에서 파득대며 잡혀 올라오는 예쁘고 흰 물고기에 아이들은 환성을 지른다. 낚시에 싫증이 나면 아이들은 썰매를 타고 추운 줄도 모르고 얼음을 지친다. 낚시라기보다 얼음판의 한 놀이인 것이다. 빙어는 낚시에 걸려 올라오면 곧바로 죽고 마는데, 입을 다문 채 죽는 것은 수컷이고, 입을 연 채 죽는 것을 암컷이라는 것이다(유재명, 1996).

빙어는 튀김으로 먹거나, 회로 먹기도 한다. 요즘엔 얼음낚시를 가서 잡은 빙어를 바로 그 자리에서 고추장에 찍어 날로 먹는 사람이 많다. 그런데 빙어는 깨끗하게 보이지만 간흡충(liver fluke) 균이 있어 위험하다고 한다. 간흡충이란 전에 간디스토마라고 부르던 기생충으로 독일식에서 미국식 이름으로 바꾸어 불리고 있는 것이다.

1925년에 출간된 『해동죽지』에 실린 시를 통해 빙어의 옛 모습을 살펴본다. 시에 부기된 설명은 다음과 같다. "온몸이 희고 맛은 담백하며 향기롭다. 강명길(康命吉) 선생이 『제중서(濟衆書)』에서 한강에서 나오고, 얼음 밑에서 잡힌 것은 맛이 독특하다고 했는데, 과연 그렇다."

〈백어〉

갈래진 긴 창 들고 추운 날에 다니며,
얼음판 위를 관솔횃불로 이곳저곳 밝힌다.
한강 강위에서 해마다 잡는데,
온몸이 밝은 흰빛이어 물속의 요정 같구나.
〈白魚〉崔永年(1856~1935, 海東竹枝)

通身潔白, 味且淡香. 康命吉先生濟衆書, 來出於漢江, 氷中者佳異若是言.
長叉在手凍天橫, 氷上松燈點點明. 漢江江上年年采, 瀅白通身賽水精.

시에 물고기 이름이 백어로 적혀 있지만, 겨울철 얼음 밑에서 잡히고, 색깔이 '맑고 흴(瀅白)'뿐만 아니라 모습이 아름다워 '물에 사는 요정(賽水精)' 같다고 한다. 백어란 별명이 있는 뱅어도 희기는 하지만 결코 잘 생기거나 아름답지는 않다. 시의 물고기 모습 묘사로만 보면 시의 백어는 빙어일 것이다. 또 요즘 빙어의 별명도 '호수의 요정'이기도 하다.

21. 공치 貢侈魚

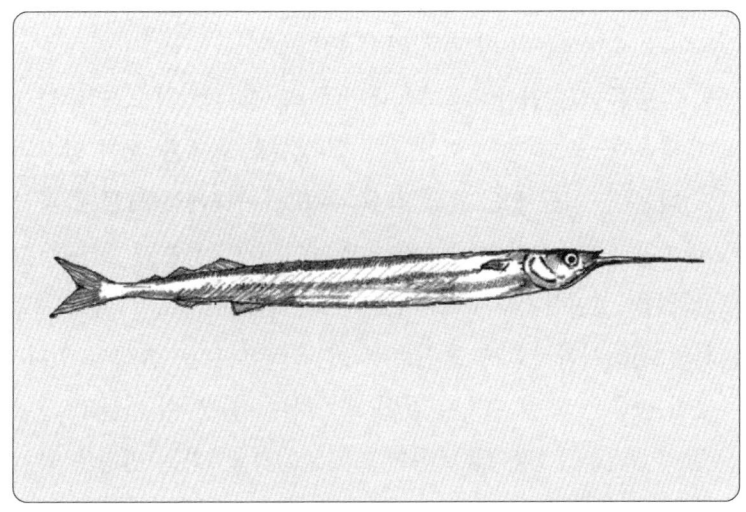

공치는 동갈치목 학공치과의 물고기로 학공치, 줄공치, 살공치가 이에 속한다. 공치 종류인 학공치는 학공치어(鶴貢侈魚), 학치(鶴侈), 침어(針魚)란 별명도 있는데 모두 부리가 뾰족한 특징에서 비롯된 것이다. 『난호어명고』에 침어(鱵魚)와 '공지'로 기록되어 있고, 『자산어보(茲山魚譜)』[36]에는 '학공치는 속명을 공치어(公峙魚)라 하며 큰 것은 길이가 두 자 가량이 된다.'고 기록되어 있다. 또 『우해이어보(牛海異魚譜)』[37]에는 공시(舡鯳), 상비어(象

---

[36] 1814년에 정약전(丁若銓, 1758~1816)이 쓴 어보(魚譜)로 정약전이 흑산도에 귀양 가 있는 동안 흑산도 근해의 수산물을 조사·채집하여, 어류·패류·조류(藻類)·해금(海禽) 등의 어명을 고증한 책이다.

鼻魚), 곤치(昆雉)란 이름으로 기록되어 있다. 공치는 한자이름에 침(鱵, 공미리 침)자가 들었지만, '공미리'와는 아무 관련이 없고, 발음이 비슷한 '꽁치'와도 관련이 없다.

공치 종류들은 연안(沿岸)과 내만(內灣)에 주로 살고, 기수역에도 올라온다. 또 혹간은 소상하여 강 상류로 올라온 것이 발견되기도 하는데, 최근에도 한강 잠실 수중보 아래에서 드물게 낚시에 잡히곤 했다. 만약 수중보가 없었다면, 더 상류까지 올라갈 수도 있었을 것이다. 공치 종류는 물 표층을 떼를 지어 다니는데, 날치의 친척이라서인지 물위로 뛰어 올라 나르는 습성이 있다.

공치 종류는 모두 주둥이 끝이 뾰족하며 아래턱이 가늘고 길어 침 같이 보인다. '강태공조침어(姜太公釣針魚)'라는 별명은 공치의 부리 모양에서 비롯되었다. 공치의 부리가 가늘고 긴 것이 바늘과 같아서이다. 공지(公持)란 말은 '강태공(公)이 지녔던(持) 낚싯바늘'이란 문장을 줄인 것이다. 전설의 낚시꾼인 강태공은 곧은 낚싯바늘(直針, 直鉤)을 썼다고 한다. 이 곧은바늘은 강태공이 '낚시로 고기 잡을 마음이 없었다'는 비유로 쓰이지만, 실은 곧은 바늘도 훌륭한 낚싯바늘의 한 종류였고 물고기를 낚을 수 있다.

공치 종류에서 줄공치와 학공치가 흔한 편이고, 모두 연안에 살며 기수역으로 올라온다. 모양은 매우 비슷하지만, 줄공치는 색깔이 흰 편이고, 학공치는 푸른빛이 좀 짙다. 두 물고기를 구분

---

37 1803년에 김려(金鑢, 1766~1821)가 쓴 우리나라 최초의 어보이다. 우해(牛海)는 경남 진해의 별명으로, 이 책은 저자가 진해에 유배되어 있을 때 쓴 것이다.

할 수 있는 특징적인 차이는 줄공치가 주둥이 끝이 검은색이나, 학공치는 주둥이 끝부분이 짙은 주황색인 점이다. 『난호어명고』의 공치 설명에 '주둥이에 바늘(針) 같은 검은 가시'가 있다고 하였으니 이는 줄공치를 묘사한 것이다. 또 『화한삼재도회(和漢三才圖會)』[38]를 인용하면서 '머리에 붉은 점이 있다'고 한 것은 학공치의 특징을 설명한 것으로 보인다. 그러나 『난호어명고』의 저자가 줄공치와 학공치의 차이를 분명하게 인식하고 있었는가는 확실치 않다. 당시의 어류분류학 수준으로는 구분할 필요가 없었을지도 모른다. 오늘날도 한강에서 잡히는 줄공치는 '학공치'라 불리고 있다. 워낙 이 이름이 물고기의 모양을 특징지어 주고, 잘 설명하고 있기 때문이다.

공치가 30~40cm 정도 자라는 고기인데도 『난호어명고』에서는 '크기가 커봐야 불과 2~3촌'이라 하였다. 다른 글에서도 공치는 작은 고기로 묘사되고 있다. 신위(申緯)는 '서강절구(西江絶句)'란 시에서 공치를 설명하고 있다.

〈서강절구 중 제29수〉
뱃전 너머로 튀어서 펄떡이는 소리 울리면서,
큰 고기는 제멋대로 뛰어 하늘로 날아오르네.
잔챙이는 도망갈 길 없어 삶아지기만 기다리는데,

---

[38] 1712년경 데라시마 료안(寺島良安)이 지은 일본의 백과사전이다. 『倭漢三才圖會』라고도 한다.

내 어진 마음 동해서 놓아주고자 하네.
〈西江絶句三十首, 二十九首〉申緯(1769~1847, 警修堂全藁册七)
逈越船舷潑剌鳴, 大魚跋扈氣飛騰. 待烹細少無逃所, 我試婆心欲放生.

시에서 잔고기로 표현된 것이 공치이다. 시에 부연된 공치의 설명은 다음과 같다.
"매년 3월이 지나 4월이 될 때, 크기가 1치 정도의 작은 고기가 버들잎처럼 가늘고 녹금색이다. 주둥이에 침이 있으면 몸길이의 반이 된다. 밤이 되면 물위로 나와 놀아, 해가 지면 강촌 사람들이 송진으로 불을 키고 대를 둘러 우리를 세우고 그물로 잡아낸다. 속칭 공지(孔之)라 하는데 내가 침어(針魚)라 이름 지었다."
이 글에 나오는 침어가 과연 공치의 치어를 말하는지, 또 별도의 어종인지 확실하지는 않다. 『난호어명고』 설명의 말미에서 공치 종류가 강에 있는 것으로 알고 있는데, 바다에도 비슷한 것이 있다는 것에 대해, '하나는 바다에서 나는 것이 아닌가 싶다. 아니면 침어가 강에서 바다로 나간 것인가' 하는 의문을 표하고 있는 것은 당시에 공치의 성상을 제대로 몰랐던 것으로 보인다.

22. 거북 龜

거북은 파충강 거북목 파충류의 총칭으로 2억 3천만년이란 오랜 세월 전부터 존재해 온 동물이다. 모든 동물이 진화하는 가운데, 거북 종류만은 제 모양을 그대로 보전해 왔으니 화석종(化石種)[39]이라 불릴 만하다. 생길 때부터 완벽한 몸을 갖추고 있어 진화의 필요성을 느끼지 못했나보다.

거북이는 '토끼와 거북이'라는 설화를 통하여 사람에게 어릴 적부터 친숙해져 온 동물이다. 그래서인지 거북 모양을 한 어린 아이 장난감도 많다. 그러나 거북류의 대형종인 바다거북과 장수

---

[39] 고생대 생물로서 현존의 종과 같은 것으로 취급함.

거북은 바다에 살아 흔히 만날 수 없으며, 내륙에서 볼 수 있는 거북 종류는 남생이와 자라가 있으나 이 또한 흔치 않다. 그럼에도 우리 생활 주변에는 거북과 관련된 전설이 많다.

거북바위에 관한 전설이 각지에 있다. 밀양에 전해지는 거북바위 전설은 다음과 같다.

"옛날에 말바랭이(馬田) 남쪽에 위치한 원덕이 동네에 만석꾼 부자가 살았는데. 이집 며느리는 매일같이 몰려드는 과객과 걸인들이 귀찮기 짝이 없어, 마침 어느 날 들린 화주승에게 시주는 얼마든지 올릴 터이니, 제발 과객과 걸인들의 발길이 끊어지게 해달라고 간청했다.

화주승은 이곳에 이르러 만석꾼 집 대문을 향하여 엎드려 있는 거북바위를 발견하고는 지팡이로 방향을 돌려 앉힌 다음, 머리를 내려쳐 쪼개자 한 말이나 되는 피가 쏟아져 나왔다. 그 뒤 만석꾼 집안은 쫄딱 망했으며, 며느리의 소원대로 과객과 걸인들의 발길도 자연히 뚝 끊어졌다는 구전이 전해 내려오고 있다."

지금도 밀양 산내면 남명리 얼음골에는 거북 형상의 바위가 모셔져 있으며, 그 좌대에 거북바위의 전설이 새겨져있다. 이와 비슷한 내용의 거류산 거북바위 전설, 하동 거북바위 전설, 경산 거북바위 전설 등이 있다.

고대의 사신사상(四神思想)에서 거북은 현(玄)으로 상징되어 북쪽을 의미하며, 거북과 뱀이 합쳐진 모습인 현무(玄武)로 형상화하였다. 현무는 풍수지리의 용어로 '혈처의 뒷산으로 높이 솟은 산을 말하며, 주산(主山), 진산(鎭山), 후산(後山)'이라고도 한다. 도시나 주택이나 배후에 높은 산이 있고, 남쪽이 툭 트인 곳이 풍수상 좋은 자리이다. 그러기에 산이나 못 이름에 거북 구(龜)가 들어간 곳이 많고, 명당자리에도 거북이가 등장한다.

강릉 사천면의 한 마을 이름은 석구(石龜) 마을이다. 지형이 마치 거북 모양을 하였기에 이런 이름이 붙었다. 전남 구례군 토지면에 있는 조선조 99칸 집인 운조루(雲鳥樓)는 집터를 닦을 때 땅속에서 거북 모양의 돌이 나왔다. 이래서 '금 거북이 진흙 속에 묻힌(金龜沒泥)' 명당자리라 불린다.

대구의 진산(鎭山)은 연구산(連龜山)이다. 『세종지리지』에, "속담에 전하기를, 돌거북(石龜)을 만들어서 산등성이에 간직하여, 남쪽으로 머리를 두고 북쪽으로 꼬리를 두게 하여 산기(山氣)를 통하게 한 까닭'으로 '연구산'이라고 이른다."고 하였다. 이 돌거북은 길이 177cm, 폭 127cm, 높이 60cm, 무게 1.94톤가량의 화강암으로 만들어졌는데, 도시화 과정에서 놓였던 장소도 바뀌고, 방향도 다르게 방치돼 왔다 한다. 그래서 대구지역 사람들이 '달구벌 얼 찾는 모임'을 결성하고 돌거북의 제자리 찾아주기 운동을 벌리고 있다.

거북은 해, 산, 물, 돌, 구름, 소나무, 불로초, 학, 사슴과 함께 십장생(十長生)의 하나로 천년을 사는 영물(靈物)이라고 한다. 십장생도는 부귀 집안에서 가내의 건강과 행복을 빌기 위해 그려졌고, 회갑이나 회혼과 같이 오래 산 것을 축하하는 장식품이 되었다. 그래서인지 거북과 관련된 일화, 전설은 무척 거북을 높이 보고 있다.

어류학자 정문기 씨가 거북에 대해 쓴 재미있는 일화가 있다. "1949년 9월에 강진에서 큰 바다거북이 잡혔다. 당시 대통령이던 이승만 씨는 이 거북을 창경원에서 길렀으면 하였다. 그 거북의 길이가 7자나 되어 세계에서 가장 큰 거북인 것이라는 보고가 들어왔고, 이대통령의 취임을 축하하는 길조(吉兆)라는 주위의 아부 발언이 있었기 때문이었다. 정문기 씨가 강진 현지에 급히 가보니 길이가 6자가 채 못 되는 보통 청거북이었다. 정문기 씨는 이대통령에게, '우리 이름이 없는 거북이고 서구(瑞龜: 상서로운 거북)라고 하였으면 한다.'고 조사결과를 보고했다. 이 거북은 부산으로 옮겨져 기르게 되었으나 병이 들어 죽었고, 이대통령은 이 소식에 무척 상심했다고 한다(정문기, 1997에서 요약)."

정문기 선생도 '서구'라고 이름을 지으면서 조금은 아부를 한 일화가 되겠다.

요즘에도 신기하고, 요상한 것을 밝히는 텔레비전 프로에서 큰 바다거북이 잡힌 이야기가 가끔 나온다. 바다거북은 우리 연안에서 잘 잡히지 않는데 상처를 입거나, 병들어 길을 잃은 거북이 그물이 잡히거나, 연안에 상륙하기도 한다. 2009년에도 상처를 입고 부산 해안에서 발견된 큰 바다거북은 치료를 받고, 좋은 먹이를 먹고 건강이 회복된 다음에 방생되었다. 방생하는 날은 어떻게 소문이 났는지 수많은 사람들이 모여 들었다. 얼떨결에 돼지는 머리만 동원되고, 거북에게 돈도 바치고 또 막걸리를 두어 말 먹였다. 절까지 하는 사람도 있었다. '세상에 이런 일이'라 할 정도의 일이 벌어졌다. 거북은 여러 관계자의 호위를 받고 배를 타고 먼 바다로 나가 방생되었다. 그 순간 거북을 처음 발견하고 돌보아 준 사람은 눈물을 글썽였지만, 거북은 이 마음을 아는지 모르는지 깊은 바닷물 속으로 유유히 사라져 버렸다.

거북에 대고 절을 한 사람이나, 돈을 바친 사람이나 거북 자체를 우러러보기보다는 자기 사정, 자기 설음을 하소연한 것일 게다.

어쨌든 큰 거북은 우리네에게 길조를 상징하고 영물 취급을 받는 친근한 존재이다. 이제 거북을 자연에서 찾아보기 어렵지만, 우리 생활 속에는 은연히 녹아 있다. 십장생도나, 병풍 그림 속에 나오는 거북은 오래 살기를 추구하는 염원을 상징한다.

마지막으로 거북과 관련된 시 한 수를 감상하자. 거북 구자가 들어간 경치를 읊은 시는 여럿이지만, 거북 자체를 읊은 시는 귀했다.

〈친구의 못의 거북 시에 답하여〉

맑은 강에서 와서 작은 못에 엎드렸으니,
푸른 무늬 검은 껍질 두고 시를 지어 읊어 본다.
무심하게 거북은 뜰의 열매로 배 채우는데,
놓아두면 연꽃 가에서 등에 해 쪼일 때이라.
〈次李逢原安道咏池龜詩〉 權文海(1534~1591, 草澗集卷之一)
來自淸江伏小池, 綠文玄甲入新詩. 無心納錫充庭實, 一任荷邊曝背時.

● 納錫:『書經』의 '구강에서 큰 거북을 바쳤다(九江納錫大龜)'는 글에서 나온 것으로 아랫사람이 위에 올린다, 올린 것의 뜻이다. 시에서는 거북을 의미한다.

옛 신도비(神道碑)⁴⁰에는 거북이 비신을 등에 업고 있다. 이 거북은 귀부(龜趺)라고 하며 거북이 세계를 업고 있는 것을 상징한다. 또 거북은 왕을 상징하는 존재로 국새 혹은 어보의 손잡이로도 존재한다. 그러나 거북은 '음물(陰物)로 때에 따라 몸을 감추어 신하의 도리를 나타내며, 공이 이루어지면 물러난다(『漢舊儀』, 應劭).'고 하여 신하의 도리로 비유된다. 한 나라의 상징인 국새에는 용 장식이 있어야지 거북은 어울리지 않는다. 대한제국 시절 고종황제가 쓰던 국새는 용 손잡이가 달린 것이 대부분이지만, 거북 손잡이가 달린 것도 있다.

---

40 죽은 사람의 평생 사적을 기록하여 묘 앞, 혹은 무덤으로 가는 길목에 세운 비

23. 자라鼈

『난호어명고』에서는 자라(鼈)를 하백종사(河伯從事)라 하였다. 하백은 민속에서 '물을 맡아 다스리는 신' 즉 하신(河神)을 말한다. 하백은 '사람의 얼굴에 물고기의 몸'을 하고 있다고 하며 강에 사는 여러 종류의 물고기 관원들을 거느린다. 하백사자(河伯使者)인 악어, 하백종사(河伯從事)인 자라, 하백도사소리(河伯度事小吏)인 오징어 등이 바로 그들이다. 종사는 조선시대에는 '종8품 군직'이어서 자라는 하급 장교인 셈이다.

자라는 둥근 모양으로 인해 단어(團魚)라고 불린다. 이외에도 왕팔(王八), 각어(脚魚) 등 다른 한자 별명이 있다. 사람이 갖추어야 할 사덕(四德: 孝悌忠信)과 사유(四維: 禮義廉恥) 8글자 중 여

여덟 번째인 '치' 자를 빼면, 망팔(忘八)이 되고 '염치가 없다(無恥).'는 뜻이 된다. 망팔은 중국어 욕인 왕팔(王八)과 발음이 같아서 '염치가 없는 놈'이 되고, 또 '오쟁이를 진 남자'도 되니 심한 욕이다.

자라는 우리 담수에 많이 살아 관련된 속담도 여럿 있다. 자라는 위급하면 등딱지 안으로 목을 감춘다. 이를 '자라 목'이라 하는데, 급한 상황에서 겁 많은 사람이나, 목이 짧은 사람을 이르는 놀림 말이다. '자라 목 오므라들듯'이란 비슷한 속담도 있다. '자라보고 놀란 가슴 솥뚜껑보고 놀란다.'는 속담도 있다. 어떤 것에 몹시 놀란 사람이 비슷한 것만 봐도 지레 겁낸다는 뜻을 가지고 있다. '자라 알 들여다보듯'이라는 속담이 있다. 자라는 물에 살지만 알은 꼭 뭍에 나와 낳는다. 속담은 자라가 알을 낳아 놓고 깨어나기를 기다리며 들여다보고 있음을 말한다. 즉 자식이나 재물 따위를 다른 곳에 두고 잊지 못하여 늘 생각하는 경우를 비유하는 말이다.

속담에서는 자라가 그다지 좋은 이미지로 나오지 않지만, 판소리 수궁가(水宮歌)에 나오는 자라의 모습은 무척 다르다. 용왕이 토끼 간을 구하러 갈 사람을 선발하는 장면이다. 문어가 나서자 자라가 곧이어 뛰어 내달아 크게 외치며 문어를 깎아내린다.

"너는 우물 안 개구리라. 한 가지만 알고 두 가지는 알지 못하는도다. 중국에서 세상을 주름잡던 초패왕(楚霸王, 항우)도 해하성(垓下城)에서 패하였고, 유럽에서 각국을 응시하던 나파륜(拿破崙, 나폴레옹)도 해도(海島) 중에 갇혔는데 요마한 네 용맹을 뉘

앞에서 번쩍이며, 또는 무슨 지식이 있노라고 네 지혜를 헤아리 느냐. 참으로 내 재주를 들어보아라. 만경창파(萬頃蒼波) 깊은 물에 기엄둥실 사족을 바투 끼고 긴 목을 움치며 넓적이 엎드리면 둥글둥글 수박이요, 편편 납작 솥뚜껑이라. 나무 베는 목동이며 고기 잡는 어부들이 무엇인지 모를 터이니 장구하기는 태산이오, 평안하기는 반석이라. 남모르게 다니다가 토끼를 만나 보면 어린아이 젖국 먹이듯 뚜쟁이 과부 호리듯, 이 패 저 패 두루 써서 간사한 저 토끼를 두 눈이 멀겋게 잡아올 것이요, 만일 시운이 불행하여 못 잡아오는 경우이면 수궁에 돌아와서 내 목을 대신하리라."

자라는 뭍에 나가 일단 토끼를 유혹해 용궁으로 오나 꾀 많은 토끼는 '간을 집에 두고 왔다'며 용왕을 속이고 자라를 타고 무사히 집으로 돌아간다. 수궁가에서의 자라는 제법 용기와 언변도 있으나 좀은 우직한 모습으로 나타난다.

자라는 거북 종류 중 우리 물에 가장 많이 살며 별미의 먹을거리, 특히 보양식의 재료로 널리 알려져 있다. 자라와 닭을 같이 끓인 탕을 '용봉탕(龍鳳湯)'이라고도 한다. 원래 용봉탕은 '영계를 고아 낸 국물에 토막 낸 잉어를 넣어 먹는 보양식'을 말한다. 궁중 요리로 무, 미나리, 파, 표고, 간장, 소 안심, 곤자소니, 전복, 해삼, 잣, 참기름, 후추 등을 재료로 같이 사용하였다 한다. 그러나 민간에 전해지면서 잉어 대신에 자라가 그 자리를 차지하기도 한다. 이 경우 자라를 용이라 칭하니 자라가 크게 출세한 것이다.

자라는 탕으로 먹어야 제격이지만 회로 먹기도 한 모양이다.

'여강(驪江)으로 가는 김 상사(金上舍)에 보내다.'라는 서거정의 시에 '어느 날에나 그대 찾아 내 또한 돌아가서, 한 잔 술 함께 들고서 자라 회를 쳐볼거나(何日尋君亦歸去, 一盃同擧斫雙鼇.)' 란 구절이 있다. 자라를 회로 먹으면 어떤 맛일까? 사가 서거정이 물고기를 즐겨 먹는 것은 시문에 자주 보인다. 그러나 자라까지 회를 쳐서 먹었다니 물고기를 무척 좋아한 분이었다.

자라는 어머니를 그리는 옛 노래에 등장하기도 한다. 야은 길재(吉再)가 어릴 적에 부른 노래이다. 야은이 8세 무렵 관직에 있던 부친이 보성(寶城)의 대판(大判)으로 부임할 적에 모친이 야은을 외가(外家)에 맡겨 놓고 남편과 함께 떠났다. 어느 날 어린 야은은 혼자 시내에서 놀다가 바윗가의 자라를 보고는 노래를 지었다.

〈석별가〉

자라야, 자라야, 너도 어머니를 잃었느냐,
나도 어머니를 잃었단다.
내가 너를 삶아 먹을 줄도 안다마는,
네가 어머니를 잃은 것이 나와 같아,
그래서 너를 놓아준단다.
〈石鼇歌〉吉再(1353~1419, 冶隱集 冶隱先生言行拾遺卷上)
鼇乎鼇乎, 汝亦失母乎, 吾亦失母矣.
吾知其烹汝食之, 汝之失母猶我也, 是以放汝.

부모와 헤어져 있는 소년이 어린 자라를 보았나 보다. 어린 자라가 어머니를 잃은 것 같이 보여 소년은 자라를 두고 노래를 지었다. 아니, 노래라기보다 혼자 읊조린 어머니를 그린 마음의 하소연일 게다. 자라는 그리 아름다운 녀석은 아니다. 그럼에도 이 노래에 나오는 자라는 애틋한 감을 자아낸다.

24. 게 蟹

게는 십각목의 갑각류(甲殼類)를 통틀어 이르는 말이다. 윗면이 한 장의 등딱지로 덮여 있고, 다섯 쌍의 발 중에 첫째 발은 집게발로 먹이를 잡는 데 쓰며 다른 네 쌍의 발은 헤엄치거나 걷는 데 쓴다. 우리나라에는 150종이 넘는 게가 살고 있다.

게의 별명 중 하나가 무장공자(無腸公子)이다. 게는 누런 속만 있고 창자가 없기 때문에 무장공자라 불린 것이다(『抱朴子』)[41]. 그래서 무장공자는 '기개나 담력이 없는 사람' 혹은 '실속이 없는 사람'을 놀림조로 이르는 말이다. 또 식견이나 지조가 없다는 뜻

---

[41] 중국 동진(東晉)의 도사인 갈홍(葛洪, ?283 ~?343)이 쓴 도가서(道家書)이다.

으로 비꼬는 말이 되기도 한다.

   게는 살도 맛있지만, 참맛은 싯누런 게의 장에 있다. 그래서 게의 또 다른 별명이 '내황후(內黃侯)'이다. 게의 껍질 안에 싯누런 (黃色) 게장이 가득 들어 있기 때문에 붙여진 이름으로 장의 맛 때문에 귀족, 왕족에나 쓰는 후(侯)자라는 높임칭호가 붙은 것이다. 서거정은 게의 맛을 '옥 집게다리 황금 껍질의 내황후는, 그 풍미가 진정 강호의 제일류이고말고(玉螯金甲內黃侯, 風味江湖第一流.)'라고 읊고 있다('野老送蟹, 喜作.', 四佳詩集卷之五十).

   옛 시에 나오는 무장공자는 다른 모습을 보이기도 한다. 게는 창자가 없으니 평생 단장(斷腸)의 아픔이 없을 것이라는 것이다.

〈무장공자〉

뜰에 가득 찬비 내리고 물가는 온통 가을인데,
땅에서 종횡으로 마음껏 다니는구나.
게는 창자 없어 참으로 부러우니,
평생에 창자가 끊어지는 시름을 모르는구려.
〈無腸公子〉 尹喜求(1867~1926, 近園隨筆에서 인용)
滿庭寒雨滿汀秋, 得地縱橫任自由. 公子無腸眞可羨, 平生不識斷腸愁.

   게를 보고 이러한 시를 쓸 정도면 이 시인의 한세상도 간단하지 않았던 모양이다. 게는 횡행거사(橫行居士), 곽삭개사(郭索介士)란 별명도 있다. 곽삭은 게가 옆으로 기어 다니는 모양에서 비롯되어 게의 별칭이 되었는데 '발이 많은 것(多足)'을 말하기도 한다. 개사는 '단단한 껍데기(甲士, 介士)를 쓰고 있기 때문'이며 '지조가 굳은 사람을 사람'을 뜻하기도 한다.

매월당 김시습(梅月堂 金時習, 1435~1493)의 '용궁에 초대받은 이야기(龍宮赴宴錄)'에 게의 화신인 곽개사(郭介士)의 노래에, "무장공자(無腸公子)라 나를 비웃지만, 군자에게도 비할 만하니, 덕이 뱃속에 차서 내장이 누렇다네."라며 게가 자찬하는 모습이 나오기도 한다(『金鰲新話』). 매월당은 단장의 슬픔을 겪은 사람이어 무장공자의 설음을 잘 이해했나보다.

게는 옛 민화(民畵)인 어해도(魚蟹圖)에도 자주 등장하는 주제이다. 게가 독립적으로 있거나, 갈대 줄기를 물고 있기도 하며, 게가 갈대 잎으로 묶여 있기도 한다. 이러한 그림에는 '갈대를 전한다(傳蘆)'는 화제가 붙어 있기도 하고, 전려도(傳臚圖)라고 부른다. 전로(傳蘆)는 전려(傳臚)와 중국 발음이 같다. 전려(傳臚)는 임금이 직접 주재하는 과거 전시(殿試)에 붙은 2갑(甲)의 1인자를 일컫는 말이다. 그래서 게 그림은 그냥 게를 그려 놓은 것이 아니라, 과거에 좋은 성적으로 급제하라는 의미를 갖고 있다. 갈대와 게를 나란히 그려도 전려도(傳臚圖)인데, 아예 게를 갈대로 꽁꽁 묶어놓은 경우에는 과거급제는 확실하다는 뜻이다. 그림에서 게딱지(甲)는 당연히 과거에서 첫째(甲)로 급제되는 것을 의미한다(그림 5).

옛 선비들은 과거를 볼 때 게를 먹지 않았다고 한다. 게의 해(蟹)자는 '풀 해(解)'자가 들어 있으므로, 그 해산(解散)이란 것을 꺼리기 때문이다(『靑莊館全書』 服食). 게가 장원급제를 기원하는 상징인 이상 함부로 게 껍질을 부수는 것이 금기일 수도 있을 것이다.

<그림 5> 단원 김홍도의 전려도(傳臚圖)

게를 잡는 방법은 서유구가 쓴 『임원경제지(林園經濟志)』 전어지(佃漁志)에 '게 낚는 방법(釣蟹法)'으로 기록되어 있다. "게는 제방의 작은 도랑에서 있는데, 모두 낮고 습기 많은 곳에 구멍을 파고 산다. 주민들은 단단한 쇠로 갈고리 모양을 만들고 낚싯대의 끝에 설치하여 더듬어 찾는다. 밤에는 불을 붙여서 비추면 모두 밝은 곳을 향해 이르는데, 마치 물고기가 미끼를 탐하여 낚시에 걸리는 것과 같다."

이 게 낚시는 1960년대 초까지만 해도 해안지역 논에서 참게를 잡던 방법이다. 그러나 농약과 비료 사용량이 많아지면서 참게는 점점 우리 곁에서 찾아보기 어렵게 되었다. 가을이면 작은 시내에 게 그물(게살)이 쳐지고 밤에 큰 강으로 내려가는 게를 잡곤 하였다. 시내에서는 그물을 쓸 것도 없었다. 싸리발로 내를 가로로 비스듬히 막아놓으면 하류로 내려가던 게가 한 구석에 모인다. 주로 한밤중에 게가 잡히는데, 그물 옆에는 짚으로 지붕을 한 게막이 있어 밤새 참게를 잡았다. 한밤중 시냇가에는 게막을 지키는 호롱불이 깜빡이곤 하였다. 이 역시 흘러간 옛날의 이야깃거리가 되어 버렸다.

가을이 깊어가고 서리가 내리면 참게도 하류로 내려가 큰 강으로 간다. 예전에도 참게는 별식이었나 보다. 이번 시는 시인인 고죽 최경창이 교하의 원으로 있는 친구에게 게를 청하는 편지이다.

〈교하 원님에게 게를 구하는 편지〉

어젯밤에 첫 서리 내렸으니,
들판에는 일찌거니 게들이 살졌겠지요?
시내의 어살은 관에서 금함 있어,
물가로 가도 얻어오기 어렵겠죠?
〈簡交河倅求蟹〉 崔慶昌(1539~1583, 孤竹遺稿)
昨夜新霜降, 平原早蟹肥. 溪梁官有禁, 下渚得來稀.

조선시대에는 한강과 임진강 하류에 큰 어살이 있어 참게를 잡았다. 개인이 큰 강에 어살과 같은 어장을 설치하는 것을 금했고, 관에서 관리하거나 특권층이 독점하였다. 시에 나오는 교하(交河)는 한강과 임진강이 만나는 곳이니 게가 많았을 것이다. 고죽이 시를 보내 은근하게 게를 청하고 있고, 이 시를 받아 본 교하 원은 틀림없이 게를 보냈을 것이다.

우리나라가 경제 성장기에 접어들면서 참게가 적어지자 참게 값은 치솟았고, 귀물이 되었다. 참게 철이면 게를 짚으로 10마리씩 엮은 두름을 들고 서울 시내에서 게를 팔러 다니는 예전 모습은 흘러간 풍물이 되었다. 참게로 만드는 게탕과 게장의 자리를 바다에서 나는 꽃게가 차지하였다. 다행하게도 근년 한강 하류지역에 참게를 양식해서 치어를 방류하는 사업이 꾸준히 지속된 결과 참게가 많아졌고, 참게탕을 싸게 맛볼 수 있게 되었다.

게와 관련되어 '게걸음 친다'라는 속담이 있다. 게걸음은 게발걸음 혹은 해행(蟹行)이라고도 하며 '걸음이 몹시 느리거나 사업이 발전이 없음'을 의미한다. '게거품 문다'라는 말도 있다. 게는 뭍에 나와 호흡하는 과정에서 아가미가 공기 중에 노출되면 호흡하기 위해 빨아들인 물이 배출되면서 아가미 주위에 거품이 인다. 사람이 흥분하여 말할 때 입에 침이 번지는 것을 보고 '게거품을 문다'고 하는 것이다. 야행성인 게가 달이 밝으면 먹이활동을 하지 않아 굶어서 살이 마른다. 그래서 '보름게 잡는다'는 말이 있다. 겉만 번지레하고 실속이 없는 사람을 이른다.

게를 끝내면서 그 모양과 맛까지 잘 묘사한 시 한 수.

〈게(蟹)〉

게가 광주리 안에 있으니,
아무리 봐도 그 모양 신기하구나.
옆으로 걷는 여덟 다리 벌리고,
씩씩한 모습이라 두 집게다리.
껍질 속 향긋하고 노란 게장,
다리 속 부드럽고 흰 살.
귀한 집에서 큰 상을 받아먹는 이들도,
이 맛을 아는 이가 드물리라.
〈蟹〉 李應禧(1579~1651, 玉潭詩集 玉潭私集)
郭索登筐筥, 多看狀貌奇. 橫行張八脚, 雄悍巨雙肢.
香滑鉤金醬, 甘柔嚼雪肌. 朱門大牢客, 玆味鮮能知.

   시에서 주문(朱門)은 붉은 칠을 한 문이란 뜻으로, 권세 있거나 부자의 집을 가리킨다. 그리고 대뢰(大牢)는 나라에서 제사를 지낼 때 소·양·돼지를 한 마리씩 쓰는 것으로 가장 큰 제사로 성대한 음식을 뜻한다. 시인은 우선 게의 모습을 묘사하고 다음엔 게의 맛을 맛깔스레 표현하면서 부자들도 이 서민적인 맛을 잘 모를 것이라고 눙치고 있다.

25. 조개 蚌蛤

조개는 판새류의 연체동물을 통틀어 이르는 말로 실로 수많은 조개 종류가 있다. 몸은 양쪽이 같고 좌우로 납작하며 둘 또는 하나의 껍데기와 외투막으로 덮여 있고, 바닷물과 민물에 모두 살고 있다.

조개를 한자어로 합(蛤), 방(蚌) 또는 방합(蚌蛤)이라고 한다.『자산어보』에는 "방과 합은 같은 부류이면서 모양이 다르다. 긴 것을 방, 둥근 것을 합이라 한다."라 하였다.

조개와 관련되어 방휼상쟁(蚌鷸相爭)이란 중국 고사가 있다. "역수(易水) 가에 조개가 나와 있을 때 마침 도요새가 조개의 속살을 쪼자, 조개가 껍데기를 오므려서 새의 부리를 꼭 끼워버렸다. 도요새가 '오늘도 비가 오지 않고 내일도 비가 오지 않으면 죽은 조개가 있게 될 것이다.' 하자, 조개가 '오늘도 못 나가고 내일도 못 나가면 죽은 새가 있게 될 것이다.' 하면서 서로 놓아주지 않고 있다가, 끝내는 어부에게 둘 다 잡혔다고 한다(『戰國策』 燕策)."

둘이 다투다가 함께 망해서 제3자에게 이득을 취하게 하는 것을 비유한 말이다. 이 고사에서 '방휼지세(蚌鷸之勢)', '방휼상치(蚌鷸相峙)'란 말이 나왔다. 조개와 도요새처럼 서로 버티고, 양보하지 못하는 어쩔 수 없는 상황을 이르는 말이다. 방휼상쟁(蚌鷸)이 번역될 때 도요새는 흔히 황새로 나오기도 한다.

이 말은 우리 옛글에서, 특히 임진왜란 때 기록에서 많이 나온다. 임진왜란은 7년이나 계속된 긴 전쟁이었다. 침략한 왜군이나, 지원을 나온 명군이나, 그리고 조선에게도 어쩌다 물린 상황에서 이러지도 못하고, 저러지도 못하는 대치상황인 것이다. 왜장 고니시(小西行長)는 '방휼지사' 운운, 어쩔 수 없는 상황이라고 변명하면서, 화친하려니 돌아갈 길을 터달라고 애걸하기도 한다. 뻔뻔한 언사였다. 또 구원을 나온 명나라 장수로서도 싸움에 이길 가망은 적고 전쟁이 교착상태에 빠지자 시를 지어 당시 병조판서 이덕형에게 보여주기도 하였다(趙慶男, 『亂中雜錄三』).

조개와 도요새처럼 오랜 날을 서로 버티니,
우리 군대는 오래도록 돌아가지 못하누나.
어찌하면 이 왜적을 쳐 없애어,
변방을 깨끗이 했다고 임금에게 상주할 수 있을꼬.
蚌鷸持多日, 王師久未旋. 何當除此賊, 露布奏淸邊.

참으로 답답한 상황이었다. 무엇보다 7년이나 전쟁을 겪고 있는 조선에게는 처참한 상황이었다.

조개를 맛있게 먹고 나서 남은 껍질도 쓸모가 있다.

조개는 죽어도 껍질은 아래, 위 껍질이 꼭 아물어진다. 농촌에서는 약갑이 귀한 시절, 연고나 고약을 조개껍질에 넣어 보관하기도 했다. 지금의 좋은 약통에 비할 수 있으랴만 당시로서는 좋은 약 그릇이었다.

옛날 여자아이들이 차던 '부전조개(附鈿雕介)'라는 노리개가 있다. 모시조개의 껍데기 두 짝을 서로 맞추어서 온갖 빛깔의 헝겊으로 알록달록하게 바르고 끈을 달아 허리띠 같은 곳에 차는 장식품이며 '조개부전'이라고도 한다. 속담에 '부전조개 이 맞듯' 이란 말이 있다. 부전조개의 두 짝이 빈틈없이 들어맞는 것과 같다는 뜻으로, 사물이 서로 꼭 들어맞거나 의가 매우 좋은 모양을 비유적으로 이르는 말이다. 백합 같은 조개는 다른 조개와는 달리 필요한 때를 제외하고는 입을 열지 않는다 하여 정절에 비유되었고, 모양이 예쁘고 껍질이 꼭 맞게 맞물려 있어 부부화합을 상징하기도 한다.

모처럼 조개가 나오는 시를 한 수 감상하기로 하자.

〈학포(鶴浦)의 저녁 조수〉

앞 내에 물이 잦고 흙모래가 드러나니,
아이들이 떼를 지어 조개를 주워 담네.
저물녘에 밀물 들어 둥그렇게 거울 되면,

바람이 솔솔 불어 백구물결 일군다네.
〈映湖亭八景爲長興丁氏作, 鶴甫晚潮〉 丁若鏞(1762~1836, 與猶堂全書)
前溪水落見泥沙, 隊隊兒童拾蚌蠃. 向晚潮來圓一鑑, 細風吹作白鷗波.

썰물에 갯벌이 드러나면 조개를 캔다. 이윽고 밀물이 들기 시작하면 깊은 곳 군데군데에 웅덩이가 생긴다. 시인은 이 물이 고인 곳을 '둥그런 거울'이라 표현하고 있다. 거기에 바람이 수면을 스치면 잔물결 일어 흰 갈매기가 나는 것 같다. 참으로 고즈넉한 갯가의 저녁 풍경이다.

26. 우렁이 田螺

　우렁이는 논우렁이과의 연체동물로 단백질이 풍부해서 식용, 약용으로 널리 쓰인다. 소택지의 진흙에 살며 논우렁이, 논고둥, 강우렁, 논고디 등 사투리 이름이 있으며, 물이 고인 논에도 많이 살아서 옛 이름이 전라(田螺)이며, 토라(土螺)라고도 부른다.

　우렁이는 된장찌개에 넣으면 맛이 좋고, 또 삶아서 고추장에 무쳐 먹어도 맛이 구수하다. 『동의보감』에는 쌀뜨물에 담가 진흙을 빼고 달여 복용한다는 내용이 실려 있다. 우렁이로 만든 전라고(田螺膏)는 부스럼(瘡)을 낫게 하고 종기로 인한 통증을 다스리며, 껍데기는 반위(反胃: 위암)와 위냉(胃冷)을 고치고 담(痰)을 삭인다고 한다.

우렁이는 속담과 민담에도 자주 등장한다.

'우렁이도 집이 있다.'는 속담은 항상 집을 지고 사는 우렁이에 비해 '사람으로서 몸을 의탁할 집이 없음'을 비유하는 말이다. '우렁이 속에도 생각이 들었다.'는 '어떤 사람이라도 다 나름대로의 생각을 갖고 있음'을 이르는 말이고, '우렁이도 두렁 넘을 꾀가 있다.'는 미련하고 못난 사람도 제 요량은 있어 한가지 재주는 있다는 말이다. '우렁이 속 같다.'는 말은 도무지 그 속마음을 헤아려 알기 힘든 것을 비유하는 말이다.

우렁이가 나오는 잘 알려진 민담이 있다.

옛날에 어려서 부모를 잃고 혼자 사는 노총각이 있었다. 총각이 떼밭을 일구다가 싫증이 나서 혼자 소리를 했다.

"떼밭을 이뤄서 농사져가지고 누구하고 먹을까?"

그러니까 땅속에서,

"나하고 먹지, 누구하고 먹어?"

하는 여자 목소리가 들려왔다. 다시 일을 하다가 쉬면서,

"이 땅 이뤄서 누구하고 먹고 살까?"

그러면,

"나하고 먹지, 누구하고 먹어?"

하고, 여자 소리가 나서 매일같이 그것에 취미를 붙이고 땅을 일구었다. 하루는,

"아, 대관절 네가 무엇이냐?" 하니

"흙 한 사발 떠놓고 보아요."

고 하기에 흙을 한 사발 떠놓고 보니 큰 부엉 우렁이가 하나 있

었다. 그 우렁이를 물 항아리 속에다 넣고 일을 나갔다 오니 밥과 반찬이 맛있게 차려져 있었고, 이튿날도 같았다. 그 다음 날에는 몰래 숨어서 보니 항아리 속에서 예쁜 각시가 나오더니 밥을 짓고는 다시 항아리 속으로 들어가는 것이다. 그래서 그 각시를 아내로 삼아 행복하게 살았다는 것이다(국립정신문화연구원, 『한국구비문학대계』에서 요약).

중국의 『술이기(述異記)』[42]에 우렁이 각시 이야기와 비슷한 중국 설화가 있다. 제목은 '백수소녀(白水素女)'이다. 자세한 설명은 생략하거니와 우리 우렁각시 전설과 비교해 보시라.
"진안군에 서생 사단(謝端)이 있었는데, 성격이 굳세고 청렴하였으며, 말과 얼굴빛(聲色)을 더럽히지 않았다. 하루는 해안에서 파도를 구경하다가 큰 소라를 얻었는데, 크기가 1석들이 쌀가마(一石米斛)과 같았다. 그것을 갈라보니 그 안에 미녀가 있었다. 그녀가 말하기를 '나는 은하수에 있는 백수소녀(白水素女)인데, 천제(天帝)가 경이 순수하고 바름을 아껴서 저더러 그대의 아내가 되라고 하셨습니다.'라고 하였다. 사단은 그녀를 요사스럽다고 책망하며 떠나보냈다. 그녀는 탄식하고 구름을 타고 떠나버렸다."

우렁이 각시 민담은 좋은 배필을 맞아 행복한 삶을 이루고자 하는 소박한 소망을 담은 이야기라고 할 수 있다. 요즘도 아내에게 항상 미안해하는 현대 남성은 부인을 '우렁각시'라고 높여 부

---

[42] 중국의 양나라 임방(任昉, 460~508)이 편저한 전기, 고사, 신화를 망라한 지리 박물류 지괴소설이다.

른다. 섹시하고, 살림 잘하고, 남편 위하고, 거기다가 지혜까지 갖춘 배우자라면 '우렁각시'보다 더 높이 받들어 모셔야 할 '우렁마마님'일지도 모른다.

우렁이를 읊은 시는 찾기 어려웠지만 모처럼 우렁이가 등장하는 시가 있다.

〈시골집〉
며느리는 앉아서 아이를 어르고,
할아범은 외양간을 치고 있다.
뜰에는 우렁이 껍질 쌓였고,
부엌에는 달래뿌리가 남아있네.
〈田家〉李用休(1708~1782, 歛歗集)
婦坐搯兒頭, 翁偏掃牛圈. 庭堆田螺殼, 廚遺野蒜本.

- 兒頭: 阿頭와 같은 뜻, 머리카락을 짧게 깎은 어린 아이의 머리. 野蒜: 달래. 山蒜이라고도 한다.

시골의 농가 풍경을 읊은 시에 우렁이가 등장한다. 뜰에 우렁이 껍질이 쌓여 있다니 시골사람들이 우렁이를 많이 먹었던 모양이다. 우렁이가 주인공은 아니지만 소박한 농가 고즈넉한 풍경을 읊은 맑은 시이다.

우렁이는 식성이 좋아 제가 사는 논과 하천 바닥에 쌓인 유기물을 깨끗하게 청소해 주기 때문에 자연계의 유기적 순환에 큰 구실을 해 왔다. 우렁이는 우리 땅 논에서 흔히 보이던 것이었지만, 비료와 농약 사용이 증가하면서 보기 힘들어졌다. 자연 생태계에서는 보기가 힘들어졌지만, 된장찌개의 중요한 재료이어서 양식되고 있다. 우렁이를 논에 되살린다면 환경 친화적인 삶을 영위하게 되고, 무공해 먹을거리를 먹게 되는 셈이다.

27. 조기 石首魚

  옛글에 조기는 석수어(石首魚)라고 기록되어 있다. 조기는 민어과의 물고기로 참조기, 수조기, 보구치 따위를 통틀어 이르는 말이므로, 표제어인 석수어(石首魚)는 참조기를 이르고 있다. 『고금석림(古今釋林)』[43]에는 "조기는 머리에 돌이 들어 있어 석수어라고 한다 했다. 석수어의 속명은 조기(助氣)인데 이는 사람의 기를 돕는 것이기에 붙여진 것이다. 또 조기를 천지어(天知魚)라고도 했는데 이는 조기를 말려 굴비를 만들 때 늘 지붕위에서 말리

---

[43] 이의봉(李義鳳, 1733~1801)이 어휘를 모아 편찬한 오늘날의 백과사전과 같은 책이다.

니 새나 고양이가 감히 이를 취하여 먹을 수 없어 붙은 이름이다."라고 적혀 있다.

조기를 비롯한 민어과 어류의 '머릿속에 있는 돌'은 이석(耳石)이라는 것으로 '동물의 내이(內耳)에 있는 골편(骨片)'을 말한다. 이석에는 성장 연륜이 나타나 이것으로 어류의 나이를 알 수 있다. 이석은 두석(頭石), 뇌석(腦石), 어수석(魚首石)이라고도 불리며 가루를 내서 중이염 치료제로 쓰이며, 요로결석에도 효과가 있다. 또 『식료본초(食料本草)』[44]와 『본초강목(本草綱目)』[45]에 이석은 '흥분하여 기절하는 증상을 치료한다.'고 나와 있다.

중국 후한의 허신(許愼)이 지은 『설문해자(說文解字)』[46]에 낙랑시대 한반도 인근에 산출되는 해수(海獸)에 면(鮸)이 잡히는 것으로 기록하고 있는데, 이는 조기 혹은 민어를 가리키고 있는 것이다. 가야시대 유적이 발굴된 김해 지방의 예안리와 회현동에서 참조기의 뼈가 다량 발굴되었다는 점을 보아 조기는 고대부터 우리 민족이 즐겨 먹어왔던 물고기였다.

참조기는 여름이 제철로 소금에 절여서 말린 것을 굴비라 하며, 방언으로는 황조기, 노랑조기라고도 한다. 참조기는 겨울에는 남

---

[44] 중국 당나라 때 맹선(孟詵)이 편찬한 의서로 식물(食物)로 병을 고치는 방법을 적고 있다.
[45] 중국 명(明)나라 때의 본초학자(本草學者) 이시진(李時珍:1518~1593)이 1590년에 펴낸 약학서(藥學書)로 1892종의 동식물(動植物), 광물(鑛物)을 7항목(項目)으로 나누어 풀이하고 있다.
[46] 중국 후한 시대(기원후 100년)에 허신(許愼)이 편찬한 중국(中國)에서 가장 오랜 자전(字典)이다. 설문(說文)이라고도 약칭한다.

쪽바다에 있다가, 봄에 다시 북쪽으로 이동하여 알을 낳는다. 산란기는 3~6월로 남쪽일수록 이르며, 중국 연안과 한국의 서해안 일대에 알을 낳는다. 산란기에는 산란장에 모여 개구리 울음소리와 비슷한 소리를 내거나 물 위로 튀어 올라오는 습성이 있다.

참조기는 몸빛이 회색을 띤 황금색이며, 입이 불그스레하고 몸통 가운데 있는 옆줄이 다른 조기 종류에 견주어 굵고 선명하다. 참조기와 모양이 비슷한 수조기는 참조기보다 몸이 가늘고 편평하며 머리가 몸체에 비해 크고 몸빛깔이 황색이다. 수입조기는 국산조기보다 비늘이 거칠고 옆줄이 선명하며 목 부위가 회백색, 또는 흰색을 띠고 몸에 광택이 있다. 수조기나 수입산 참조기는 국내산 참조기보다 맛이 떨어지며 뒷맛이 개운하지 않고 육질도 단단하지 못하다.

조기는 옛 시에서도 간혹 보인다. 조기는 계절의 맛과 느낌을 나타나는 물고기로 우리에게 다가온다.

〈석수어〉

제철을 맞은 물고기를 다시 보니 바다의 조기로세,
옛 것을 느끼고 새 것을 맛봄에 눈물이 절로 흐르는구나.
수심에 잠겨 알지 못하는 사이 봄은 이미 저물고,
멀구슬 꽃 피었다 지니 물억새 싹 파랗네.
〈石首魚〉李廷馦(1541~1600, 四留齋集卷之二)
時鮮又見海鯮腥, 感舊甞新涕自零. 愁裏不知春已暮, 棟花開盡荻芽靑.

시 제목이 석수어이다. 제철을 맞아 새 음식인 조기를 대하니 옛 생각이 떠오른다. 어느덧 봄이 지나 물억새가 파란 여름이 온 것이다. 시인이 실의에 잠겨 있는지, 아니면 고향을 떠난 몸인지 세월이 덧없음을 아쉬워하고 있다. 조기에서 시작한 시는 시인을 아득한 상념의 세계로 보내주고 있다.

영광의 조기 철 풍물을 읊은 시이다.

〈법성포의 서봉에 대한 시〉

서북쪽 큰 물결에 태양이 잠기는데,
구름 돛은 곧장 황해를 까부르려 하누나.
봄꽃이 곱게 피면 기필코 다시 와서,
모름지기 몽산포의 석수어를 보아야겠네.
〈法聖浦西峯雜詠〉 金宗直(1431~1492, 佔畢齋集卷之二十一)

西北鰲波浸日車, 雲帆直欲簸靑徐. 春花如錦須重到, 要見蒙山石首魚.

士人云, 每三四月, 諸道商舡, 俱集于此. 捕石首魚曝乾, 自峯底至頂, 無着足處.

- 靑徐: 중국 청주(靑州)와 서주(徐州)의 병칭으로 지금의 산동성(山東省) 과 강소성(江蘇省) 지방에 해당. 확대해 보면 중국의 동쪽바다 즉 황해로 해석된다.

점필재 김종직이 조기의 명산지인 영광군 법성포에 갔다. 조기의 고장 법성포 바다에서 배를 타면서 감회가 깊었나 보다. 그러기에 이곳을 꼭 다시 찾겠다고 다짐하고 있다. 시에 첨부된 설명에는, "이 고장 사람이 말하기를 매년 3, 4월이면 제도(諸道)의 상선이 모두 이곳에 모여 조기를 잡아서 말리는데, 서봉 밑에서

부터 꼭대기까지 발 디딜 틈이 없을 정도이다."라 되어 있다. 조기 철의 풍성한 풍물이다.

    제주도 남서쪽에서 겨울을 보낸 조기는 3월말에서 4월 초순 무렵이면 어김없이 영광 앞바다인 칠산바다에 와서 산란을 하는데, 이곳은 갯벌이 발달되어 있고 조기의 먹이가 풍부한 곳이다. 곡우 무렵이면 반드시 칠산바다에 나타나는 습성에 빗대어 약속을 못 지키는 사람을 '조기만도 못한 놈'이라 하는 욕도 있다. 곡우철에 잡힌 조기는 알이 차고 맛이 좋아 '오사리 조기' 또는 '곡우살 조기'라 하며, 이때 말린 굴비를 '오사리 굴비'라 한다. 이 무렵 굴비는 하도 맛있어서 '밥도둑'이란 별명도 붙어 있다.

    법성포 칠산 앞바다를 지나는 참조기를 말려서 만든 굴비는 영광굴비라 하며 가장 유명한데, 굴비란 말의 어원에 대해서는 고려 때 이자겸(李資謙)의 일화가 있다. 인터넷에 떠도는 굴비의 어원에 대한 설을 살펴본다.

"고려 17대 인종 때 이자겸(李資謙)이 지금의 법성포로 귀양을 왔다가 해풍에 말린 조기를 먹어보고 그 맛이 뛰어나 임금에게 진상하였다 한다. 그는 말린 조기를 보내며 '자신의 뜻을 굽히지 않겠다'는 '정주굴비(靜州屈非)' 네 글자를 써 보냈다는 것이 오늘날의 굴비라는 말이 생기게 된 유래이다."

    다른 글에서는 이자겸이 억울하게 귀양살이를 하게 되었고, "비(非)에 굴하지 않고 꺾이거나 비뚤어지지 않으면서 대자연 속에서 자연의 섭리에 따라 자연의 맛을 즐기면서 유유자적하고 있다는 사실을 알리고 싶었던 것이기에 굴비를 임금에게 진상했으며, 굴비라는 말 한마디로 충절을 지킨 이자겸이 귀향에서 풀리게 되었다."고 한다.

그런데 이 아름다운 설화는 사실과 심한 괴리가 있다. '이자겸의 난(李資謙亂)'은 고려 인종(仁宗, 1122~1146) 때 외척이자 권력자였던 이자겸(李資謙, ?~1126)이 '십팔자(十八子)' 즉, 이 씨가 왕이 될 것이라는 도참설(圖讖說)47을 내세워 인종을 폐위시키고 스스로 왕에 오르고자 일으켰던 난이다.

인터넷에 떠도는 굴비 어원에는 이자겸이 소신 있는 충신인양 미화되고 있지만, 실은 이자겸은 왕위를 넘본 당세의 권신(權臣)이었다. 굴비의 사연은 아름답지만, 사실과 너무 차이가 있게 인물을 미화한 것이다.

칠산 앞바다를 지난 조기는 연평도 쪽으로 올라간다. 이때의 모습을 정약용(丁若鏞)은 "연평(延平) 바다에 석수어 우는 소리가 우레처럼 은은하게 서울에 들려오면, 만 사람이 입맛을 다시며 추어(䠓魚: 속명 石魚)를 생각한다."고 기록하고 있다(『經世遺表』第十四卷). 이때는 조기가 서울 장안에 널리 퍼질 것이고, 어선은 파시에서 만선의 즐거움을 누릴 것이다.

조기잡이가 성행하였던 서해안 일대에서 만선으로 돌아오는 배에 풍어기(豊漁旗)를 꽂았는데, 이를 '봉기'라고 했다. 긴 대나무 장대에 오색 종이꽃을 달았다. 그 대를 '봉주'라고 부르며, 대나무로 만들기 때문에 봉기를 흔히 '봉죽'이라고 부른다. 황해도

---

47 고대 중국에서 음양오행설에 의하여 인간사회의 길흉화복을 예언하던 학설.

와 경기도 일부 지역에서는 조기가 많이 잡히면 '봉죽 받았다.'고 한다. 이러한 조기 풍어를 축하하는 집단 가무놀이가 서해안 지방에 전해 오는데 이를 '봉죽놀이'라 한다.

　허균이 쓴 『도문대작』에는 조기가 '서해에서 나며, 아산의 것이 제일 맛있다. 익히면 비린내가 없다.'고 적고 있다. 조기는 조기(助氣) 혹은 조기(曹基)라고 부르기도 한 모양이다. 맛있고, 영양분이 풍부한 조기를 먹으면 어른, 노인 할 것 없이 기운을 돋궈주기에 그리 부른 것이리라.

　조기는 맛있을 뿐 아니라 영양가치도 좋은 식품이다. 맑게 국을 끓이거나, 찌개, 소금구이, 양념구이 등으로 먹는다. 짜게 절인 것은 조기젓으로, 삼삼하게 절였다가 말린 것은 굴비로 가공한다. 굴비는 참조기로 만든 영광굴비를 최상품으로 치며, 이른 제철에 잡아 알이 차고 살이 많고 큰 것을 말려서 만든다.

　서민의 밥상에 조기가 선을 보이던 시절도 있었으나, 그건 흘러간 옛말이고, 이젠 한 두름에 수백만 원을 호가하는 것도 있으니 금석지감이다. 좋은 굴비를 선전하는 사람이 '금조기'라고 큰소리치는 것도 무리가 아닐 터이다.

　조기는 우리 서해에서 가장 많이 나고 사랑받는 고기였으나 어획량이 줄고 있다. 한때는 풍어를 맞아, '돈 실로 가세. 돈 실로 가세. 영광 법성으로 돈 실로 가세.' 라는 뱃노래가 있을 만큼 참조기 어업이 성행했었으나, 이제는 옛날의 그런 영화를 잃고 있다. 참조기나 굴비 값이 비싸지다 보니 모양이 비슷한 부세나 수조기를 참조기로 속여 파는 일도 더러 있고, 수입산 조기가 참조기로 둔갑해 팔리기도 한다고 한다. 서민들이 모처럼 굴비를 먹으려면, 우선 참조기 판별법부터 배워야 할지도 모른다. 비싸든 싸든 알고 먹는 것이 좋을 테니까.

    조기를 끝내면서 시 한 수를 살핀다.

〈조기〉

비릿한 바람이 바다 어귀에 불면,
배가 샛노란 조기가 어선에 가득하지.
불에 구우면 좋은 반찬이 되고,
탕으로 끓여도 맛이 좋구나.
그 모습은 비록 크지 않지만,
쓰임새는 한두 곳이 아닐세.
가장 좋은 건 굴비로 말려서,
밥 먹을 때 찬으로 가장 먼저 오르네.
〈石首魚〉 李應禧(1579~1651, 玉潭詩集 玉潭私集)
腥風擁海口, 黃腹滿魚船. 爛炙知佳餐, 濃湯作美鮮.
形容雖不碩, 爲物用無偏. 最憐乾曝後, 當食必登先.

    조기 맛을 칭송하며 굴비를 상찬하고 있다. 밥상에 가장 맛난 반찬으로 굴비가 제일 먼저 오른다는 표현이 좋다. 반찬을 맛볼 때 젓가락이 먼저 조기로 갈 것이다. 한동안 조기가 서해에서 잡히지 않아 서민의 반찬이던 조기가 '금조기'라 불릴 만큼 귀해졌다. 2011년에는 참으로 오랜만에 조기 풍년이란다. 조기 우는 소리에 칠산 앞바다 사람들이 잠 못 이룬다는 시절이 다시 돌아온 것인가. 그런데 조기 풍년이 들자 중국 어선들이 우리 바다로 들어와서 도둑어로를 한다고 한다. 반가운 소식에 씁쓸한 뒷맛을 남기게 한다.

28. 민어 鮸魚

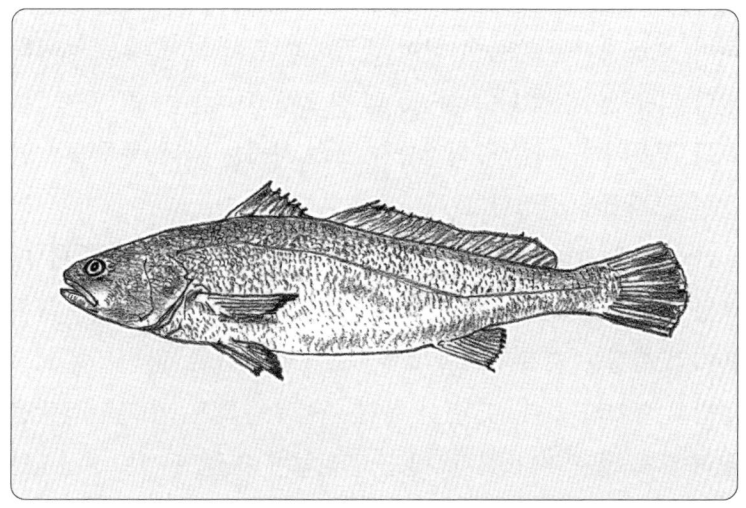

　민어는 농어목 민어과의 물고기로 같은 과에 속하는 조기, 강달이, 부세 등과 모습이 비슷하고 서식형태가 유사한 점도 있으나, 크기가 60~90cm로 친척들에 비해 대형종이다. 한자 이름이 면어(鮸魚), 민어(民魚), 민어(鰵魚)로 옛글에 나와 있으며, 시문에는 면어(綿魚)라고 나와 있기도 한다. 민어는 우리 서남해안에서 많이 나며 지방에 따라 개우치, 홍치 또는 어스래기 등의 다른 이름으로 불리기도 한다.
　민어는 주로 15~100m 깊이의 개흙이 진 연안에서 산다. 낮에는 바다 속 깊은 곳에 있다가 밤이 되면 물 위로 이동하는 습성이 있다. 민어 무리는 가을에 제주도 근해로 이동하여 겨울을 나고, 봄이 되면 다시 북쪽으로 이동하여 생활한다. 전남 신안 임자도 부근 갯벌바다에서 잡히는 민어가 맛있다 해서 '임자민'이라 하며, 암놈보다는 수놈이 살이 존득하고 몸이 커서 값도 비싸다 한다. 수놈은 '수치'라고 불리는데 물고기 중 수놈이 더 비싸기는 드문 경우이다. 여름이 되기까지 계속 서해를 따라 북상하여 인천의 근해에서 산란한다.

초여름에 잡히는 민어가 가장 맛이 좋으며 일반 생선처럼 매운탕을 끓이거나 소금에 절여서 굽고 튀겨서 먹기도 한다. 특히 민어의 껍질을 벗기고 살을 조심스럽게 손질하여 전을 부쳐 먹는 방법도 인기가 있다. 갓 잡아 올린 민어로는 회로 먹고, 매운맛을 살려 국을 끓이거나 한다. 알도 조리하여 먹을 수 있고, 싱싱한 부레는 가공하여 약재로 이용되거나 부레 속에 소를 채운 뒤 쪄서 순대를 만들기도 한다. 이처럼 민어는 버릴 게 없는 고기이다.

민어 부레는 약재로서뿐 아니라 전통 접착제를 만드는 원료이기도 했다. 『난호어명고』에서는 아교(阿膠)라고 표현했지만, 물고기의 부레로 만드는 풀은 어교(魚膠) 혹은 부레풀이라 한다. 민어 부레로 만든 것이 가장 접착성이 좋아 '민어풀'이라고 부른다. 민어 부레풀은 들러붙는 힘이 아교보다도 뛰어나 공예품을 만들 때 나무를 덧붙이거나, 자개 장식인 나전(螺鈿)의 화각(畵角)을 붙이는 데 쓰인다. 더욱이 민어풀은 수용성이라 화각의 무늬 밖으로 밀려나온 풀을 물로 쉽게 씻어낼 수도 있어 편리하다. 또 활의 몸체를 만들 때 여러 재료를 붙이는 데에도 쓰이고, 연줄에 이 풀을 올리면 아주 빳빳해진다. 화학접착제가 일반화되기 전까지는 가장 널리 쓰이던 접착제였다. 지금은 쓰기에 편리한 공업용 본드에 밀려나 구경하기 힘들지만 조상의 손길이 느껴지는 물건이다.

민어는 여러 가지 용도로 우리 생활에 가까운 고기였고, 또 늙으면서도 맛있는 고기였다. 민어를 읊은 옛 시를 살펴본다.

〈민어〉

입이 크기는 농어와 닮았는데,
비늘은 농어보다 조금 크다네.
풍성한 살로 채워져서 먹기에 족하고,
창자는 속현을 가득 안은 듯.
솥에 끓여 탕으로는 괜찮지만,
회를 치기에는 좋지 않구나.
말린 뒤에 살펴보면,
밥 먹을 때 손이 먼저 가리라.
〈民魚〉 李應禧(1579~1651, 玉潭詩集 玉潭私集)
巨口同鱸狀, 纖鱗少有差. 肌充豐膳足, 腸抱續絃奇.
入鼎湯猶可, 盤膾不宜登. 當看乾曝後, 臨飯手先持.

시에서 민어의 쓰임새를 상세히 설명하고 있다. 속현(續絃)은 끊어진 거문고 줄을 잇는 것을 말하며 아교를 가리킨다. 민어의 부레로 어교(魚膠)를 만들기 때문에 이렇게 말한 것이다.

시에서는 민어가 회로는 좋지 않다고 했다. 이는 민어의 살 자체가 맛없는 것이 아니라 싱싱한 민어를 구하기 어려워서이다. 오늘날도 민어는 활어로 유통되는 것은 보기 드물어 어지간해서는 민어회를 맛보기 어렵다. 시중에서 수조 안에서 살아있는 민어를 보았다면 이것은 민어가 아니라 값싼 '홍민어'이다. 홍민어는 본래 이름이 점성어로 민어와 비슷하게 생겼지만, 꼬리에 둥근 반점이 있고 체색이 붉은 편이고 횟집에서 민어로 둔갑해 팔리기도 한다. 민어는 맛난 고기로 회 맛도 일품인 물고기이다.

이번 시는 민어를 잡는 장면을 읊은 시다.

〈바다를 둘러보고〉
작은 배는 가벼워서 나는 듯 나아가고,
바다를 덮은 민어는 무리지어 돌아드네.
한 무리 물새가 빙빙 돌며 날아가지 않으니,
어부들이 재빠르게 그물을 쳐서 에워싸네.
〈觀海, 其五〉李夏坤(1677~1724, 頭陀草冊五)
小舸輕捷去如飛, 蔽海綿魚作隊歸. 一陣水鳥翔不去, 漁人着急撒罾圍.

민어가 한 여름에 서해를 북상하는 모습이다. 배를 몰아 민어 떼가 몰려드는 곳을 찾아가는데, 물새들이 바다 표면에 뜨는 고기를 보고 몰려들어 공중에서 빙빙 돌고 있다. 민어 떼가 수면에 오른 것이다. 어부들이 급히 배를 몰아 민어 어군에 다가가서 그물을 둘러치는 것이다. 물살을 가르며 나가는 배, 바다를 덮은 고기 떼, 떼 지어 날고 있는 물새, 그물을 치는 순간. 민어를 잡는 여러 요소를 포함한 역동적이면서도 좋은 시이다. 민어 그리고, 바다의 비린내가 물씬 풍기지 않나요?

29. 준치眞魚

　준치는 청어목 준치과의 바닷물고기로 제주도 서남해의 따듯한 바다에 살다가 4~7월에 산란을 위해 북쪽으로 올라온다. 강하구나 기수역의 바닥이 모래나 진흙인 곳에서 산란한 후 서해안 및 남해안에 흩어져 서식하다가 가을이 되면 남쪽으로 이동하여 월동한다. 서해안, 특히 금강에서는 15㎞ 상류까지 거슬러 올라가 산란하기도 한다. 방언으로는 준어, 왕눈이, 빈징어라고 하며 한자 이름으로 진어(眞魚), 시어(時魚), 시어(鰣魚), 조어(助魚), 준어(俊魚)라는 별칭이 있다.『훈몽자회(訓蒙字會)』[48]에는 한글로

---

[48] 1527년 최세진(崔世珍)이 지은 한자 학습서로 생활 주변에서 흔히 볼 수 있

'쥰티'라 기록되어 있기도 하다.

준치가 진어(眞魚)라 불리는 것은 '생선 중에 가장 맛있는 참스러운 물고기'라는 뜻에서이다. 여름이 되면 사라졌다가 다음해 봄에 나타나는 습성 때문에 시어(時魚)라 불리기도 한다. 또 제철에 먹어야 맛이 있다는 의미도 있을 것이다. 『난호어명고』에 준치의 습성을 설명하면서 '물에서 나오자마자 금방 죽는다.'고 하였다. 냉동 보관기술이 없었던 옛날에는 젓갈이나 간고기로 만들어야 저장이 가능했고, 신선한 준치 활어를 먹기 어려웠을 것이다. 그런 의미에서도 시어(時魚)란 이름의 해석이 가능하다.

준치는 매년 초여름 바다에서 강으로 올라와 알을 낳게 되는데, 이때의 맛을 최고로 친다. 중국의 양자강 하류에서 잡히는 준치는 맛이 좋아서 천하제일의 생선(天下第一鮮)이라고 불렀다 한다. 그물로 잡은 준치를 산 채로 황제에게 올리기 위해 수천 마리의 말과 수천의 사람을 동원하여 1,300여 킬로미터를 수송했다. 일정 거리마다 대형 수족관을 만들어두고 낮에는 기를 꽂고 밤에는 불을 피워 쉽게 길을 찾도록 하였다 한다. 대구대 중문과 학생들의 수업 공간인 '중국당대문학개설' 카페에서 만난 재미난 이야기이다. 자료에 중국 어느 때였는지는 밝혀져 있지 않은 점은 아쉽다.

수천 마리를 나르면 겨우 맷 마리가 살았을 터이고, 그 중에서도 황제가 직접 먹게 되는 것은 한두 마리에 불과하였을 것인즉,

---

는 사물에 관한 한자 3,360자를 풀이하고 있다.

어마어마한 음식치레였다. 옛날에 나라를 기우릴 정도의 미녀(傾國之色)가 있었다하니, 준치는 나라를 기우릴 물고기(傾國之魚)였나 보다.

준치는 맛나지만 뼈가 많은 물고기여서 요리할 때 억센 가시를 잘 발라내야 한다. 그러기에 중국 송나라의 문인 팽연재(彭淵材)는 세상을 살면서 느낀 5가지 아쉬운 점(五限)[49]을 들며 '준치에 뼈가 많다(一恨鰣魚多骨).'고 첫 번째로 꼽을 만큼 뼈도 많지만 맛도 좋은 생선인 것이다(『類說』).

준치 가시가 나오는 우리 시 한 수.

〈준치〉

옥 같은 지느러미가 천리를 바람처럼 달려 왔으니,
준치를 얼음에 재워 배로 실어온 것이렷다.
사람을 찌르는 잔가시는 외려 애석히 여길만하지만,
해마다 제철 고기로 받들어 전해 온 먹을거리네.
〈鰣魚〉 李民宬(1570~1629, 敬亭集卷之五)
玉鬣風馳千里驛, 銀鱗氷護一江舡. 砭人細骨還堪惜, 時物年年尙食傳.

예전에도 싱싱한 제철 준치를 맛보려면 얼음에 채워 운반한

---

[49] 훌륭한 것에 5가지 결점이 있음. 북송시대 팽연재(彭淵材)가 말한 것으로, 첫째 준치가 가시 많은 것, 둘째 귤이 신 것, 셋째 순채(蓴菜)가 냉한 것, 넷째 해당화에 향기가 없는 것, 다섯째 증자고(曾子固)가 시를 잘 못하는 것이다 (『冷齋夜話』).

모양이다. 먼 곳에서 준치를 싱싱하게 보관하여 보내 왔으니, 당시로서는 귀물일 것이다. 잔가시 탓을 하면서도 시인은 맛나게 준치를 먹을 것이다. 싱싱하니 회로 먹어 볼까나, 하면서. 모처럼 싱싱한 준치회를 맛보며 지은 시의 일부이다.

다시 준치 시 한 수.

〈준치〉

해산물이 강가 시장에 그득하고,
준치가 반찬으로 올라 기쁘구나.
어지러운 가시는 가는 은실 같고,
둥근 비늘은 흰 눈처럼 차가와라.
솥에 넣어 탕을 끓여도 좋고,
회를 쳐서 쟁반에 올려도 좋지.
만약 맛이 좋기로 말한다면,
응당 팔진미의 반열에 들리라.
〈眞魚〉李應禧(1579~1651, 玉潭詩集 玉潭私集)
海族塡江市, 眞魚喜入梥. 亂鯁銀絲細, 圓鱗雪色寒.
可下燒湯鼎, 宜登設膾盤. 若論佳味勝, 應列八珍間.

시인은 준치의 맛을 팔진미(八珍味)에 들 것이라고 극찬하고 있다. 팔진미는 중국에서 성대한 음식상에 갖춘다고 하는 진귀한 여덟 가지 음식으로 설마다 품목이 다르지만 용의 간(龍肝), 봉의 골수(鳳髓), 토끼의 태(兎胎), 잉어 꼬리(鯉尾), 물수리 구이(鶚炙),

곰 발바닥(熊掌), 원숭이 입술(猩脣), 타락죽(酥酪)을 말하기도 한다. 8진미는 매우 맛있는 음식을 비유적으로 이르는 말로 이런 희귀한 음식들과 준치가 어깨를 나란히 한다는 것은 극찬 중에 극찬이다.

준치는 맛이 좋아 국, 만두, 자반, 젓국찌개, 찜, 조림, 회, 구이 등 다양하게 조리하여 먹는데, 잔가시가 많아 조리하거나 먹기에 힘들다. 준치젓, 자반준치, 준치저냐 등이 예부터 전해오는 준치의 요리 이름이다. 준치는 워낙 맛이 좋기에 '썩어도 준치'라는 속담이 있다. 본래 좋고 훌륭한 것은 비록 상해도 그 본질적 가치에는 변함이 없음을 비유적으로 이르는 말이고, 준치가 맛난 고기임을 강조한 것이다.

준치는 맛있고 가시가 많은 고기로 유명할 뿐 아니라 비늘이 희고 반짝거리는 것으로도 유명하다. 그래서 '준치의 비늘을 석회수에 담갔다가 볕에 쬐여 말린 후 부녀자의 비녀에 발라 장식했다'는 옛이야기가 있다. 『난호어명고』에서 준치 비늘로 화전(花鈿), 즉 꽃비녀를 장식했다는 기록과 상통한다. 흰 준치 비늘을 비녀에 장식하면, 놋쇠나 나무 비녀도 마치 은비녀와 같이 반짝이고, 삼단 같은 검은머리에 척하니 꽂으면 은비녀처럼 예쁜 장식품이 될 것이다.

30. 밴댕이 蘇魚

　밴댕이는 청어목 청어과의 바닷물고기로 몸길이가 약 15cm 정도의 작은 물고기이지만, 워낙 어획량이 많아 예전부터 서해에서 나는 중요한 수산물이었다. 밴댕이는 『난호어명고』에 늑어(勒魚), 소어(蘇魚), 한글로 '반당이'로 올라 있고, 『역해유해(譯語類解)』[50]에는 장구어(獐口魚)로 기록되어 있다.
　밴댕이는 외해에 접한 연안 또는 내만의 모래바닥에 주로 서식하며 동아시아 지역에서 흔한 고기이다. 산란기는 6~7월이며 내만에서 부유성 알(浮卵, 浮性卵)을 낳는다. 생물로는 탕, 구이

50　1690년에 사역원(司譯院)에서 신이행(愼以行) 등이 엮은 중국어 어휘사전

로 먹지만, 무엇보다 쓰임새가 많은 것은 젓갈이다. 젓갈의 고장인 강경 젓갈 중 밴댕이젓은 유명한 상품의 하나이다.

　조선시대에 밴댕이(蘇魚)는 왕가에서 중요히 여기는 물고기였다. 말려서 먹기도 했지만, 가장 중요한 용도는 젓갈이었다. 밴댕이젓갈(蘇魚醢)의 왕실 조달을 위해 사옹원(司饔院)은 밴댕이를 잡기 위한 직소(職所)인 소어소(蘇魚所)를 경기도 안산(安山)에 두고 밴댕이 잡이를 나라에서 직접 관리했다. 소어소는 소에 소속된 어민과 어장을 관리하면서 잡힌 밴댕이를 거두어 사옹원에 바쳤고, 운영 방법은 양천에 두었던 위어소(葦魚所)와 같았다. 왕조실록에도 소어소의 관리가 제때 밴댕이를 바치지 못해 애타하는 기록이 남아있다. 밴댕이의 제철이 가을이어서 밴댕이젓은 궁중의 김장을 담그는 일과도 관련이 깊었을 것이다.

　밴댕이는 그리 귀한 고기가 아니어서, 서민들의 생활과도 밀접하게 맺어져있다. 밴댕이를 읊은 성호 이익의 시를 살펴보자.

〈한가롭게 살며 쓴 20수 중 9수〉

손바닥만 한 농사를 지어 굶주림 겨우 면하는데,
밭에는 여러 맛난 푸성귀가 있어 살찌는 것 돕는다네.
듣자니 포구에 고기잡이 어선이 들어왔대서,
밴댕이 한 다래끼 사가지고 돌아왔지.
〈閒居雜詠二十首, 九首〉 李瀷(1681~1763, 星湖集卷之五)
瓶粟經營免苦饑, 田蔬多味助身肥. 傳聞浦口漁舠入, 又貰䱁魚一篝歸.

시인은 가난하게 살고 있다. 첫 구의 병조(瓶粟)는 항아리에 담긴 곡식을 말하는데, 그 항아리가 작았기에 병이라 표현한 것이고, 농사가 작거나 식량이 넉넉지 않다는 뜻일 게다. 다행이 밭에서 푸성귀가 많이 나와 끼니에 도움이 된단다. 포구에 밴댕이 잡은 배가 들어왔음을 듣고는 한 다래끼 사올 궁리를 한다. 가난한 살림이나마 오랜만에 비린 맛을 보려는 것이다. 이처럼 밴댕이는 우리네 서민들의 실생활과 깊이 맺어져 있는 물고기이다.

밴댕이는 물밖에 나오면 성질이 급해 곧 죽어버린다. 그래서 어부들조차도 살아있는 밴댕이를 쉽게 볼 수 없다 한다. 게다가 살이 물러서 쉽게 부패하기 때문에 생물 밴댕이회를 먹으려면 제철을 만나야 한다. 싱싱한 것을 구하기가 워낙 어려워 '밴댕이회는 임금님도 못 먹는다.'는 속담이 있을 정도이다. 그래서 성질이 급하고, 속이 좁아 작은 일에 흥분하는 사람을 '밴댕이 소갈머리 같다.'고 부르는 속담까지 있다.

밴댕이를 읊은 시 한 수.

〈밴댕이〉

절후가 단오절에 가까워지면,
어선이 바닷가에 들어차지.
밴댕이가 어시장에 가득 나와,
은빛 모습이 촌락에 깔렸네.
상추쌈으로 먹으면 맛이 으뜸이고,
보리밥에 먹어도 맛이 좋아라.

시골 농가에 이것이 없으면,
비린 맛을 알 사람이 드물리라.
〈蘇魚〉 李應禧(1579~1651, 玉潭詩集 玉潭私集)
月近端陽節, 漁船滿海湄. 蘇魚塡市口, 銀雪布村岐.
味絶包苣食, 甘多麥飯時. 田家無此物, 鮮味少能知.

시에서는 서민의 비린 음식으로 밴댕이를 칭송하고 있다. 가난한 시절 보리밥에 밴댕이 쌈장으로 상추쌈을 먹는 모습이 구수하기만 하다. 밴댕이가 없었으면 서민들은 비린 생선 맛을 보기 어려웠을 것이라는 구절에 머리가 끄덕여진다. 예전에도 밴댕이로 쌈장을 만들어 먹었나보다. 이번 시는 밴댕이 쌈장으로 상추쌈을 먹는 장면을 좀 더 구체적으로 읊고 있다.

〈길 가던 중 쓴 시 중 1수〉

흰밥에 푸른 상추쌈 점심 끼니에 족하니,
밴댕이 쌈장에 몽글려서 먹는구나.
입을 벌리다 생각지 않게 갓끈이 끊어지니,
무슨 일인가, 머리 모아 크게 웃는구나.
〈道中襆詠, 二首中一〉 趙秀三(1762~1849, 秋齋集卷之四)
白飯靑萵飼午宜, 蘇魚煮醬蘸毬兒. 口張不覺冠纓絶, 何事齊髦大笑時.

시인은 여행 중에 점심 식사를 한 모양이다. 남자끼리 모인 격식 있는 자리인지 갓을 벗지 않고 여럿이 모여 앉은 것이다. 흰

밥에 찬으로 상추쌈이 나오고 밴댕이와 된장을 끓인 쌈장도 올라 있다. 널직한 상추잎에 밥을 한 숟갈 듬뿍 놓고, 쌈장을 찍어 싼 다음 입을 크게 벌리고 먹는다. 쌈이 커서인지 입을 크게 벌리다 턱에 걸어 매어 놓은 갓끈이 끊어지고, 그 소리에 주위 사람이 무슨 일인가 바라보고는 일제히 웃음이 터진다. 유쾌한 장면이다. 설마 갓끈이 끊어졌을까? 턱에 걸려 있던 갓끈이 턱, 하고 벗겨진 것일지도 모른다.

옛 시에서 우리 선조들도 상추쌈을 밴댕이 쌈장에 찍어 먹었다는 것을 확인하고, 싱겁게 웃어 본다.

31. 도미 禿尾魚

도미는 옛글에 독미어(禿尾魚)라 기록되어 있다. 그러나 도미는 특정 물고기의 이름이 아니라 도미 종류를 통틀어 말하는 총칭이다. 확실히 말하면 어류도감에 '도미란 물고기는 없는' 것이다. 대신 참돔, 감성돔, 붉돔, 청돔, 황돔, 긴꼬리돔, 줄돔 등등 여러 가지 물고기가 도미과에 속한다. 그 중에서도 참돔(眞鯛)은 도미과 물고기의 대표 주자이고 독미어(禿尾魚)로 불렸던 것이다.

맛있는 물고기를 강조해서 '썩어도 준치'란 말이 있다. 일본에는 비슷한 말로 '썩어도 도미'란 말이 있다. 이처럼 도미는 맛있는 물고기 종류인 것이다. 민물낚시에서 붕어가 대표적인 대상어인 만큼, 바다낚시에서는 도미류가 주 대상어가 되고 있다.

우리나라 옛 문헌 중에는 도미의 한자 이름이 편어(鯿魚)인 것으로 잘못 알려져 있기도 하다(『廣才物譜』). 그러나 중국의 편어는 민물고기이여서 도미라고는 볼 수 없다. 다산 정약용은 해즉(海鯽)을 도미라 비정하고 있다('海鯽者, 俗所謂道味也.'『雅言覺非』). 유득공(柳得恭)이 중국 북경에 가서 이정원(李鼎元)이란 중국인과 대화한 기록에서도 그것을 확인할 수 있다. 유득공은 중국에서 찐 생선을 먹게 되어 그 이름을 물었다(『燕臺再遊錄』).
"이곳에서는 해즉(海鯽)이라 일컬으며 속명(俗名)은 대두어(大頭魚)라 하오. 귀국에서는 무어라 하지요?"
"우리나라에는 이 생선이 몹시 많으며 이름을 독미어(禿尾魚)라 하지요. 두초당(杜草堂)[51]의 시에 이른바, 서주 독미도 나을 게 없다는 것이 바로 이것이지요."
"이 고기는 머리가 제일 맛있다지만, 묘한 맛은 바로 두 눈알에 있거든요."

지금도 도미는 맛있는 고기요, 고급 어종이다. 그런데 유득공의 기록에 나온 것처럼 도미의 가장 맛있는 부분은 과연 눈일까? 도미는 머리 부분이 가장 맛있는 것으로 알려져 있다. '어두일미(魚頭一味)'란 말도 도미에서 유래되었다 한다. 그런데 도미의 눈에는 비타민B_1이 다량 함유되어 있어 피로회복에 좋고 '먼저 본 사람이 임자'라 할 만큼 식탁에서 인기가 있다고 한다(이두석 외, 2006).

---

[51] 두보(杜甫, 712~770)의 호이다. 시성(詩聖)이라 불렸던 성당시대(盛唐時代)의 시인이다.

『우해이어보』에 도미의 성상을 묘사하는 가운데, 감성돔 낚시가 묘사되어 있다.

"감성돔은 금빛 붕어와 비슷하지만 약간 작다. 비늘이 온통 흰색이라 찬란한 은(銀)과 같으며, 눈은 엷은 분홍색이다. 입은 매우 좁고 작아서 미끼를 물으면 뱉어 낼 수 없기 때문에, 낚시하는 사람들은 백 번 중에 한 번도 놓치는 실수가 없다. 지느러미는 칼처럼 억세고 날카로워 낚시로 잡을 때에는 잘못해서 건드리면 반드시 손을 다치게 된다."

『우해이어보』에는 감성돔 비슷한 종류에 토감(土鈕)이라는 근연종이 있다고 병기하고는 다음 시를 붙이고 있다.

〈감성돔〉

푸른 단풍나무 붉어지고 이슬은 짙어가니,
고저암(高翥巖) 어귀에는 봄 물결이 이네.
지는 해 파도에 비치면 고기가 잘 물리지,
고운 빛깔 낚싯대 던져서 감성돔 올려보세.
〈牛山雜曲, 鈾鮢.〉 金鑢(1766~1822, 藫庭遺藁卷之八)
靑楓葉赤露華濃, 高翥巖頭水正春. 斜日照波魚善食, 彩竿飛上稬鈾鮢.

시인 김려는 귀양살이를 하면서 진해에 있는 물고기에 대해 『우해이어보』를 저술했다. 도미 시에서 보듯이 시인이 도미가 잡히는 계절, 하루 중 도미 입질이 활발한 시간까지 잘 알고 있음을 볼 수 있다.

32. 청어 青魚

청어(青魚)는 청어목 청어과의 물고기로 크기가 최대 46cm 정도로 그다지 큰 고기는 아니다. 한국 연근해 등에 광범위하게 분포하는 냉수성 어종으로 수온이 2~10℃인 저층 냉수대에서 서식한다. 산란기는 겨울에서 봄 사이이며, 외해에서 연안 또는 내만의 암초 지역이나 해조류가 분포한 지역으로 이동하여 산란한다.

청어는 『난호어명고』에 '비웃'이라고 기록되어 있고, 옛글에 '비운'으로 기록되어 있기도 하다(『훈몽자회』). 『재물보』에는 별칭을 누어(鱫魚)라 하였고, 『명물기략(名物紀略)』[52]에는 값싸고

---

[52] 1870년경에 나온 우리나라 음식에 대해 소개서

맛이 있어 가난한 선비들이 잘 사먹는 물고기라 하여, 선비들을 살찌게 하는 물고기라는 뜻의 '비유어(肥儒魚)'로 기록되어 있다.

　동해안에서는 등어, 전남에서는 고심청어, 경북에서는 눈검쟁이, 푸주치로 불리며, 서울에서는 크기가 크고 알을 품은 청어를 구구대라 한다. 또 고심청어, 갈청어라는 별칭도 있다.

　『신증동국여지승람』에는 전국의 연안에서 잡혔던 것으로 기록되어 있으나, 냉수대에 사는 어종이라 해류 변화에 따라서 풍흉차가 심했고, 가격 등락이 있었을 수밖에 없었다. 목은 이색이 청어를 두고 지은 시가 있다.

〈청어〉
쌀 한 말에 청어가 스무 마리 남짓인데,
익혀오매 흰 주발에 채소 쟁반이 비치네.
세상에 맛 좋은 물건들이 응당 많으리라,
산더미 같은 흰 물결이 허공을 치는 곳엔.
〈賦靑魚〉 李穡(1328~1396, 牧隱詩藁卷之十四)
斗米靑魚二十餘, 烹來雪盌照盤蔬. 人間雋永應多物, 白浪如山擊大虛.

　쌀 한 말에 청어가 스무 마리란다. 값이 싼 것일까, 비싼 것일까? 목은은 청어를 안주로 술 먹기를 즐겼기에, '향기로운 동이를 기울여 술을 따르고, 좋은 안주로 청어를 구웠구려'('芳樽傾綠蟻, 鮮食炙靑魚.', 牧隱詩藁卷之七)라는 시구를 남기기도 했다. 또 반찬으로도 무척이나 청어를 좋아한 모양이어 이런 시도 남기고 있다.

〈달력과 청어를 받고〉

하루하루 살아갈 때 없어선 안 될 건 달력이요,
하루 식사 밥맛을 돋궈주는 게 청어로다.
달력을 보면 길일 흉일 훤히 눈에 들어오고,
청어를 먹으면 내장에 원기가 충만해지네.
〈金恭立以曆日相送, 且饋靑魚.〉李穡(1328~1396, 牧隱詩藁卷之三十一)
黃曆資日用, 靑魚助晨湌. 吉凶判在目, 氣味充於肝.

입맛을 돋궈주고 몸에 원기를 채워주는 청어 가격이 오르면 즐겨 먹던 사람은 서운했으리라. 후일 목은의 글을 보고 쓴 허균(許筠)의 글이 있다.
"청어는 네 종류가 있다. 북도에서 나는 것은 크고 배가 희고, 경상도에서 잡히는 것은 등이 검고 배가 붉다. 호남에서 잡히는 것은 조금 작고 해주(海州)에서는 2월에 잡히는데 매우 맛이 좋다. 옛날에는 매우 흔했으나 고려 말에는 쌀 한 말에 20마리밖에 주지 않았으므로, 목은이 시를 지어 그를 한탄하였으니 즉, 난리가 나고 나라가 황폐해져서 모든 물건이 부족하기 때문에 청어도 귀해진 것을 탄식한 것이다. 명종 이전만 해도 쌀 한 말에 50마리였는데 지금은 전혀 잡히지 않으니 괴이하다(『屠門大嚼』)."

허균의 글에 청어 종류를 논한 것은 종류 차이라기보다는, 청어가 해류를 따라 북상하면서 성장한 결과로 볼 수 있을 것이요,

전란으로 인해 청어가 귀해졌다기보다는 해류 변화로 청어가 잘 잡히지 않게 되었기 때문으로 보인다. 이점에 대해서는 성호 이익(李瀷)이 더 명쾌한 결론을 내리고 있다.

"지금 생산되는 청어는 옛날에도 있었는지 없었는지 알 수 없다. 그러나 해마다 가을철이 되면 함경도에서 생산되고 있는데, 형체가 아주 크게 생겼다. 추운 겨울이 되면 경상도에서 생산되고 봄이 되면 차츰 전라도와 충청도로 옮겨 간다. 봄과 여름 사이에는 황해도에서 생산되는데, 차츰 서쪽으로 옮겨짐에 따라 점점 잘아져서 흔해지기 때문에 사람마다 먹지 않는 이가 없는 것이다. 『징비록(懲毖錄)』53에, '해주(海州)에서 나던 청어는 요즈음 와서 10년이 넘도록 근절되어 생산되지 않고 요동(遼東) 바다로 옮겨가서 생산되는바, 요동 사람은 이 청어를 신어(新魚)라고 한다.'고 하였다. 이로써 본다면 그 당시에는 오직 해주에서만 청어가 있었다는 사실을 알 수 있다. 이 물고기 따위는 매양 시대의 풍토와 기후를 따라 다니기 때문에 요즈음 와서는 이 청어가 서해에서 아주 많이 난다고 하니, 또 저 요동에도 이 청어가 있는지 없는지 알 수 없다(『星湖僿說』第六卷 萬物門)."

추사 김정희도 청어 시를 통해 당시 여항의 풍물을 맛깔스럽게 읊고 있다.

---

53 서애 유성룡(1542~1607)이 임진왜란 때의 나라 사정을 기록한 책.

〈청어〉

어선에 실린 청어 온 성에 그득하니,
살구꽃 봄비 내리는데 장사꾼이 외치는구나.
구워 놓으니 해마다 먹던 맛 그대론데,
새 철이라 눈이 끌려 각별한 맘이 드네.
〈靑魚〉 金正喜(1786~1856, 阮堂集第十卷)
海舶靑魚滿一城, 杏花春雨販夫聲. 炙來不過常年味, 眼逐時新別有情.

청어 글을 시간 순서대로 살펴보면 이색(李穡, 1328~1396) 때에는 쌀 한 말에 20마리, 명종(明宗, 1534~1567) 때는 쌀 한 말에 50마리, 유성룡(柳成龍, 1542~1607)이 『징비록』을 쓴 1600년경에는 청어가 잡히지 않았다 한다. 이익(李瀷, 1681~1763)은 '서해에서 아주 많이 난다'고 하였고, 김정희(金正喜, 1786~1856)는 청어가 온 성에 가득했다고 표현하고 있다. 1700년대에는 청어가 대풍이었던 모양이다. 이처럼 청어는 풍흉이 심한 고기이며, 한때는 온 나라에 썩어날 만큼 청어가 잡혔으나, 요즘에는 보기 힘들어졌다.

청어는 바다의 한류(寒流)에서 사는 어종이다. 따라서 한류가 우리나라 연안에 접근하면 청어가 많이 잡히고, 한류가 우리 연안에서 멀어지면 사라져버린다. 1700년대는 세계적으로 소빙기(小氷期, little ice age)[54]였고 북양의 찬 해류가 우리나라 연안까

---

54 역사시대에서 지구 전체로 빙하가 신장한 저온기를 말하며, 16세기 말에 시작되어 1560년, 1750년, 1850년쯤에 빙하가 최대가 되었다.

지 밀려오게 되었고, 청어도 한류를 따라 우리 연안바다에 흔해진 것이다. 또 소빙기가 지나자 청어는 한류를 따라 북양으로 사리지게 되었다.

『난호어명고』에서는 중국 문헌을 인용하여 청어는 "환어(鯇魚)[55]와 비슷하나 등이 새파란 색이고 머릿속에 침골(枕骨)이 있는데 삶아서 햇볕에 말리면 호박(琥珀)과 같다. 불에 달구어 두들겨 술그릇이나 빗을 만들 수 있다."라고 하며, 우리 청어와 다른 점을 강조하고 있다.

서유구는 『난호어명고』에서 '중국에서 나는 것 중 보지 못하는 것'에서 청어(靑魚)를 다시 논하고 있다.
"중국 청어가 우리 청어와 다른 것은, 중국 청어는 강에서 나고 우리 청어는 바다가 아니면 없으며, 중국 청어는 사시사철 모두 있지만 우리 청어는 겨울과 봄이 아니면 없고 또 침골로 기물을 만들 수 없다. 아마 우리 강이나 하천에도 청어의 종류가 있겠지만, 사람들이 매일 쓰면서도 알지 못하는 것이 아닐까 싶다." 라고 고찰하고 있다. 중국 고문헌에 나오는 청어가 우리 바닷물고기와 다른 것을 알지만, 혹시 우리 물에서 나오는 것이 아닌가, 미련을 두고 있다. 그러나 중국의 청어는 우리 바닷물고기인 청어와 같은 것이 아니었다.

청어의 머리뼈를 가지고 여러 기구를 만들 수 있다 하니, 상당히 큰 물고기이어야 한다. 그런데 중국에는 실제로 청어(靑魚)라

---

[55] 오늘날의 초어로 추정되는 대형 민물고기이다.

하는 대형 민물고기가 있고, 2009년에는 그 청어와 관련되어 흥미있는 중국의 신문기사가 있었다. 2009년 7월 17일, 중국 썬양시(沈陽市) 치판산(棋盤山) 호수에서 길이 180cm, 무게 77kg에 이르는 대형 청어가 잡혔다고 중국 언론들이 보도했다. 치판산 지역 관계자는 "1976년 이 호수가 만들어 질 때 청어를 비롯해 4대 민물 치어를 방류했는데 이번에 잡힌 청어가 당시 방류됐던 치어들 중 한 마리일 것으로 추정된다."고 말했다. 실제로 이 대형 청어는 지난 30년간 이 호수에서 잡힌 물고기 중 가장 큰 것이며, 나이는 30세가 넘었을 것으로 추정돼 이 같은 사실이 설득력을 얻고 있다

중국 신문 기사 원문은 '심양청어왕, 추종지일(沈陽靑魚王, 追蹤之一)', '칭왕칭패적, 대청어(稱王稱霸的, 大靑魚)'라고 보도되었다. 물고기에 '왕'이니, '패'니 하는 이름을 쓰는 것은 워낙 크다는 중국다운 허풍스러운 표현이다. 중국의 민물청어의 학명을 확인하지는 못했으나, 현지의 보도사진으로는 초어와 비슷한 모양으로 보였다(그림 6).

<그림 6> 중국의 민물고기 청어

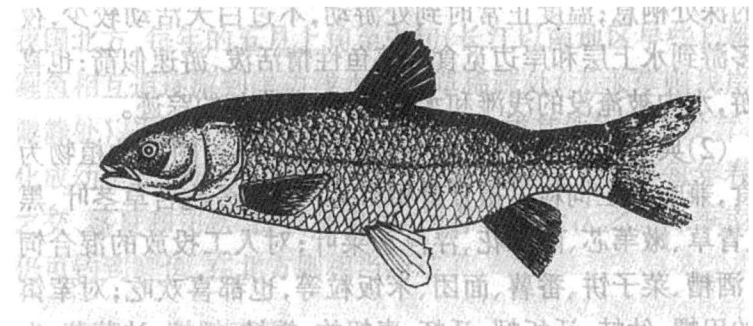

중국 청어와는 달리 해역이 우리와 같은 일본의 『화한삼재도회(和漢三才圖會)』에 인용된 청어는 우리의 바다 청어와 같은 것이다. 중국 민물청어와 혼동이 있기에 『우해이어보』와 『화한삼재도회』에서는 청어를 '진청(眞鯖)'이라고 표현하고 있다.

겨울에 잡은 청어를 배를 따지 않고 소금을 치지도 않은 채 그대로 엮어 그늘진 곳에서 겨우내 얼렸다 말리기를 반복하는 것은 '냉훈법(冷燻法)'이라는 가공법으로 식품을 장기간 저장할 수 있게 한다. 북한말로는 이런 가공법을 '얼말림 식품'이라 한다. 청어를 눈을 꿰어 엮어 말린 것이 속칭 '관목(貫目)'이며 오늘날 '과메기'라고 부르는 것이다. 그러나 청어가 귀해짐에 따라 그 자리를 꽁치가 대신하고 있다.

청어와 관련된 속담이 있다. '비웃 두름 엮듯'이란 속담은 '한 줄에 잇대어 달아서 묶은 모양'을 비유적으로 이르는 말이다. 죄인들이 오라에 줄줄이 엮여 잡혀갔다는 식의 표현으로 요즘에는 여간해서 듣기 어려운 말이 되었다. '청어 굽는 데 된장 칠하듯'은 살짝 보기 좋게 바르지 않고 더덕더덕 더께가 앉도록 발라서 몹시 보기 흉함을 비유적으로 이르는 말이다. 그러나 된장을 예쁘게 바른다고, 청어 맛이 날까. 된장을 청어에 척척 바르는 것이 거칠어 보이지만, 그래야 제맛이 날지도 모른다.

『우해이어보』에 실린 청어 시를 감상해 본다.

〈청어〉

어부가 포구 앞 조각배에서,

한 자 반짜리 청어를 낚아 올렸네.
어부여 포구에서 청어 파는 것을 두려워 마라,
지금은 한나라 때 귀족들도 없지 않은가.
〈牛山雜曲, 鯖〉 金鑢(1766~1822, 藫庭遺藁卷之八)
黃胥灘前一扁舟, 眞鯖尺半上寒鉤. 漁郎莫怕津頭賣, 豪貴今無漢五侯.

● 黃胥灘: 담정의 다른 시에 '배가 황서락에 묵었다(舟宿黃胥灘)'는 구절이 있어 포구로 보인다.

김려(金鑢)가 어부의 배에서 묵으며 써준 시이다. 원 시에는 청어에 대한 설명도 같이 있다. "진청(眞鯖)은 청어(鯖魚)이다. 길이는 한 자 반 정도이고, 맛이 달고 부드럽다. 구워먹으면 맛이 매우 좋아 참으로 귀한 것이다. 우리나라 사람들은 해주의 청어를 제일로 친다."고 하였다. 한오후(漢五侯)에 대해서는 "중국 한나라 성제(成帝) 때 5명의 제후가 매우 사치스러워 청어를 좋아했다. 그래서 후인들이 귀한 물건을 '오후청(五候鯖)'이라 불렀다 한다."고 설명하고 있다.

그런데 오후청은 중국의 고급요리 이름으로 '열구자탕 비슷하게 어육(魚肉) 등을 섞어 조리한 요리'를 말하기도 한다. 이름에 청(靑, 鯖)자가 들었지만 우리 바다청어가 아닌 중국 민물고기 청어가 들어가 있을 수도 있다.

아무튼 오후청이라 함은 진귀한 물고기 혹은 진귀한 요리로 호사가들이 즐겼다는 뜻일 게다.

33. 가자미 鰈魚

 옛글에 접어(鰈魚), 그리고 한글 이름으로 '가즈미'로 기록된 고기는 가자미 종류를 이르는 것이다.
 가자미는 가자미과의 물고기인 가시가자미, 줄가자미, 눈가자미, 기름가자미, 홍가자미, 용가자미, 돌가자미, 참가자미, 노랑가자미 등등 여러 가지를 통틀어 부르는 이름이다. 이들은 대체로 몸이 납작하여 타원형에 가깝고, 두 눈이 한쪽에 몰려 붙어 있으며 넙치보다 몸이 작다.
 가자미류는 가자미목에 속하는 넙치류, 가자미류, 서대류 등을 모두 포함하며, 넙치, 도다리, 서대 등 별도의 이름으로 불리는 몇 종을 제외하고는 모두 가자미로 총칭된다. 세계적으로 망둑어 종류 다음으로 종이 많아 520여종에 달하며 우리나라에서도 서대류, 넙치류를 제외하고도 30여종이 알려져 있다.

어류분류학이 발전하지 못한 시대에는 가자미, 넙치, 서대를 모두 몰아 한자어로 비목어(比目魚) 또는 접(鰈)이라 하였다. 『지봉유설』에는 "비목어는 일명 접(鰈), 일명 겸(鰜)이라고도 하며 비목어는 동해에서 나므로 우리나라를 접역(鰈域)이라 부른다. 그리고 세상에서 가자미(加佐魚)를 접(鰈: 가자미 접)이라 부르는데 광어(廣魚)와 설어(舌魚: 서대) 모두가 접류(鰈類)이다."라고 하였다.

또 『자산어보』에서는 가자미, 넙치, 서대류를 합쳐서 접어(鰈魚)라고 했고 속명을 광어(廣魚), 작은 것(小鰈)을 가자미라고 기록하고 있다. 정약용도 "접어는 광어라 하며, 그 작은 것은 가자미(加佐味)라 한다(『雅言覺非』卷三)."고 기록하고 있다. 역시 광어와 가자미 종류까지 구분할 정도까지 어류분류학이 발달하지 못했던 소치이다. 또 구태여 구분할 필요도 없었을지도 모른다.

근연종인 넙치와 같이 가자미 종류의 성어는 몸이 달걀 모양이고 매우 납작하다. 몸은 한쪽이 거무스름하고 다른 쪽은 희다. 검은 쪽에 두 눈이 접근해 있으며, 눈이 있는 쪽을 위로 향하고 바다 밑에서 산다. 또 눈이 있는 쪽은 주위의 색에 따라 변하여 보호색이 되는 종류도 많다. 가자미류는 몸의 오른쪽에 눈이 있고 넙치류는 몸의 왼쪽에 눈이 있는 것이 보통이다.

가자미가 부화되었을 때는 머리의 양측에 1개씩의 눈이 있지만, 성장함에 따라 왼쪽 눈이 머리의 배면을 돌아 오른쪽 눈에 접근해 온다. 이때부터 치어는 몸의 오른쪽을 위로해서 바닥에 눕게 되며, 몸 빛깔도 좌우가 각각 달라진다.

고대 중국인들은 동쪽 바다에 '눈이 하나인 물고기' 혹은 '몸이 반쪽인 물고기'가 있다고 믿었다. 그래서 두 마리가 합쳐져야 돌아다닐 수 있다고 보았다. 이러한 물고기인 비목어(比目魚), 즉 접어가 사는 바다를 접해(鰈海)라 했던 것이고, 우리나라를 접역(鰈域)이고 부른 것이다. 중국 입장에서 그냥 동쪽바다라 하나, 우리나라에서도 가자미 종류는 동해에서 많이 난다. 중국인들에게 동해는 정말 먼 바다이고, 가자미는 흔히 볼 수 없고, 구전으로만 들은 이상한 물고기일 수밖에 없어 황당한 이야기가 모여져 환상적인 기록을 만들어 낸 것이다.

『난호어명고』에서는 가자미의 다른 이름인 비목어를 고증하고 있다. 그리고는『한서(漢書)』와『시경(詩經』이아(爾雅)에 나오는 비목어가 실제는 눈이 둘이어서, '반쪽 고기'라는 것은 허황한 이야기라고 정의하고 있다. 성호 이익도 가자미는 "생김새가 둥글고 비늘은 잘며 등은 검고 배는 희다. 입은 한쪽 옆으로 있으며 두 눈은 등 위에 있으므로, 사람으로서 볼 때는 마치 두 마리가 서로 나란히 다니는 듯 하지만 실상은 그렇지 않다."고 기록하고 있다. 당연한 말이다.

『난호어명고』에는 비목어 뿐만 아니라 남방의 비익조(比翼鳥), 북방의 비견민(比肩民) 등이 언급되어 있다. 내친 김에 이것들도 살펴보자. 겸(鶼)이란 새는 눈 하나와 날개 하나만 있기 때문에 암수 두 마리가 서로 나란히 해야만 비로소 두 날개를 이루어 날 수 있다고 한다. 바로 비익조(比翼鳥)이다. 중국의 아득한 북방에 사는 비견민(比肩民)은 다리와 어깨가 반쪽이어서 둘이 의지해야만 걸을 수 있다고 한다. 모두 『산해경(山海經)』과 같은 괴이하고, 황당한 기록들만 모은 책에 나오는 것들이다.

중국의 신화에 어찌 묘사되었든 가자미는 우리나라에 흔한 물고기였다. 가자미를 읊은 시를 살펴보자.

〈가자미〉

우리나라엔 가자미가 흔해서,
어부들이 힘 안 들이고 잡누나.
금방 잡았을 땐 신선해 먹을 만하고,
수레에 실으면 냄새 나 옮기기 어렵네.
꼭꼭 씹으면 사슴 뼈와 같고,
구울 땐 껍질을 벗겨야 하네.
이 가운데 잔 맛이 있는데,
오직 시골 늙은이가 알 뿐이지.
〈鰈魚〉 李應禧(1579~1651, 玉潭詩集 玉潭私集)
有鰈東方賤, 漁人捕不疲. 網頭鮮可食, 車載臭難移.
軋嚼徒鹿骨, 燔餤但薄皮. 此中些少味, 惟有野翁知.

시에서는 가자미가 우리 연해에서 많이 잡히고, 맛도 좋음을 읊고 있다. '수레에 실으면 냄새 나 옮기기 어렵다'는 구절은 가자미가 살이 연해 상하기 쉬운 것을 말하는 것이다. 그래도 가자미는 수수하지만 그런대로 맛있는 것으로 묘사되고 있다.

　가자미는 등에 두 눈이 나란히 붙어 있어 사팔눈처럼 보인다. 가자미는 불효하여 항상 부모 말을 안 듣거나, 부모가 이야기하면 못마땅하여 눈을 흘기다가 벌을 받아 눈이 그렇게 되었다고 한다. 눈을 잘 흘기는 사람의 눈을 '가자미눈'이라 부른다. 또 눈을 흘기는 것만 아니라 눈살에 힘을 주고 한 곳을 주시함도 가자미눈으로 표현된다. 다산 정약용이 활 쏘는 모습을 '시기하는 심통들 원숭이 비슷하고, 제 편 성원하는 눈들 가자미 눈알 같아(猜疑心似玃, 朋比眼如鰈.)'라고 읊고 있다('夏日竹欄小集射韻', 與猶堂全書).

　가자미가 눈모양이 그렇든, 모로 헤엄을 치던 간에 비목(比目)이라는 이름 때문에 남녀 간의 애틋한 정을 뜻하는 아름다운 사연을 얻고 있다. 비린내 나는 생선은 잠시 잊고 비목지어(比目之魚)의 애틋한 사연을 감상해 보자. 상촌 신흠이 고악부체로 쓴 시이다.

〈맹주(孟珠) 10수 중 6〉

이별이 있는 줄을 모르거니,
길이 서로 그리워함을 어찌 알리오.
스스로 비목어에 비유를 하고,
또한 연리지에도 비유를 한다오.
〈孟珠十首, 六〉申欽(1566~1628, 象村稿卷之四)
不解有離別, 焉識長相思. 自擬比目魚, 亦擬連理枝.

젊은 처자의 연정을 읊은 긴 시로 비목어가 나오는 장면이다. 연리지(連理枝)는 '뿌리가 다른 나뭇가지가 서로 엉켜 마치 한 나무처럼 자라는 현상'으로 남녀 간의 사랑 혹은 부부애가 극진한 것을 비유한다. 이 아름다운 시를 시구를 보면서 사팔눈의 가자미를 연상하는 사람은 없을 것이다.

연리지는 '한 나무의 가지가 다른 나무의 가지와 연하여 목리(木理)를 통하는 것'이라고 하지만, 두 나무가 겹쳐 자라는 경우 한 나무는 생육에 지장을 받아 오래 살 수 없다. 아름다운 상상이지만 현실에는 차이가 있는 것이다.

34. 서대 舌魚

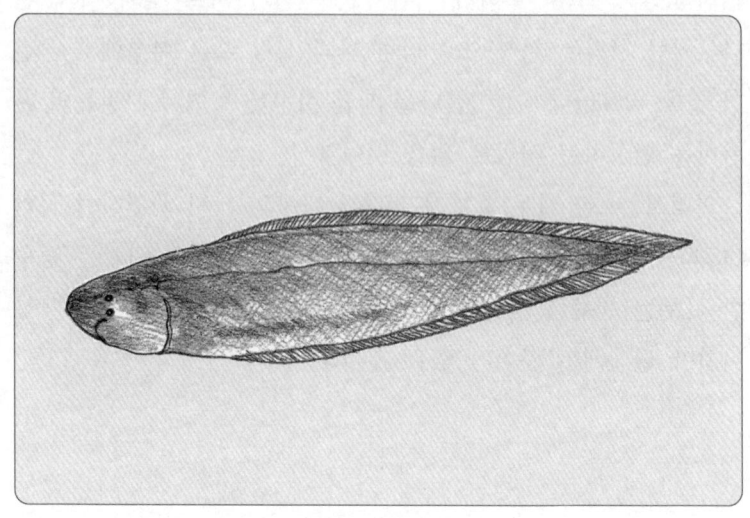

『난호어명고』에 설어(舌魚), 한글로 '셔딘'로 기록된 고기는 서대로서 특정 고기의 이름이 아니고 참서대과의 전부를 말하는 총칭이다. 참서대과 고기에는 참서대, 용서대, 물서대, 칠서대, 개서대, 박대, 흑대기, 보섭서대 등이 있고, 그 중 참서대가 가장 일반적으로 알려져 있다. 옛 어보의 설어는 대체로 참서대로 비정될 수 있으며(정문기, 2005), 서대류 중에서 가장 맛이 좋다.

참서대는 가자미목 참서대과의 바닷물고기로 눈은 왼쪽에 치우쳐 있으며, 바닥이 모래가 섞인 갯벌 수심 70m 이내의 바다 밑바닥에 붙어서 생활한다. 참서대는 서대류 중에서 가장 맛이 좋은 흰살 생선으로서 회뿐만 아니라 조림이나 구이, 찜, 찌개 등으로 먹으며 6~10월이 제철이다. 채소와 함께 양념한 서대무침은 한여름의 별미이다. 그래서 '오뉴월 서대는 잠자는 자리 뻘도 맛있다'는 속담도 있다.

한 인터넷 백과사전에 참서대를 "『자산어보』에는 장접이라 하고, 모양이 가죽신 바닥과 비슷하다 하여 속명을 혜대어라 하였다."고 되어 있으나, 실은 『자산어보』의 장접(長鰈, 속명 鞋帶魚)은 넙치가자미 종류이지, 서대(牛舌鰈)는 아니다(정문기역, 『자산어보』).

『성호사설』에, "지금 서해(西海) 가운데는 설어(舌魚)란 고기가 있는데, 역시 눈은 등에 있고 입은 옆에 있는 것이 가자미와 흡사하고, 길쭉한 모습이 위(胃) 위에 있는 지라와 같다."고 서대를 설명하고 있다(萬物門). 그러나 『오주연문장전산고』에서는 비목어(比目魚)를 설명하면서, "지봉(芝峯) 이수광(李睟光)의 『유설(類說)』에는 가자미(加佐魚)를 접(鰈)이라고 하였으나, 광어(廣魚)·설어(舌魚) 같은 종류는 모두 접(鰈)이다."라고 인용하였는데 이는 중국 고문헌을 답습하여 오류를 범한 것이다. 가자미 종류는 비목어라 불렸으나, 서대는 접(鰈)과는 다른 것이다.

궁중에서 왕이 신하에게 물품을 하사한 기록이 많다. 그 중 정조 때 유명한 재상인 번암 채제공(蔡濟恭)이 왕으로부터 서대 한 마리를 하사받고 쓴 글이 있다.

"임금께서 서대 한 마리를 보내오다. 가지고 온 관리가 유시하기를 '이 고기는 선대왕이 즐겨 드시던 것으로, 지금 궁중에서 구하고는 보배롭게 여기는 것이다. 경은 모름지기 이 뜻을 살펴 남김

없이 먹기 바란다.'고 하였다. 슬픈 생각을 이기지 못하여 눈물을 닦으며 이글을 쓴다(樊巖集卷之二)."

정조(1752~1800)의 선대왕이라면 영조대왕(1694~1776)이다. 영조가 서대를 즐겨 먹고 보물 같이 여겼다면, 당시에는 서대가 나름 귀한 고기였나보다. 번암이 눈물겨워 한 것은 무슨 연유일까? 은거해 있는 늙은 신하를 배려하는 정조의 마음씨 때문일까, 아니면 돌아간 영조 왕을 그리는 눈물일까?

〈서대 한 마리를 하사받고〉

궁궐의 정은 어디에나 경계가 없으니,
용루에서 온 찬을 보니 아득한 생각뿐.
인간 세상에 창포 김치가 있다면,
시골 땅에서 어떻게 해서 문왕에게 바칠까.
〈上賜舌魚一尾. 使閣吏諭之曰, 此先大王所嘗嗜, 至今宮中得之以爲寶. 卿須悉此意以嘗之. 臣不勝感愴, 抆淚以賦.〉 蔡濟恭(, 1720~1799, 樊巖集卷之二)
宸情無處不羹墻, 視膳龍樓事渺茫. 惟有人間昌歜在, 雲鄕何以獻文王.

시인은 향리에서 칩거 중인데 왕이 귀한 서대를 챙겨 보내줌에 감사의 정을 표하는 것이다. 정조의 은근한 정이 시인의 눈물을 자아 낸 모양이다. 중국 주(周) 나라의 시조인 주문왕은 평소에 창포로 담근 김치인 창촉(昌歜)을 좋아했기 때문에 공자가 문왕을 사모하여 창촉을 즐겨 먹었다 한다. 시인은 서대를 받고 창촉이란 김치를 대신 내세워 정조 왕을 현명한 군주라 치켜 올리고, 또 자신의 고마움을 곡진하게 표하는 것이다. 선물로 받은 서대 한 마리가 큰 사연을 남기고 있다.

영재 유득공이 선물로 받은 물고기에 대해 읊은 시에도 서대가 나온다.

〈성주부에게 받은 네 가지 고기 중 서대〉
일찍이 지봉유설을 보았는데,
서대 역시 가자미 종류라네.
낙랑에는 접어 종류가 많다는데,
땅마다 고기 이름 부르는 연유가 있구려.
〈成主簿餉四種魚, 舌魚〉柳得恭(1748~1807, 泠齋集卷之五)
曾看芝峰說, 舌魚亦鰈魚. 樂浪多此類, 域號所由歟.

중국 문헌에 '낙랑칠어(樂浪七魚)'란 물고기에 대한 글이 있다. 중국 입장에서 먼 곳인 우리나라에만 나는 물고기를 신기하게 여기며 쓴 글이다. 시인은 『지봉유설』에 나온 비목어와 접어 글을 보고 이름이 붙은 사연에 감심했던 모양이다. 그런데, 『지봉유설』에는 '서대가 가자미와 흡사하다'고 했지만 같은 종류라 하지는 않았다.

35. 광어 廣魚

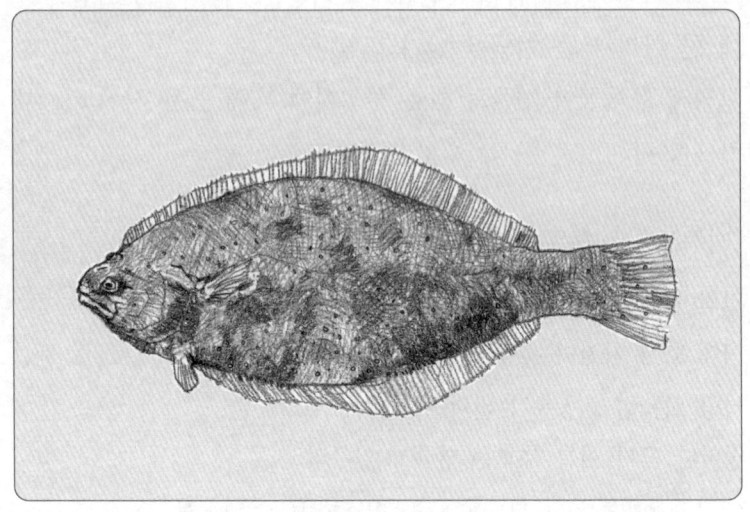

넙치는 횟감으로 유명한 가자미목 넙치과의 바닷물고기이다. 두 눈이 머리의 왼쪽에 쏠려 있고 몸이 납작하며, 가자미와 비슷하게 생기기는 했지만 두 눈이 오른쪽으로 몰려있는 가자미 종류와는 쉽게 구분할 수 있다. 크기는 60~80cm이고, 황갈색 바탕에 짙은 갈색과 흰색 점이 있으나, 배 쪽은 흰색이다. 바다의 모래바닥에 서식하며 우리나라 해역에서 많이 난다.

『난호어명고』에 화제어(華臍魚), 그리고 '넙치'란 한글 이름으로 기록되어 있으며 오늘날 표준명도 넙치이다. 『난호어명고』에 이 고기를 '지금의 광어(廣魚)'라 했는데, 어보를 기술할 당시에도 넙치란 이름보다 광어란 이름이 일반적이었나 보다.

예전에는 넙치를 말려서 먹었으나, 요즘에는 회와 매운탕 감으로 이름나 있다. 넙치란 고기가 있다는 것은 잘 알려져 있지만, '넙치회'란 말은 여간해서는 듣기 어렵다. '광어회'라 해야 누구나 잘 안다.

한때는 도다리 회가 광어회로 둔갑해 팔리기도 했다. 그래서 일반인들은 그 구분에 애를 먹었다. 그래서 '좌도우광'이란 말이 나왔다. 눈의 위치로 넙치 종류와 가자미 종류는 구분할 수 있다는 것이다. 그런데 '우도좌광'이라 부르는 경우도 있다. 영, 헷갈린다.

넙치는 성장하면서 눈이 한쪽으로 몰리는 변태를 하는데 오른쪽 눈이 왼쪽으로 이동한다. 반면 가자미는 왼쪽 눈이 오른쪽으로 이동한다. 그래서 눈과 머리의 방향을 기준으로 '우(右)가자미 좌(左)넙치'라고 구분하는데, 가자미와 넙치의 등 쪽을 위로하고 아가미와 복부를 아래로 두었을 때 넙치는 눈과 머리가 왼쪽에 있다. 그렇다면 일반적으로 알려진 '좌도우광'이 아니라 '우도좌광'이 되는 것인가?

횟집에 가서 광어의 눈 위치를 살펴보았다. 머리를 위쪽으로 놓고 꼬리를 아래로 놓고 보니, 눈이 오른쪽에 있다. 이 위치대로라면 도다리, 가자미의 눈은 왼쪽이 될 것이다. 그러면 '좌도우광'이 맞는 것이다. 어류도감을 살펴보았다. 배를 아래로 놓은 사진에서 넙치의 머리는 왼쪽에 있고, 또 도다리, 가자미 사진은 머리가 오른쪽인 상태로 나와 있다. 머리 방향을 중심으로 보면 '우(右)가자미 좌(左)'넙치가 옳은 것이다. 궁금한 분은 어류도감을 확인해 보시라.

광어와 도다리의 구분이 필요한 것은 더 비싸고, 맛있는 광어회와 값싼 도다리 회를 구분하기 위해서였다. 그런데 요즘은 도다리 값이 광어보다 더 비싸졌다. 넙치의 양식기술이 발달하여 시중의 광어 값이 싸졌고, 상대적으로 도다리 값이 더 비싸진 것이다. 도다리는 양식을 않는 '자연산'이라서 값이 비싼 것이다. 우리네만큼 '자연산'을 선호하는 나라는 드물 것이다. 자연산은 '건강에 좋고, 안전하고, 맛있다.'는 선입관에 잡힌 것 때문이 아닐까? 도다리를 양식하지 않는 이유는 기술상의 문제라기보다는 성어로 키워내는데 3~4년이 걸리기 때문이다. 경제성이 문제가 되는 것 같다.

넙치는 모양이 넓적해서 넙치, 광어이고 영어 이름도 '넙적한 고기(flatfish)'이다. 또 '모양이 금슬(琴瑟)과 같아 금슬어(琴瑟魚)라고 이름지었다'고 하며, 비파어(琵琶魚)란 별명도 있다. 또 넙치를 비목어(比目魚)라 부르는 경우도 있다. 우리 옛 분들도 비목어가 어느 고기인가 많이 헷갈린 모양이다. 허준은 『동의보감』에서 "비목어는 바로 지금의 광어(廣魚)와 설어(舌魚)의 종류이다."라고 하였다. 허균은 "가자미(鰈魚)는 동해에서 많이 난다. 옛날 비목(比目)이라고 한 것이 이것이다."라고 하였다. 접어는 광의로 넙치와 가자미를 같이 부르는 이름이긴 하지만 허균이 '광어'를 별도로 구분해 놓은 것을 보면 접어를 가자미로, 비목어로 본 것이다(惺所覆瓿藁제26권, 說部). 그러나 정약용은 "접어는 광어를 말하며, 그 작은 것이 가자미이다(鰈魚謂之廣魚, 其小者曰加佐味)."라고 구분하여 기록하고 있다(『雅言覺非』卷三).

『자산어보』에는 접어(鰈魚)를 대 항목으로 분류해 놓고 『난호어명고』의 화제어 설명과 비슷한 해석을 하고 있다. 그리고 소접(小鰈, 가자미), 장접(長鰈, 혜대어), 서대(牛舌鰈)를 하위분류로 놓고 있다. 따라서 눈이 한쪽으로 쏠려 있는 접어(鰈魚) 전부를 비목어로 볼 수 있다. 하지만, 이런들 저런들 어떻겠는가. 문헌에 여러 이견이 있어 궁금해 살펴 본 것이니.

'3월 넙치는 개도 먹지 않는다.'는 속담이 있다. 넙치는 봄철 산란 후에는 맛이 크게 떨어져 맛이 없음을 말하는 것이다. 그런데 양식기술이 발달되어 연중생산이 가능하니 이 속담도 흘러간 옛 말이 된 것인가. 또 '넙치 눈은 작아도 먹을 것은 잘 본다.'는 속담도 있다. 눈이 작은 사람을 놀리는 말이기도 하고, 비록 변변치 않아 보여도 제 실속을 차릴 수 있다는 말이다. 넙적한 모양 때문에 '넙치가 되도록 맞다.'라는 말이 있다. 납작하게, 몹시 얻어맞았다는 말이다.

넙치는 우리나라 양식산 어류의 60%이상을 차지할 만큼 많이 양식되는 어종인데 콜라겐 함량이 많아 단단하고 씹는 맛이 좋을 뿐 아니라 지방질 함량이 적어 담백한 맛을 느낄 수 있어 최상의 횟감으로 사랑받고 있다. 요즘 서울 시내에 값싸게 광어회를 파는 회 전문체인점이 많아졌고, 양식장에서 수조차로 업소마다 싱싱한 활어를 직송하고 있다. 양식기술이라는 생물적인 기술, 저온 수조차라는 수송기술, 그리고 박리다매를 추구하는 유통기술의 발전 덕택으로 서민들도 광어회를 저렴하게 맛볼 수 있는 것이다. 이런 업소에서 '자연산'이냐, 아니냐를 따지는 것은 부질없을 것이지만.

이 글을 쓰면서도 넙치와 광어가 뒤섞여진다. 서유구 선생이

어보에 친절하게 한글로 '넙치'라고 병기한 것을 보아도, 한자말 보다 우리말 이름을 쓰는 것이 도리일 것 같기는 하다. 넙치에 대한 좋은 시문을 찾으려 했지만, 눈에 띠지 않는다. 사촌인 가자미의 비목어 시를 통해 넙치의 시정을 맛보시라 할밖에.

마지막으로 다른 넙치 이야기를 소개한다. 귄터 그라스[56]의 너무나도 유명한 소설 '넙치' 이야기다. 이 소설은 신석기 시대에서부터 현세에 이르기까지를 넙치와 열 한명의 여자 요리사들이 현대사회를 비판하는 내용으로 엮어낸 우화적 소설이다. 귄터 그라스는 미술에 소질이 있어 책표지를 직접 그렸다. 소설 넙치 표지에는 상당히 사실적으로 그린 2장의 넙치 그림이 실려 있다(그림 7). 이 소설이 세계적으로 출판될 때 다른 나라에서도 이 넙치 그림이 표지를 장식했을 것이다. 그런데 이 그림의 넙치는 오른쪽에 입이 있다. 넙치가 아닌 가자미 종류인 것이다. 이 소설의 독일어 원 제목은 'Der Butt'이다. 독일어 Butt는 '넙치 혹은 가자미 속의 물고기'를 뜻한다. 소설의 번역 과정에서 넙치라고 한 것인데 원저자의 의도와는 달리 된 것은 아닌지. 아무튼 소설 '넙치' 표지의 물고기는 넙치가 아니다.

---

[56] 독일의 작가로서 시집, 희곡, 소설 등 다방면의 작품을 썼다. 소설 '양철북(Die Blechtrommel)'으로 1999년에 노벨문학상을 수상하였다.

<그림 7> 귄터 그라스의 소설 넙치 표지

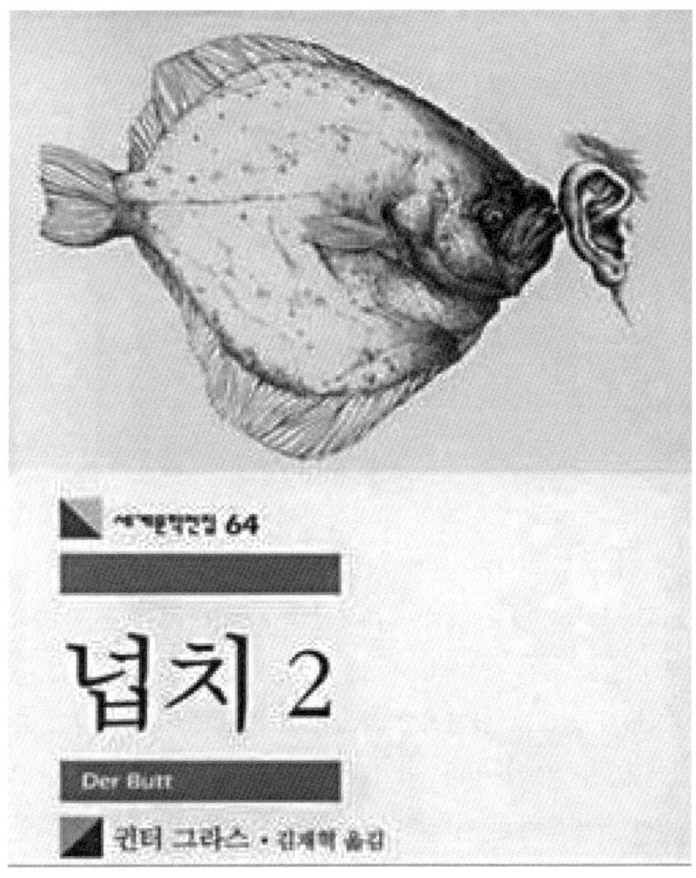

36. 병어 鯧魚

병어는 농어목 병어과의 바닷물고기로 무리를 이루어 지내는 습성이 있고 우리나라 서해, 남해의 연근해에 분포한다. 큰 놈은 60cm에 달하는 것도 있지만 대체로 우리 식탁에 오르는 병어는 30cm 미만의 작은 것이다. 병어는 몸길이가 60cm라면 등의 높이가 45cm일 정도로 납작하고 둥그스름하며, 배는 흰색이고 등은 파란색을 띤 은백색이다. 입이 아주 작고 온몸에 떨어지기 쉬운 잔 비늘이 있으며 배지느러미는 없다. 한 마디로 병어의 모양은 마름모꼴이다.

병어의 한자 이름은 창어(鯧魚)이며 편어(扁魚), 병어(瓶魚)라고도 한다. 『난호어명고』는 중국 문헌인 『영표록(嶺表錄)』[57]을 인용하여 병어 모습을 '모양이 편어(鯿魚)와 비슷하다.'고 하여 어명 규정에 혼란을 겪는다. '편'이란 글자가 든 고기 이름은 여럿 있으며 고기 이름도 중구난방이다. 편화어(鯿花魚)는 방어로 나와 있고(『방언류석(方言類釋)』), 편어(鯿魚)는 도미로도 나와 있고(『광재물보』), 편어(扁魚)는 '속명이 병어(瓶魚)'라고도 나와 있다(『자산어보』).

『물명고』에 "편(鯿)은 머리가 작고 목이 오그라졌으며, 등이 툭 튀어나오고 배가 널찍하다. 비늘이 잘며 색깔은 청백색이다. 강과 호수에서 나니 병어인지는 의심스럽다(疑是병어)."고 기록하며, "축항비방(縮項鯿魴)은 비늘이 잘고 기름지며, 『본경(本經)』[58]의 주에 역시 편어라 했다. 이 같으니 동해의 병어인지는 의심스럽다(恐是東海병어也.)."고 하였다.

『자산어보』에서도 '편어(扁魚)의 속명은 병어(瓶魚)이다'라고 기록하였다. 『자산어보』는 주로 중국의 문헌을 통해 편어를 병어로 비정하려 하고 있다. 그 병어 부분을 옮겨 본다. 어보에서는 병어를 설명하려 하면서도 방어가 우선 나온다. 중국에서는 방어와 편어가 한 물고기인 것이다.

"『정자통(正字通)』[59]에서는 '방어는 머리가 작고 목이 없으며 배

---

57 당나라 유순(劉恂)이 편찬한 책으로 초목충어(草木蟲魚)에 대해 상세하게 기록되어 있다.
58 『본초경(本草經)』, 『신농본초(神農本草)』라고 하며 중국 진나라 이전 고대 본초학의 성과를 총 정리한 현존하는 본초학(本草學) 전문서임.
59 명나라 말 장자열(張自烈)이 지은 중국의 辭書이다.

와 등이 튀어나왔으며 비늘이 잘고 색깔이 청백색이다. 배 안의 기름기가 매우 적다'고 하였다. 이시진(李時珍)60은 '넓은 배에 납작한 몸을 가졌으며 기름지고 맛이 매우 좋다. 흐르는 물을 좋아한다.'고 하였다. 이들 여러 설에 의하면 방어(魴魚)의 형태가 병어(甁魚)와 매우 유사하다. 그런데 방어가 냇물에서 난다고 하였으니 그것이 의문이다. 『시경』에 이르기를 '어찌하여 먹는 물고기가 반드시 강에 사는 방어뿐이겠느냐'고 하였다. 향어(鄕語)에 '이락(伊洛)의 잉어(鯉)와 방어(魴)는 맛이 좋기로 소나 양고기와 같다'고 하고 방어가 민물에 사는 것을 거론하고 있다. 후한(後漢)의 『마융전(馬融傳)』 주에는 '한중(漢中)의 편어(扁魚)는 맛이 매우 좋아서 사람들이 잡는 것을 항상 금지하고 뗏목으로 물을 막은 데서 그것을 사두축항(槎頭縮項)이라 이르게 되었다'고 하였다. 편(鯿)은 곧 방(魴)이며, 이것은 강에 사는 물고기이다. 지금의 병어(甁魚)가 강에서 난다는 말은 아직 듣지 못하였다."

정약전이 『자산어보』를 쓰면서 어명의 비정 과정에서 겪은 고충이 느껴진다. 이런 혼란이 일어난 것은 어떤 이유일까? 편(鯿)은 옥편에 '방어 편'으로 나와 있다. 비(魾)와 방(魴)도 모두 방어란 뜻이다. 그런데 우리 바다에 사는 방어는 길고 둥근 형태이다. 중국 고문헌에 기록된 편(鯿)이 방어가 아님은 물론, 병어도 아닌 것이다.

문제는 편어 혹은 축항편이 중국에는 있지만, 우리나라에는 없는 물고기인데서 출발한다. 중국에 있는 편어는 잉어과 물고기로

---

60 명나라 후기의 의사(1518~1593)로 약물학을 집대성한 『본초강목』을 지었다.

여러 종류가 있고, 양식하고 있는 고기들이다.

현재 중국에서 양식되는 주요 편어의 종류는 다음과 같다.

○ 역어(逆魚): 속명은 자편(刺鯿), 편발자(扁脖子)이며, 장강 수계에 분포한다.

○ 장춘편(長春鯿): 속명은 편어(鯿魚), 편화(鯿花), 초편(草鯿), 변어(邊魚), 방어(方魚), 황첨(黃尖), 연자어(蓮子魚)이다. 전국 주요 수계에 분포되어 있고, 중국의 중요한 경제어류이고, 중요한 담수 양식 대상어의 하나이다.

○ 북경편(北京鯿): 속명은 편어(扁魚)이다.

중국의 민물 편어 종류는 『난호어명고』와 『자산어보』에서 묘사한 것처럼 입이 작고, 등이 툭 튀어나온 물고기이다. 우리 물고기에 비한다면 대형 납줄이 종류로 보일 것이다(그림 8).

이 편어가 『자산어보』에서 인용한 소위 사두축항(槎頭縮項)이며, 축항편(縮項鯿), 축경편(縮頸鯿), 사두편(槎頭鯿)이라고도 한다. 『한서』 마융전(漢書 馬融傳)에 사두축항이 언급되었지만, 더 유명한 것이 당나라 시인 맹호연과 두보의 시이다. 맹호연(孟浩然)의 시(峴潭詩)에, '시험 삼아 낚싯대 드리우니, 과연 사두편이 물리네(試垂竹竿釣, 果得槎頭鯿.)'라 하였고, 두보(杜甫)는 '부질없이 사두축항편을 낚고 있네(謾釣槎頭縮項鯿.)'라 하였다.

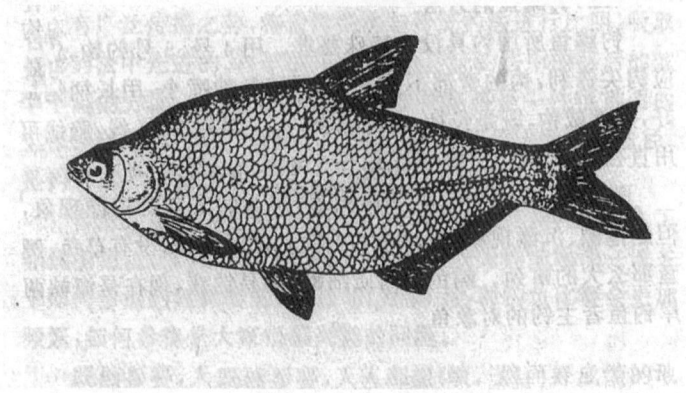
<그림 8> 중국의 민물고기 편어

　결론적으로 중국의 편어는 우리 병어와 같은 한자를 쓰지만 전혀 다른 물고기이다. 중국에서 기록된 어보를 중심으로 우리 물고기의 이름을 비정하려 했던 우리 학자들이 혼란을 겪을 수밖에 없었던 것이다. 우리 한시에도 축항편은 곧잘 등장한다. 편어를 잘 알고 있어서가 아니라 고사에 나오고, 특히 시성(詩聖) 두보의 시에 나오는 물고기라 시인들이 즐겨 인용한 것이다.
　성간(成侃)이 어부를 읊은 시(漁父六首)의 넷째 수에도 축항편이 나온다.

〈어부 6수 중 4수〉

쓸쓸히 빗기는 바람에 가랑비 내리는데,
안개 낀 강엔 어부 한가히 앉아 있구나.
강물엔 펄펄 뛰는 고기는 많겠지만,

사두에서 축항편만 낚지 마시라.

〈漁父六首, 4首〉 成侃(1427~1456, 眞逸遺稿卷之二)
慘慘斜風細雨天, 漁翁閑占一江煙. 跳魚撥剌應無數, 莫釣槎頭縮頸鯿.
● 槎頭·낚시를 하기 위하여 물길을 배나 뗏목으로 막아 놓은 곳.

  시인이 편어를 보았을 리 없다. 그저 관용적으로 멋진 물고기를 표현한 것이다. 그런데 두보의 시에는 맹호연에게 '낚시만 하지 말고 좋은 시를 쓰라'고 권하는 의미가 담겨 있다 한다. 우리 시인들이 축항편이 어떤 물고기인 줄 알았다면 실소를 했을 것이다.

37. 방어 魴魚

　방어는 농어목 전갱이과의 온대성 바닷물고기로 북서태평양의 남중국해, 타이완, 동중국해, 일본, 한국 등지에 광범위하게 분포하고 있다. 방언 이름으로 히라스, 히라시(통영·거제·동해), 부시리(여수·울산·제주), 부리(마산·창원), 재방어(제주), 마래미(함남), 마르미, 떡메레미, 메레미, 피미, 마르미, 방치마르미(강원), 사배기(경북), 메리미(포항·경주·영덕·울릉) 등이 있고, 옛 이름으로 해벽어(海碧魚), 사(鰤), 무태방어라고 불렸다. 무태방어의 무태(無太, 無泰)는 '매우 크다'는 의미로 방어 중 큰 것을 말한다(김홍석, 2000).
　방어는 다 자라면 1m 정도가 되는 큰 어종으로 크기에 따라 다양한 이름으로 불린다. 경북·영덕·울릉 등지에서는 10cm 내외를 떡메레미, 30cm 내외를 메레미 또는 되미로 부르며, 60cm 이상이 되어야 방어라고 부른다. 이 같이 성장하면서 이름이 바뀌는 물고기를 두고 '출세어(出世魚)'라 부르기도 한다.

방어는 횟감이나 초밥재료로 인기가 많은 고급어종으로 상업적 가치가 높고, 가정에서는 소금에 절여 말렸다가 밑반찬으로도 많이 사용한다. 그러나 방어는 등 푸른 생선으로 상온에서 두면 상하기가 쉽다.

『난호어명고』에서는 '논자들이 『시경』에서 시인이 읊은 방어(魴魚)'에 대해 의문을 표하고 있다. 『시경』에 나오는 물고기들이 민물고기인데, 정작 우리 방어는 바다에서 나기 때문이다. 그러나 대성 공자(孔子)가 편찬한 『시경』이기 때문에 옛 분이 잘못되었다고 부정하기도 어려웠을 것이다. 그 때문에 『난호어명고』에서는 방어 이름에 대해, "이 또한 이상한 일이다. 그러므로 우선 의심나는 것은 의심나는 대로 전한다는 뜻으로 옛 이름을 그대로 적는다."고 하였다.

이러한 혼선은 무엇 때문에 비롯되었을까? 우리는 한자를 빌려 기록해 왔고, 모든 사물의 이름을 한자로 표기하려 하였다. 그러나 중국에는 있지만, 우리나라에는 없는 물고기가 있다. 또 중국에 없는 것이 우리나라에는 있을 수 있다. 그래서 같은 한자 이름의 물고기를 두고 서로 다르게 부를 수도 있고, 또 다른 두 가지 물고기가 한 이름으로 불리기도 한 것이다.

또 하나의 원인은 한자를 도입하여 우리말로 표기할 때 생기는 문제이다. 옥편(玉篇)이나 자서(字書)는 한자의 우리말 발음과 뜻을 적어 놓았다. 그런데 방(魴)자의 뜻은 '방어 방'이다. 또 편(鯿)자 역시 '방어 편'이다. 방(方)자는 '모가 난' 것이고, 편(扁)자는 '넓적하다.'는 뜻이다. 옥편의 방어는 우리가 바다에서 잡는 둥그런 방어가 아니라 '모난 물고기'를 말하고 있는 것이다. 당초 옥편을 만들 때 이 두 글자의 정확한 뜻을 제대로 우리말로 새기지 못한 것이다. 하기야 우리 땅에 없는 물고기어서 바른 어명 비정도 불가능 했으리라.

동양의 보전이라는 『시경(詩經)』은 황하 유역 중심의 기록이며, 물고기가 여럿 등장한다. 우선 『시경』의 소아(小雅 采綠)의 한 구절이다.

〈채록(采綠) 부분〉

임께서 낚시를 가신다면,
그 낚싯줄 내가 손수 꼬아드리리.
낚시로 무엇을 낚는가,
방어와 서어라네.
방어와 서어 낚으시면,
나 곧장 달려가 구경하리.
之子于釣, 言綸之繩. 其釣維何, 維魴及鱮. 維魴及鱮, 薄言觀者.

여인이 사모하는 남자가 낚시를 간다고 하니 방어와 서어를 잡아 오라고 한다. 그런데 방어는 바닷물고기이고 서어는 우리나라에 없는 물고기이다. 강에서 이 두 가지 물고기를 잡을 수 없다. 그러면 시에 나오는 물고기의 정확한 이름은 무엇일까? 이아(爾雅)에 "방(魴)은 비(魾)이다. 주에 말하였다. 강동에서는 방어를 편이라 하는데, 다른 이름은 비(魾)라 한다."고 했다. 즉 중국 민물에서 나오는 방어와 편어는 하나이고, 오늘의 중국의 편어(扁魚)를 말하는 것이다. 시에 즐겨 등장하는 사두에서 잡는 축항편(縮項鯿), 축경편(縮頸鯿)이다. 또 서(鱮)는 백련어(白蓮魚)를 말한다. 백련어는 우리나라에 없던 고기로 1963년경에야 수산자원 증식이라는 미명 아래 우리 민물 수계에 들여온 도입종인 것이다. 우리 발음으로 연어(年魚)와 같아 같은 물고기로 혼동되기도 한다.

『시경』에 나오는 물고기는 여러 가지이며 대체로 황하를 중심으로 하는 민물고기로 보아야 한다. 하나씩 검토해 본다. (　) 안은 우리 한자사전의 훈독이다.

○ 魴(방어 방)은 바닷물고기가 아닌 중국 민물에 사는 편어이다.
○ 鱣(철갑상어 전)은 사전에 철갑상어, 드렁허리 두 가지로 뜻이 나와 있다. 전(鱣)을 『시명다식(詩名多識)』[61]에서는 철갑상어로 보았다. 『본초』에 묘사된 고기의 모양이나, 알이 맛있다는 점으로 미루어 철갑상어가 유력하다. 우리 강원도 사투리로는

---

[61] 『시경』에 나오는 여러 생물을 고증하여 설명한 책으로 1865년 정학유(丁學游)가 엮었다.

다랑어를 전어(鱣魚)라고 부르기도 한다(정문기, 2005).
- 鮪(다랑어 유)는 『시명다식』에서 다랑어로 보았지만, 민물고기여서 바다고기인 다랑어로 보기 미심쩍다. 다른 이름이 심어(鱏魚), 심어(鮵魚)이며 우리나라에는 없는 물고기로 추측된다.
- 鰱(연어 서)는 백련어(白蓮魚)이다. 우리나라에는 없었던 물고기이다. 1963년에 우리나라에 도입되어 낙동강에 처음 방류되었다(정문기,『한국어도보』).
- 鯉(잉어 리)는 잉어이어서 새삼 논할 것이 없다.
- 鯇(환어 환)은 자가사리로 비정되고 있다(『詩名多識』).『본초』에 다른 이름이 황협어(黃頰魚)라 하였으니 자가사리가 유력하다.
- 鱨(동자개 상)의 한자 새김은 동자개이다. 그러나 고서에서 황상어(黃鱨魚)라 했고 다른 이름이 황협어라 했으니 자가사리일 수도 있다. 특히 육기(陸璣)의 시『초목충어소』[62]에 헤엄치며 '앙알댄다'고 했는데 이는 동자개의 특성이다.『시명다식』에서는 '두 가지 사물이면서 이름은 같다'며 자가사리와 동자개의 한자 이름이 혼용될 수 있다고 보고 있다.
- 鯊(문절망둑 사)는 우리말로 모래무지, 문절망둑어, 상어로 풀이된다. 물고기 설명이 '모래를 분다(吹沙)'이면 모래무지이고, 다른 이름이 사구어(沙口魚), 사온(沙鰮)으로 나오면 이는 문절망둑어이다. 또 '크기가 크고, 껍질이 모래같다'면 이는 상

---

[62] 중국 西晉의 문인 육기(陸璣, 261~303)가 시로 지은 명물고증서(名物考證書). 정식 명칭은『모시초목조수충어소(毛詩草木鳥獸蟲魚疏)』이다.

어 종류인 것이다. 사(鯊)는 문맥 앞뒤를 보아 판단할 수밖에 없다.
o 鱧(가물치 례)는 우리 이름이 가물치이다.
o 鰋(메기 언)은 우리 이름이 메기이다.
o 鱒(송어 준)은 새김이 송어(松魚)이지만, 혼(鯇, 산천어 혼)과 비슷하다고 하며『본초』에 '눈이 붉으며, 붉은 핏줄이 눈동자를 지난다'고 하여 우리의 눈불개에 합치된다. 서유구도『난호어명고』에 눈불개의 한자명을 준(鱒)이라 기록했다.
o 환(鯇, 잉어 환, 산천어 혼)은 오늘날의 초어(草魚)이다.『본초강목』에 '환(鯇)은 성질이 느린 까닭에 일명 환(鰀)이다. 풀을 먹는 까닭에 또 초어(草魚)라고 이름을 붙였다' 하였다. 잉어과 민물고기로 풀을 먹이로 하며, 국내에서는 타이완과 일본 등지에서 도입하였으나 자연번식은 확인되지 않고 있다. 산란기는 4~7월 사이로, 주로 비가 많이 와서 강물이 불어나는 초여름이다. 강의 중하류에서 살고 있다가 강물이 불면 떼를 지어 상류 쪽으로 이동하여 알을 낳는다. 알은 강물을 따라 대개 100km 정도의 먼 거리를 흘러 내려가면서 부화하게 된다. 강이 짧아서 알이 부화하기 전에 바다에 다다르면 번식 자체가 어려우므로, 초어가 번식하기 위해서는 강이 길고 수량이 풍부해야 한다. 일생 동안 상당히 많은 양의 풀이나 수초를 먹는다.
o 가어(嘉魚)는 주자(朱子)가 말하기를 '잉어의 바탕에 붕어의 살이고, 면수 남쪽의 병혈(丙穴)에서 나온다.' 하였다. 또『본

초』에서는 가어의 다른 이름으로 졸어(拙魚), 병혈어(丙穴魚)라 하였다. 이 물고기의 현재 이름이 무엇인지는 모호하다. 『시명다식』의 번역본에서는 '곤들매기'로 보았지만, 그 근거는 확실치 않다.

『시경』을 중심으로 물고기의 한자 이름을 우리 이름과 대조해 보려 하였다. 그러나 확실히 비정할 수 있는 것도 있고, 또 애매모호한 것도 있어 영 자신이 없다. 그러나 우리 고문 번역에서 물고기 이름의 새김이 잘못된 것도 여러 건 확인할 수 있었다. 참으로 어려운 작업이다.

방어와 관련되어 눈에 확 띠는 글이 있었다. 연암 박지원의 『연행일기』에 나오는 글이다.

"내가 일찍이 우리나라의 련어와 방어가 진짜가 아니라는 것을 알았기 때문에(余曾知我國鱮魴魚非眞) 이곳에서 나는 것을 보려고 주방에 말하여 두었더니, 이날 비로소 구해 들여왔다. 련어(鱮魚)는 껍질과 살결은 우리나라의 것과 방불하나, 잔가시가 많으며, 방어(魴)는 우리나라의 병어(甁魚)와 같으나 조금 긴데다 모두 민물고기이다(皆川魚也). 련어는 구워 먹는 것이 좋고 방어는 회를 치기에 좋다(老稼齋燕行日記卷之四, 癸巳正月)."

연암이 직접 먹어 본 물고기는 중국의 민물고기 편어와 백련어이다. 평소에 오죽 답답했으면, 그 먼 길을 가서까지 물고기를 직접 구해 먹어보고 확인해 본 것일까? 실학의 대가답다. 어보를 쓴 옛 분들이 어명 비정 과정에서 얼마나 고심했는지 알 듯하다.

방어를 끝내며 우리 바다에 사는 방어를 읊은 시를 살펴본다.

시에서는 방어의 모습과 맛을 잘 묘사하고 있지만, 마무리에서 역시 중국 민물방어 고사를 인용하고 있다.

〈방어〉

방어는 몸집이 매우 커서,
한 자는 넘고 한 길은 못 되지.
물 밖에 나오면 검은 빛이요,
속을 가르면 붉은 빛 선명하네.
살이 두터워 구워도 잘 안 익고,
기름이 많아 먹기가 좋지 않네.
나라가 태평한 운세 만났으니,
꼬리 붉은 데 마음 쓸 일 없으리.
〈魴魚〉 李應禧(1579~1651, 玉潭詩集 玉潭私集)
魴魚大且碩, 盈尺不盈尋. 出水蒙玄褐, 刳中耀赤琳.
肌厚燔難熟, 脂凝食不任. 邦家承泰運, 赬尾莫關心.

『시경(詩經)』에 "방어의 꼬리가 붉거늘, 왕실이 불타는 듯하구나. 비록 불타는 듯하지만, 부모가 매우 가까이 계시니라(周南 汝墳)." 했다. 방어의 꼬리는 본래 희지만 피로하면 붉어진다고 한다. 그래서 임금이 국사에 노고가 많음을 비유한 것이다. 시인은 바다 방어를 읊었지만, 정작 시에서 인용한 방어는 『시경』에 나오는 중국의 민물고기 편어인 것이다.

38. 연어 年魚

연어는 연어목 연어과의 바닷물고기로 우리나라 동해안을 비롯하여 일본, 연해주, 캄차카반도, 북미 등지에 분포한다. 연어는 회귀성 어류이어서 어릴 적에는 바다에서 살다가 산란기가 다가오면 자신이 태어난 강으로 돌아온다. 그때가 되면 암컷과 수컷 모두 혼인색(婚姻色)[63]을 띠며 먹이를 먹지 않는 특징이 있다. 몸길이는 70~90cm이며, 번식기간에는 붉은 무늬가 생기며, 가을에 강 상류에 올라와 모랫바닥에 알을 낳는다. 알에서 부화한 새끼

---

[63] 일부 동물의 번식기에 다른 성의 개체를 끌기 위하여 보통 때와는 달리 나타나는 색이나 무늬.

가 6㎝ 정도로 자라면 바다로 내려가 생활하며, 3~5년 뒤 바다에서 성숙하여 강으로 되돌아와 9~11월에 다시 산란한다.

연어, 송어 따위의 물고기가 바다에서 자란 후 알을 낳기 위하여 자기가 태어난 강으로 돌아오는데, 이를 모천회귀(母川回歸)라 하며, 귀소성(歸巢性), 회귀성(回歸性)이라고도 한다. 연어나 송어는 태어난 곳에서 가까운 해변으로 오게 되면 강물에 포함된 물질로 후각이 자극되고, 그 기억에 의하여 태어난 곳뿐만 아니라 부화 장소까지도 찾을 수가 있다. 연어, 송어 등의 이동은 태양컴퍼스라 하여 태양의 위치와 이동을 목표로 행하여진다고 한다. 태어난 모천으로 회귀하는 귀소본능의 생태적 특성과 강인한 생명력으로 인해 연어는 신비하고도 역동적인 이미지를 준다.

『난호어명고』에서 연어(年魚)를 달리 부르는 이름인 연어(鰱魚)는 '곧 서어(鱮魚, 백련어)의 다른 이름이다'라며 잘못된 것임을 지적하고 있다. 즉 '연(鰱)과 연(年)이 음이 같아 이와 같은 잘못된 호칭이 생겨난 것'이라 밝혀 놓고 있다. 『한국어도보』에는 한글로 '연어'라 하였고 연어(連魚), 연어(鰱魚)는 방언으로 기록되어 있다(정문기, 2005). 『난호어명고』에서 연어가 "『본초』를 다루는 여러 학자들도 비슷한 물고기를 든 자가 없으니 아마도 중국에 드물게 있는 물고기인 듯하다."고 지적하며, 중국식 이름인 연어(鰱魚)가 연어의 바른 이름일 수 없음을 밝히고 있다. 연어는 우리나라의 동해안 태평양 냉수역에서 사는 것으로 중국 연안에서 보기 힘든 것이다.

연어에 대한 시는 꽤 있었다. 그러나 대부분 시가 연어는 나오지만, 연어의 모습과 생태를 느끼기에는 1% 부족하다. 그래도 비교적 연어의 모습을 가까이 볼 수 있는 시를 살펴본다.

〈영흥(永興)에서 여러 가지를 읊다. 3수〉
급한 계곡 높은 강에 비가 막 개이니,
고기잡이 어살이 두 자 넘게 물에 잠겼어라.
가을 진상에 때 놓치면 어쩌나,
이웃 고을이 아전을 보내 연어를 사들인다네.
〈永興雜興, 三首〉李南珪(1855~1907, 修堂集第一卷)
急峽高江雨過初, 水沒魚梁二尺餘. 却恐新秋封莫晚, 隣州送吏買鰱魚.
高原野水平淺, 漁者每先得鰱魚. 故郡吏買而充貢.

　　영흥(永興)은 함경남도의 동해안에 접한 곳이다. 시에 "고원(高原)은 냇물이 넓고 얕아서 이곳 어부가 항상 먼저 연어를 잡기 때문에 아전이 이를 사서 공상(貢上)[64]에 충당한다."고 같이 적혀있다. 어량은 '물살을 가로막고 물이 한 군데로만 흐르게 터놓은 다음 거기에 통발이나 살을 놓아서 고기를 잡는 장치'이다. 연어는 함경도의 특산물이고, 나라에 바치는 것에는 때가 정해져 있다. 가장 먼저 연어가 잡히는 영흥에 아직 연어가 오르지 않은 이웃 고을의 아전이 와서 공물로 쓸 연어를 사들이는 것이다. 시에서는 연어를 련어(鰱魚)라고 잘못 표기하고 있다.

---

[64] 나라에 특산물을 바치던 일.

연어의 둥글고 붉은 알에는 검은 점이 있고 보기에 무척 아름답다. 연어 알을 두고 쓴 시가 있다.

〈남창(南窓) 김현성(金玄成)이 연어 알을 보내 준 데 사례한 시에 차운하다〉
홀연 기쁘구나, 고운 진주알이,
무단히 나그네 곁에 왔구나.
산나물 따위야 말할 것 있으랴,
바다의 맛 이것으로 두루 갖추었네.
또렷한 광택은 자줏빛이요,
가득 찬 알이 게다가 둥글어라.
분명하구나, 천객의 눈물이,
애초에 수궁에서 전해온 것을.
〈次韻, 南窓金玄成謝使相惠鰱魚卵.〉 權韠(1569~1612, 石洲集卷之三)
忽喜眞珠顆, 無端到客邊. 山肴俱足數, 海味此爲徧.
的的光能紫, 盈盈體更圓. 分明泉客淚, 初自水宮傳.

시에서는 연어 알의 아름다움을 진주에 견주고 있다. 그리고 전설에 나오는 인어의 눈물이라 한다. 천객(泉客)은 교인(鮫人)이라고도 불리는 물속에 사는 인어와 같은 괴인이다. 교인은 항상 베 짜는 일을 그치지 않으며, 울면 눈물이 고운 구슬로 떨어진다고 한다. 그러나 이 시에서도 연어를 읊으면서도 련어(鰱魚)란 이름으로 잘못 쓰고 있다.

연어는 예부터 우리 동해안 강으로 많이 오르는 고기였다. 1890년대 초의 한 조사에 의하면, 원산만에 주입되는 여러 하천에 연어가 많이 올라오는데 작살로 찔러 잡는 어법만으로도 하루에 2~3천 마리를 잡을 수 있었다고 한다. 한말의 자료에 의하면, 연어는 두만강에 소하하는 것이 가장 많았다고 하며, '하천에 어망을 설치해 놓고 연어가 그물에 들면 작살이나 몽둥이로 이를 잡았다.'고 한다(關澤明淸·竹內邦香,『朝鮮通漁事情』, 1893)고 하니 예전에는 연어 자원이 무척 풍부했나보다.

연어는 강에서 낚시, 그물을 이용해 잡거나, 바다에서 저인망 어업을 통해 잡는다. 오늘날에도 강원도와 경상도의 하천에 연어가 올라오고 있기는 하나 자원이 격감되어 그 수가 많지 않다. 연어의 수를 늘리기 위해 강으로 올라오는 연어를 잡아 인공적으로 수정시켜 어린 치어들을 강에 방류하고 있으나 그 회귀율이 아직은 낮다.

연어는 찜, 구이, 훈제 등 조리 방법도 다양하다. 다른 물고기들에 비해 비타민 성분이 풍부하며 단백질, 지방 등 영양소가 많다고 알려져 있다. 그러나 기생충 때문에 회로는 안심하고 먹을 수 없는 것이 연어의 커다란 흠이다. 연어 알은 별미로 인기가 있다. 알 무침으로 먹어도 좋고, 김초밥에 붉게 장식한 것도 보기에 좋고 맛있다. 아, 그리고 연어 알은 친척뻘인 송어를 낚시로 낚는데 미끼로 곧잘 쓰인다.

39. 송어 松魚

송어는 연어목 연어과의 회귀성 어류이다. 서식장소는 물이 맑고 차가운 강의 상류로 우리나라, 중국, 러시아, 일본 등지에 분포하고 있다. 방언으로 곤들메기, 반어, 열목어, 쪼고리 등으로도 불린다. 예로부터 고급 식용어로 인기가 있었으나 최근에는 서식지가 점차 줄어들어 토종 송어를 만나보기 어렵다.

송어의 산란기는 9~10월이며 암컷과 수컷이 다 같이 검은 갈색으로 변하고 수컷은 주둥이가 길어져 구부러지며 몸의 양쪽 옆면에는 복숭아색의 불규칙한 구름무늬가 나타난다. 산란기가 되면 송어는 바다에서 강으로 올라와서 물이 맑고 자갈이 깔린 여울에서 암수가 어우러져 산란과 방정을 한 뒤에 암컷이 자갈로 알을 덮는다. 부화한 치어는 약 1년 반에서 2년 동안 강에서 살다가 9~10월에 바다로 내려가고 3~4년이 지나 태어난 강으로 되돌아와 산란 후에 모두 죽는다.

송어와 같은 종이나 바다로 가지 않고 강에서만 생활하는 산천어가 있다. 회귀성어류가 바다로 가지 않고 강에 머물러 사는 것을 육봉형(陸封型)이라 하는데, 학자 중에는 산천어가 육봉형이 아니라 고유종이라는 소수 의견도 있다. 회귀성 어종이 육봉형이 되는 이유는 여러 가지이다. 회귀성어류 중 약한 개체가 바다로 돌아가지 못하고 태어난 강(母川)에 정착한 것이 오랜 기간에 걸쳐 별도의 생태를 지니게 되었다는 것이다. 다른 이유는 인간의 간섭이다. 댐이 생겨 강에 장벽이 설치된 결과로 회귀성어류가 바다로 돌아가지 못하게 되는 것이다. 또 인간이 인위적으로 육봉형어류를 만드는 경우도 있다.

바다에서 송어가 강으로 오르는 철이면 가까운 친척인 산천어도 번식기가 왔음을 본능적으로 안다. 커다란 송어 암수가 산란과 방정을 하는 틈새에 작은 산천어 수놈이 같이 끼어들어 제 유전자를 남기려 애쓰는 모습은 처절하기도 하다. 이처럼 생태계란 미묘한 것이다.

우리 강에도 송어가 있는 곳이 꽤 있지만, 이것들은 대부분 무지개 송어와 같은 도입종이다. 소위 행정 관료의 전시적 발상에서 '생태계를 복원'한다는 미명하에 송어를 방류한 것이다. 또 내수면 어류자원의 증식으로 어가의 소득을 높여주겠다는 달콤한 이야기도 있다. 그러나 '생태계 복원'이란 게 쉽게 되는 것이 아니다. '송어가 있던 강'이라고 아무 송어나 풀어 놓는 것은 오히려 '생태계 교란' 행위가 된다. 또 시군에서 장삿속으로 강의 일부를 그물로 막고 송어를 방류하고서 낚시 입어료를 받는 경우도 있었다. 세평이 좋지 않아 그만 두었지만, 그 강에서 다른 낚시를 하다 송어를 만나기도 한다.

강계에 도입 송어가 퍼진 가장 큰 이유는 송어양식장이다. 아무리 잘 관리를 한다고 해도 양식 가두리에서 송어가 탈출해서 강에 유입되는 것이다. 몇 년 전 남한강에 있는 송어양식장의 가두리가 터져 송어가 일시에 대량으로 남한강에 유입된 적이 있다. 낚시꾼들 사이에 '물 반, 송어 반'이란 소문이 순식간에 쫙 퍼졌다. 송어낚시 조행기가 인터넷 사이트를 장식했다. 어떤 분은 이런 낚시행위를 못마땅하게 여겼다. 남의 사업이 망한 자리에서 낚시를 즐기다니 하면서. 그러나 이 분의 생각은 성급했다. 견지낚시꾼들이 수십 명 모여들어, 사람마다 모처럼 수십 마리씩의 큰 송어를 낚아 진한 손맛을 즐기기는 했다. 그런 다음 송어를 양식장 주인에게 돌려주었다는 것이다. 송어양어장 주인이 고마워한 것은 말할 나위도 없다.

지금 강에서 잡히는 송어는 대체로 도입종인 무지개 송어이다. 이 송어는 1965년에 미국 캘리포니아의 국립양식장에서 알 1만 개를 들여왔으며, 도입자인 정석조(鄭汐朝) 씨의 이름을 따서 석조송어라고도 한다.

우리 속담에는 송어가 등장하지 않는다. 그러나 산천어(山川魚)는 '산천어 국은 둘이 먹다 셋이 죽어도 모른다.'는 속담이 있다. 매우 맛이 좋음을 이르는 말이다. 또 '산천어 굽는 냄새에 나갔던 며느리도 되돌아온다.'는 속담도 있다. 전어 속담과 비슷하지만 산천어가 많이 나는 북한의 속담이다. 산천어가 이리 맛있다 하니 송어 맛을 더 말한 것도 없을 것이다.

예부터 송어는 예부터 진미의 하나여서인지 송어에 관한 시를 여러 수 만날 수 있었다.

〈송어〉

나는 듯 펄펄 뛰는 것이 힘도 좋지,
십여 척 절벽을 뛰어 넘는구나.
아서라, 앞으로 갈 줄만 알지 물러설 줄 모르니,
푸른 바다의 만 리 물결을 영 잊어버리겠구나.
〈松魚〉安軸(1282~1348, 謹齋集卷之一)
潑潑如飛氣力多, 懸流十尺可跳過. 嗟哉知進不知退, 永失滄溟萬里波.

시인은 강물을 거슬러 오르고, 폭포를 뛰어 넘는 송어를 보고 경탄하고 있다. 그러면서 한 마디 덧붙인다. 그렇게 앞만 보고 나가느냐고. 오로지 출세를 위해 앞뒤 가리지 않고 달리는 인간의 모습을 연상한 것이 아닌지. 그러나 어쩌랴, 이도 송어의 본능이자 숙명의 하나인 것을.

송어의 산지인 북녘 땅의 광경을 읊은 시가 있다.

〈두만강〉

두만강엔 사월이 되어야 강에 얼음이 녹고,
송어가 북쪽바다에서 강으로 오른다네.
강변의 어부들은 집집마다 큰 그물을 짜서,
그물 들고 벌거벗은 채 강물로 뛰어 드네.
〈豆江〉 洪良浩(1724~1802, 耳溪集卷二)
豆江四月氷雪消, 松魚始自瑟海至. 江邊家家結大網, 持網赤身入江水.
嗟爾逐魚愼勿過半江, 半江之外非吾地.

- 瑟海·오늘날 블라디보스톡(Vladivostok)의 연해를 말함.

  시인은 함경도 북관(北關)에서 송어 철이 온 두만강 풍경을 읊고 있다. 두만강은 추운 고장이라서 음력 4월이 되어야 강에 눈과 얼음이 녹아 없어진다. 송어를 잡기 위해 그 추운 강에 벌거벗은 채 들어서야 하는 어부의 처절한 삶을 생생하게 묘사한 풍물시이다. 시인은 시에 '어부들이여 고기를 쫓아 강의 반을 넘어가지 말라, 강의 반 너머는 우리 땅이 아니다.'라고 부기하고 있다. 국경지대라서 두만강의 저쪽은 청나라 영토인 것이다. 물고기를 잡기위해 국경을 넘는 위험도 감수해야 하는 것이 당시 그 곳 어부의 사는 모습이었다.

  차가운 두만강에서 어부들이 벌거벗은 채 그물질을 하는 것은 돈벌이도 될 것이나, 다른 이유는 제철 공물로 나라에 바치는 송어를 잡아야 하기 때문이기도 하다. 송어와 연어의 공물 진상의 폐단을 읊은 시가 있다.

〈현산의 8가지 폐해 중 송어와 연어의 진상〉

남북으로 다녀보아도 고기 때가 맞지 않는데,

고기를 잡기로 한 모임은 정한 때가 있다네.

어디에서 어부는 살진 물고기를 구해야 하나,

푼돈을 주고 긁어모으려 하니 걱정이라네.

〈峴山八弊, 書諸屛以示觀民風者中進上松連魚.〉蔡彭胤(1669~1731, 希菴集卷之十六)

來南來北不齊時, 都會惟操一定期. 何處漁郞先得雋, 五千鵝眼斂揮罹.

- 都會·계회(契會)·종회(宗會) 등 모임의 총회. 峴山·양양군의 산 이름으로 보인다.

   지역의 특산물인 송어를 공물로 바쳐야 할 시기이다. 어부들이 날짜를 미리 정하고 모여 공동으로 송어를 잡기로 한 모양이다. 그러나 송어가 철에 맞추어 강에 오르지 않았다. 진상 일자는 촉박하고 송어를 잡을 수 없는 어부들의 시름은 깊어만 간다. 진상으로 바치는 송어에 대해 관에서 돈을 지불하기는 했던 모양이다.

   그런데 시에 나오는 '5천 아안(五千鵝眼)'이란 표현이 미묘하다. 아안(鵝眼)은 중국 남조시대(南朝)의 송나라에서 사용하던 돈을 말하는데, 화폐유통 질서가 어지러워지자 1천전(錢)의 꿰미의 길이가 3치(寸)도 안 되게 얇았다고 한다. 그래서 새 깃털 같이 얇다고 해서 아안전(鵝眼錢)이라고 불렀는데, 물에 넣어도 가라

앉지 않고 손을 대면 부서졌다고 한다(『宋書』 顔竣傳). 어부가 송어를 바치고 받는 돈이 얼마 안 된다는 표현이다.

옛날에 쓰던 엽전은 경화(硬貨)로 쇠의 가치가 화폐 액면 가치와 같아야 했다. 그러나 화폐제도가 문란해지면 쇠를 적게 쓴 위조화폐(私鑄錢)가 횡행하고, 주화의 명목가치와 실질가치가 큰 차이를 보이게 되었다. 이런 점을 이용하여 관리들이 세금은 진짜 돈으로 받고, 백성에게 지불하는 돈은 가짜 돈인 사주전으로 지불하는 것이 수탈수단의 하나였다. 또 정화(正貨)로 세금을 걷고 나서, 중앙에는 사주전으로 바꾸어 보내는 것도 악덕관리의 치부수단이었다고 한다. 따라서 어부들이 송어 값으로 받은 돈은 명목상 금액은 정가였지만, 실질적으로는 생계에 도움이 되지 못할 정도의 푼돈이 되는 것이다.

송어는 멋진 고기인데 이야기가 좀 씁쓸한 데로 흘렀다. 송어가 낚시에 걸리면 힘 좋은 놈들이 수면위로 튀어 오른다. 낚시꾼들은 이를 라이징(rising)이라고 한다. 석양에 흰 몸을 번득이며, 수면을 박차고 도약하는 송어의 모습은 참으로 아름답다.

40. 전어錢魚

전어(錢魚)는 청어목 청어과의 바닷물고기로 몸길이 15~31cm 인 작은 고기이지만 맛이 좋고 많이 잡히기 때문에 중요한 수산 자원이다. 가을에 특히 맛이 좋으며 구이, 회, 젓갈이 유명하다.

옛 문헌에는 전어(箭魚)로도 표기되어 있다. 방언으로 강릉에서는 새갈치, 전라도에서는 되미, 뒤애미, 엽삭, 경상도에서는 전애라고 불린다. 크기에 따라 큰 것은 대전어, 중간 크기의 것은 엿사리라고 하며, 강원도에서는 작은 것을 전어사리라 부른다.

전어는 남쪽에서 겨울을 나고, 4~6월에 난류를 타고 북상하여 강 하구에서 알을 낳는다. 산란기는 3~8월로 긴 편이며, 4~5월에 산란이 가장 왕성하다. 작은 동물성, 식물성 플랑크톤과 바닥의 유기물을 개흙과 함께 먹는다.

　전어는 뼈째로 썰어서 회로 먹거나, 소금구이, 무침 등으로 먹는다. 젓갈을 담그기도 하는데, 전어 새끼로 담근 것은 엽삭젓 혹은 뒈미젓, 내장만을 모아 담근 것은 전어 속젓이라 한다. 내장 중에서도 위장만을 모아 담은 것은 전어 밤젓 또는 돔배젓이라 하며 양이 많지 않아 귀한 젓갈에 속한다. 호남지방에서는 전어 깍두기를 담가 먹기도 한다.

　전어는 가을에 주로 잡으며, 맛도 가을에 가장 좋다. 그래서 '봄 도다리, 가을 전어'란 말이 있다. 또 '전어 굽는 냄새에 집나갔던 며느리 다시 돌아온다.'는 속담도 있다. 시집살이는 고생스럽지만, 전어 굽는 고소한 냄새가 생각나서 시집을 버리고 집나갔던 며느리가 마음을 돌려 돌아온다는 뜻으로, 이 역시 전어가 대단히 맛이 좋음을 이르는 말이다.

　가을이면 봄에 산란된 전어가 20cm 정도로 자라는데, 이때가 전어가 가장 지방 성분이 많은 시기이다. 머리 부분이 맛있어 '전어 머리엔 깨가 서 말'이라는 속담도 있다. 전어를 회로 먹을 때 살을 발라 낼 것도 없이 통째로 썰어 먹는데 요즘 '세고시'라 부르는 것이다. 그러나 세고시(背越し)는 일본말이어서 '통회' 혹은 '뼈회'라 부르는 것이 어떨까 싶다.

　아무튼 전어는 작고 보잘 것 없어 보이는 고기임에도 맛이 좋아 가을이면 인기가 높다. 『난호어명고』에 "그 맛이 좋아서 사는 사람들이 돈을 따지지 않기 때문에(不論錢) 전어(錢魚)라고 한다."고 하니 그 성가를 짐작할만하다.

조헌(趙憲, 1544~1592)이 남긴 글인 '임금께 올리려던 16조의 상소'에서도 "비록 토산물이라 할지라도 경주(慶州)의 전어(錢魚) 같은 것은 명주 한 필로 바꾸고, 평양(平壤)의 동수어(冬秀魚) 같은 것은 정포(正布)65 한 필로 바꿉니다."라고 하였다('擬上十六條疏', 重峯集卷之四)." 전어의 가격이 숭어보다 더 비싸다고 한 것이다. 글에서 두 물고기의 양이 얼마나 되는 지는 밝히지 않았지만 전어는 명주 값이요, 숭어는 삼베 값이라며 전어 가격이 비쌌던 것을 강조한다.

이렇게 맛있고 대접받은 전어인데도 관련 시문은 찾기 어려웠다. 다행이 유득공이 4가지 고기를 읊은 시에 전어가 포함되어 있다. 혹시 민물고기인 살치(箭魚)가 아닌지 앞뒤를 살펴보았으나 바닷물고기 전어를 읊은 시였다.

〈성주부가 보내 준 4가지 물고기 중 전어〉

전어는 자디 잔 고기인데,
그것을 밝혀내기가 막연하이.
자세히 그 모양을 살펴보니,
필시 바다의 붕어렷다.
〈成主簿餉四種魚, 箭魚〉柳得恭(1748~1807, 泠齋集卷之五)
箭魚小小魚, 茫然不可註. 細觀其爲形, 必是海之鮒.

---

65 품질이 좋은 베로 조선 때 관리의 녹봉(祿俸)으로 주던 오승마포(五升麻布)를 달리 일컫던 말.

전어는 『난호어명고』에 그 모양이 '붕어(鲫魚)와 비슷하다'고 했고, 『자산어보』에는 전어(箭魚)라 했다. 『자산어보』에는, "살지고 맛은 달다(多膏味甘). 흑산도에도 간혹 나타나나 그 맛이 육지 가까운 데 있는 것만은 못하다." 고 하였다. 아무튼 이 시가 전어를 읊은 것이 확실해 보인다.

41. 황어 黃魚

황어는 강해성(降海性) 어종으로 주로 동해와 남해 쪽에서 난다. 황어는 바다에 사는 유일한 잉어목 잉어과의 물고기로 산란을 위해 강으로 돌아온다. 봄철에 잘 잡히며 회, 매운탕 등으로 먹는다. 강원도에서는 황사리, 경북에서는 밀하라 불린다. 몸 빛깔은 등 쪽이 노란 갈색이나 푸른빛을 띤 검은색이고, 옆구리와 배 쪽은 은백색이다. 봄철 산란기에는 옆구리에 넓은 붉은빛 띠가 나타나며 수컷이 더 선명하다. 바다와 강이 만나는 곳에 많이 사는데 한국, 사할린, 연해주, 만주, 일본 등지에 분포한다.

황어는 바다와 강을 오가며 사는 고기이지만, 연어나 송어처럼 꼭 태어난 강(母川)을 찾는 것 같지는 않다. 그래서 강해성으로만

분류되는 것이다. 일본에는 바다로 가지 않는 육봉형 황어가 있으며, 우리나라에서도 육봉형이 일부 발견되고 있다 한다. 섬진 강변에서는 봄철에 황어가 떼를 지어 소상하면 '강물이 붉게 보일' 정도라고 허풍스럽게 표현한다.

황어를 읊은 우리 시문이 간혹 눈에 띤다. 우선 황어가 강으로 오르는 모습을 묘사한 택당의 시가 있다.

〈북천(北川)에서 고기 잡다가 소나무 아래에서 비를 피하며 읊다.〉
백 마리 천 마리 황어가 무리를 지어,
하나하나 거센 물살 거슬러 오르누나.
하늘로 치솟아 날아오르는 것만 바라다가,
제가 알아서 그물 속으로 떨어지네.
〈北川打魚, 避雨松下, 口占十五絶.〉 李植(1584~1647, 澤堂集卷之五)
黃魚千百群, 一一衝瀾上. 但慕翀天飛, 甘心落扠網.

황어는 조밀하게 어군(魚群)을 형성하여 큰 무리가 동행하는 습성을 보이며, 산란기에는 얕은 강으로 올라간다. 그때 그물을 쳐 놓으면 절로 황어가 그물로 들어간다. 황어가 강을 거슬러 오르는 묘사가 좋다.

낙동강 상류에 살던 퇴계 이황도 황어 시를 남겼다.

〈황어〉
낙동강에 봄바람 불어 눈이 녹아 넘칠 때,

황어가 물을 튀기니 다투어 그물을 놓네.
이 고기가 오면 흉년이 든다는 것이 사실이라면,
하나는 배부를지 모르나 만백성은 굶주림을 어떻게 참으란 말이냐.
〈黃魚. 俗云, 黃魚多上, 旱荒之兆.〉 李滉(1501~1570, 退溪集卷之四)
洛水春風雪漲時, 黃魚潑潑罟爭施. 年荒若信魚來故, 一飽何心忍百飢.

　황어라는 시 제목에 '사람들이 말하기를 황어가 많이 오르면, 가뭄으로 흉년이 들 징조라 한다.'는 글이 병기되어 있다. 무슨 과학적인 증거가 있는 것일까? 봄 가뭄이 심하면 강물이 줄 수밖에 없을 터이고, 그러면 얕은 강에서 황어가 눈에 많이 띠게 된다. 그래서 황어를 가뭄의 징조라고 본 것일 수도 있다. 이런 해에는 황어를 실컷 잡아먹을 수 있지만, 흉년의 굶주림은 길어질 것이다.
　봄철이면 황어는 남녘바다에서 강으로 올라온다. 멋지게 생긴 황어의 맛을 읊은 옛 시가 있다.

〈황어〉

강 사람들 황어를 하찮게 여기니,
한눈에 맛없음을 안다.
소반 위 비늘이 오색으로 빛나서인지,
촌사람들 껄껄대며 좋아들 한다.
〈黃魚〉 權克中(1585~1659, 靑霞集)
江人賤黃魚, 目之無味魚. 盤中鱗五色, 野客猶軒渠.

● 軒渠·껄껄거리며 웃는 모양. 野客·벼슬하지 아니하고 초야에 묻혀 있는 사람.

시에서는 강에 사는 사람들은 황어가 맛없음을 잘 알지만, 그래도 촌사람들은 황어의 찬란한 빛깔을 보고 즐거워들 한다고 하였다. 시의 야객은 초야에 묻힌 양반님들이 아니라 산골사람들을 이르나보다. 황어는 은백색인 몸이 제법 먹음직해 보이지만, 잘생긴 모양에 비해 맛은 그다지 좋지 않다. 오늘날에도 남녘 강에서 은어와 함께 잡히지만, 은어에 비해 인기가 없다. 그래도 봄이 되면 황어는 여울을 붉게 물들이며 오르고 있다.

42. 삼치 麻魚

삼치는 농어목 고등어과의 바닷물고기로 봄이 되면 알을 낳기 위해 연안이나 북쪽으로 이동하며, 몸길이 100cm, 무게 7kg이상 까지 자란다.

삼치는 『난호어명고』에 마어(麻魚)란 이름으로 '등뼈 아래 좌우에 검은 아롱진 무늬가 있다'고 하였다. 그래서인지 『자산어보』에서는 망어(蟒魚)라고 기록하고 있다. 왕뱀고기라는 뜻이다. 삼치의 등에 있는 검은 반점에서 구렁이를 연상하였기 때문이 아닌가 싶다.

삼치는 방언 이름보다 한자 이름이 더 많다. 삼치(參致), 마어(麻魚), 망어(亡魚, 望魚, 魳魚), 마어(馬魚), 두교어(杜交魚), 마교어(馬交魚), 발어(鮁魚), 삼차(鯵鱻), 삼어(鯵魚) 등이다.
『난호어명고』에 '사대부 집에서는 요리로 먹는 경우가 드무니, 그 이름을 싫어해서이다'라고 하였다. 이는 삼치의 다른 이름인 망어(亡魚, 䰶魚)에 망할 망(亡)자가 들어간 것 때문이다. 삼치와 벼슬이 관련된 재미난 이야기가 있다.

"강원도 관찰사로 부임한 아무개 양반은 삼치 소금구이 맛에 반해, 자신을 추천한 한양 정승에게 큼직한 것으로 골라 수십 마리 삼치를 보냈다. 그날 밥상에 오른 삼치를 한 점 뜯어 맛을 본 정승은 썩은 냄새에 비위가 상해 몇 날 동안 입맛을 잃었다. 관찰사는 좌천되어 벼슬길에서 하차했다. 이런 연유로 사대부를 벼슬길에서 멀어지게 하는 고기가 삼치라는 것이다 (박수현 지음, '바다 생물 이름 풀이 사전')."

삼치는 비린 냄새가 좀 나지만, 실은 그 맛에 먹는다는 걸 한양 정승은 잘 몰랐나보다. 관찰사가 물고기를 정승에게 바치고도 벼슬이 떨어져 망해버린 것은 삼치의 망(亡) 자에 관련지어 만들어 낸 이야기일 것이다.

삼치는 살이 약해 숙련된 사람이 아니면 회로 뜨기가 어렵기 때문에, 대개는 살짝 얼려서 회를 뜬다. 구이, 찜, 튀김 등으로 조리하며, 지방 함량이 높으나 불포화지방산이기 때문에 동맥경화, 뇌졸중, 심장병 예방에 도움이 된다. 그러나 살이 연하고 지방질이 많아 다른 생선에 비해 부패 속도가 빠르므로 식중독에 주의해야 한다.

예전에 상하기 쉬운 등 푸른 생선인 삼치를 회로 먹을 수 있는 경우는 적었을 것이다. 그래서인지 일제 강점기에 일본인들이 삼치 회 맛을 보고는 '조선사람 먹기 아깝다'고 저희끼리 수군거렸다는 이야기도 전해진다(이태원 2., 2003).

　예전에는 삼치를 비롯한 등 푸른 생선은 상하기 쉬워 바로 잡은 것이나, 기온이 낮은 철이라야 회로 먹을 수 있었을 것이다.『동문선』에 들어 있는 삼도부(三都賦)라는 글에 겨울철에 회를 먹은 방법이 등장한다.

〈삼도부 중 부분〉

한창 추운 겨울날에, 온 강이 얼게 되고,
비단 같고 귀한 물고기 그 아래 펄떡대네.
쇠 작살로 찔러 내니, 백발백중 찍히누나.
소반에 하룻밤 담아 두니, 옥처럼 깨끗이 얼었구나,
칼 소리 울리며 저며 내니, 가는 살이 썩썩 싹싹.
요리사가 회 차리니 빛깔 좋고, 맛도 좋아,
대번에 이가 시리고 목이 써늘하구나.
〈三都賦〉崔滋(1188~1260, 東文選)
及當冬月, 滿江水結, 錦鱗珠鱲, 其下鱍鱍. 金梃義之, 百不一脫.
置盤經宿, 凍成玉潔. 鳴刀巧割, 縷飛霍霍. 庖丁膳夫, 色絶味絶.
一下齒霜喉雪.

　상하기 쉬운 삼치를 회로 먹으려면 역시 얼려서 먹는 것이 좋을 것이다.『난호어명고』에 삼치가 '맛이 좋다'고 하였다. 회유어종인 삼치는 매우 빨리 움직이는데, 부레가 없는 까닭에 잠시도 몸을 가만히 있을 수 없고 빨리 움직여야 하는 숙명을 타고 났다. 삼치가 항상 움직이기 때문에 근육이 발달해서 삼치구이가 쫄깃하고 맛있는지도 모른다.

43. 고래鯨

고래는 한자로 경(鯨), 추(鰌)라고 한다. 경(鯨)은 '고래', '고래의 수컷'을 의미하며, 추(鰌)는 미꾸리지란 뜻이지만 고래를 이르기도 하는 것이다. 때문에 혹간은 고래가 미꾸라지로 혼동되는 오해가 일어난다. 고래가 일으키는 크고 거센 파도를 뜻하는 추랑경파(鰌浪鯨波)란 글에서 추랑이 '미꾸라지 물결'로 번역된 경우도 있으니까. 그래서인지 한문에서 고래는 해추(海鰌), 미꾸라지는 니추(泥鰌)로 구분해 쓰기도 한다.

고래는 워낙 큰 동물이지만 옛글의 고래 묘사는 거창하다. 다산 정약용의 시에 '고래는 이빨이 산과 같고, 배를 삼켰다 뿜어냈다 하고(鯨鯢齒如山, 呑舟還復噀.)'란 구절이 있다('栗亭別', 與猶

堂全書). 『성호사설』에 탄주어(吞舟魚)란 글이 나온다. 고래가 '배를 삼키는 큰 물고기'란 뜻이고 그 전문은 다음과 같다.

"사촌형이 이르기를, 옛날 물고기 중에 배를 삼킬 만한 큰 물고기가 있었다는 말을 듣고 오히려 믿지 않았었다. 그러다가 내가 동해(東海)로 이사한 후에 어떤 대머리를 만나서 그 대머리가 된 까닭을 물었더니, 그의 대답이, 일찍이 세 사람이 함께 배를 타고 바다로 들어가서 고기를 잡다가 갑자기 고래에게 삼킨 바가 되었다. 눈에 아무 것도 보이지 않아 앞이 깜깜해지면서 천지를 분별할 수 없었던 바, 이것이 바로 고래의 뱃속이라는 것을 짐작하게 되었다. 칼날로 고래의 창자를 이리저리 그으니, 고래도 배길 수가 없어 삼켰던 우리들을 도로 토하기에 이르렀던 것이다. 그 중 한사람은 죽었는지 알 수 없었고 두 사람만이 고래 뱃속을 벗어 나왔으나 머리가 익어서 다 벗겨진 후에는 털이 다시 나지 않았다 한다. 이로 본다면, '배를 삼키는 물고기가 있다.'는 말은 과연 허언이 아니다(萬物門)."

또 다른 글에는 고래 뱃속에 들어갔다 살아 돌아온 사람과 미역국의 유래에 대한 이야기가 실려 있다.

"사람이 물속에서 헤엄치다가 새끼를 낳은 고래에게 삼켜져 고래 뱃속에 들어갔다. 고래의 뱃속을 보니 미역이 가득 붙어 있었으며 장부의 악혈(惡血)이 모두 물로 변해 있었다. 고래 뱃속에서 겨우 빠져나와 미역이 산후 치료를 돕는데 효험이 있는 것을 알았다. 이것이 세인에 알려져 그 효험이 알려지기 시작했고 이것이 풍습이 된 것이 지금에 전해진다 하였다('産婦鷄藿辨證說', 『

五洲衍文長箋散稿』).”

『난호어명고』에서는 고래를 잡는 모습을 묘사하며, "간혹 조수를 따라 해안으로 올라갔다가 조수가 물러갔지만 고래의 몸집이 너무 커서 미처 몸을 돌리지 못하여 가만히 있다가 물이 없으면 죽는다."는 내용이 있다. 그러한 상황을 그린 '고래가 떠돌다 포구에 들어 온 일을 더듬어 쓴다.'는 긴 시가 있다. 시에 고래의 모습을 묘사한 것이 있어 일부분을 발췌해 본다.

"추암(湫巖)의 북쪽에 송라정이 있는데, 어부가 새벽부터 알리기를 고래가 강에 올랐다 한다. 말을 달려 모래사장에 가 물가에 서니, 10보(步) 앞에서 썩고 비린내가 코를 찌른다. 큰 물결이 드나드는데 돌 궁륭(穹窿) 같은 것이 엎드려 있는데, 얼핏 보아선 그 모습을 판별할 수 없다. 허리와 등이 반쯤 물에 잠겨 엎어진 항아리 같고, 머리와 꼬리가 뾰족한 것이 엎어진 배와 같다. 석 자나 되는 수염이 입에 나 있고, 빨아들이면 바다의 큰 물결을 기울게 할 것 같다. 지느러미를 세우고 갈기를 떨치면 누가 깔 볼 것인가, 만 리 부상(扶桑) 땅도 제집마당 같을 것이다. 바닷가 사람들 고기를 취하려 도끼를 들고 모이고, 푸른 바다에서 붉은 피 흘리며 다투는구나(李敏輔, '鯨漂入浦唫記所見', 豊墅集卷之三)."

고래가 포구 얕은 곳으로 밀려와 무력해지자, 사람들이 모여들어 고래를 해체하는 장면이다. 고래는 해양의 왕자이지만 얕은 곳에선 이런 꼴을 당하기도 하는 것이다. 옛글에 "배를 삼킬 만한 고기는 대단히 크지만, 뛰쳐나가 물을 떠나면 개미들에게 억제를 받는다(呑舟之魚大矣, 蕩而失水, 則爲螻蟻所制.)."라는 꼴이다(『韓詩外傳』).

고래가 물을 떠나 사람의 시달림을 받는 것을 한탄한 옛글도 있다.

"아아! 바다는 드넓어 산을 짊어질 만한 자라와 배를 삼킬 만한 고래들이 모두 그 사이에서 여유롭게 만족하면서 살고 있거늘, 어찌 그곳에서 헤엄치며 놀지 아니하고, 도리어 작은 포구의 물에서 스스로를 욕되게 하고, 크게 쓰이는 곳에 베풀어지지 못한 채 마침내 사람들의 솥과 도마에서 먹이가 되는가? 슬프다!(李鈺, '白雲筆 談魚')"

얕은 물에서 어려움을 겪는 고래에 빗대어 웅지를 펴지 못하고 굴욕을 감수하고 있는 자신의 처지를 한탄하는 것 같기도 하다.

고래는 우리 동해에 자주 출몰해서 울산 태화강에 있는 선사시대 반구대 벽화에는 배를 타고 고래를 작살로 고래를 잡는 모습이 여러 점 조각되어 있다. 그러나 서유구가 『난호어명고』를 쓴 당시에 와서는 고래를 잡는 기술이 없어졌다 한다. 그 이유를 서유구는 『임원경제지』 전어지의 '고래를 작살로 잡는 법(刺鯨法)'에서 설명하고 있다.

"우리나라 어부들 중에는 고래를 잡을 수 있는 자가 없다. 다만 고래가 스스로 죽어 해변에 떠 오른 경우를 만나면 관아에서는 반드시 많은 장정들을 내어 칼, 도끼, 자귀를 잡고서 고래의 지느러미와 껍질, 고기를 거두어 말에 싣고 사람이 날라 며칠이 되도록 다 없어지지 않는다. 큰 고래 한 마리를 잡으면 그 가치가 무려 천금이다. 그러나 이익이 모두 관아로 들어가고 어가는 참여

할 수가 없다. 그러므로 고래를 창으로 찔러 잡는 방법을 배우려 드는 사람이 없는 것이다."

비슷한 내용의 글이 더 있다.
"우리나라 연안에는 가끔 죽은 고래가 떠밀려오는 일이 있는데, 기름이 많이 나므로 그로 얻는 이득이 엄청나다. 그러나 관에서 이익을 독차지하고 오히려 민폐만 끼치므로 사람들이 자기 마을에 고래가 떠밀려오면 여럿이 힘을 모아 바다에 도로 밀어 넣어 버린다(『五洲衍文長箋散稿』)."

작살 포경법이 발달하지 않는 것에는 이유가 있었던 것이다.

고래는 속담에도 등장한다. 속담에 '고래 싸움에 새우 등 터진다.'고 하였다. 강한 자들끼리 싸우는 통에 아무 상관도 없는 약한 자가 중간에 끼어 피해를 입게 된다는 말이다. 이 속담은 한문으로 경전하사(鯨戰蝦死)라 한다. '새우 싸움에 고래 등 터지랴.'라는 속담도 있다. 약하고 보잘것없는 것끼리 아무리 싸워도 크고 힘 있는 존재는 그 피해를 받지 아니함을 비유적으로 이르는 말이다. 또 '새우 싸움에 고래 등 터진다.'는 역설적인 말까지 있다. 아랫사람이 저지른 일로 인하여 윗사람에게 해가 미치는 경우를 비유적으로 이르는 말이고, 남의 싸움에 관계없는 사람이 해를 입는 경우를 이르는 말이다. 아무튼 속담에 나오는 고래는 크기만 하다.

고래는 큰 포유동물로 옛글에서는 그 크기가 허풍스럽게도 수십 리나 된다고 한다. 그래서인지 크다, 많다는 표현에 고래가 곧잘 등장한다. '고래 등 같은 기와집'은 주로 기와집이 덩그렇게 높고 큼을 이르는 말이다. 또 술을 많이 마시는 사람을 술고래라고 부른다. 마치 고래가 물을 들이키듯 술을 마신다는 의미다. 이 '고래술(鯨飮)'은 시에도 나온다. 두보(杜甫)가 당대의 술고래들을 읊은 시('飮中八仙歌') 중 셋째 수이다.

이좌상(李左相)은 하루에 술값으로 만전(萬錢)을 쓰면서
마치 고래가 여러 냇물 마시듯 술을 들이키네.
잔을 들면 성(聖)을 즐겨 마시고 현(賢)을 피한다나.
左相日興費萬錢, 飮如長鯨吸百川, 銜杯樂聖稱避賢.

두보가 당시 좌상이던 이적(李適)을 읊은 시다. 시에서 성(聖)은 청주(淸酒)이고, 현(賢)은 탁주(濁酒)를 이른다. 술을 마시는 것 자체를 진정 즐겼다면 청탁불문(淸濁不問)일 수도 있을 텐데.
　우리나라는 장생포를 중심으로 포경업이 성했으나, 남획으로 자원고갈을 우려할 지경에 이르렀다. 다행히 1978년 12월에 국제포경조약에 가입해 포경을 제한하여, 고래를 보호하고 있다. 국립수산과학원 고래연구소가 2009년 4월에 동해안의 고래를 육안 조사한 결과 모두 2,589마리의 고래가 관찰됐다고 한다. 특히 밍크고래의 예상 분포는 약 1만4천 마리 수준으로, 이는 고래잡이가 활발했던 1970년대 초반 자원 수준을 넘어서는 것이다.
　고래를 끝내며 시 한 수.

〈고래〉
푸른 바다에 큰 동물이 있으니,
그 모습 천지간에 짝이 없어라.
큰 이빨은 삼산과도 같고,
긴 몸은 육오와 짝할 만하지.
바닷물 마구 들이켜니 천오가 울고,
배를 삼키니 자봉이 시름한다.
임금이 늘 관대히 놓아두시니,
깊고 얕은 물에 맘껏 노니누나.
〈鯨〉李應禧(1579~1651, 玉潭詩集 玉潭私集)
滄海有大物, 狀貌天地无. 巨齒三山似, 長身六鰲儔.
吸海天吳泣, 呑舟紫鳳愁. 君恩常漏貸, 深淺任優游.

　시에서는 고래를 형용하며 중국의 전설을 끌어 붙이고 있다. 육오(六鰲)는 바다에서 삼신산을 머리로 이고 있다는 여섯 마리의 자라를 말한다. 그런데 용백(龍伯)의 나라에 거인이 있는데 한 번의 낚시로 이 자라 여섯 마리를 한꺼번에 낚았다 하였다(『列子』湯問). 천오(天吳) 역시 물을 다스리는 중국 전설의 신이다. 여기서는 고래가 물을 들이키면 바닷물이 다 없어질까 근심하여 수신(水神)이 운다는 뜻이다. 자봉(紫鳳)은 황제의 조서(詔書)를 자고(紫誥)라고 한다. 그래서 바다로 가는 사신의 행차를 자봉(紫鳳)이라 한 것이다. 중국 전설을 통해 장황하게 고래가 크다는 점을 강조하고 있다.

44. 돌고래 海豚

옛 어보에 해돈어(海豚魚), '슈욱이'로 기록된 것은 포유류 고래목에 속하는 작은 이빨이 있는 돌고래 종류의 총칭이다. 수욱(水郁), 물돼지, 해저(海豬)라고도 불리며, 일반적으로는 참돌고래과와 쥐돌고래과의 작은 이빨이 있는 고래를 가리킬 때가 많다. 슈욱이, 수욱(水郁)이라고 하는 것은 돌고래가 수면으로 올라와 숨을 내쉴 때 '슈~욱'하고 소리를 내는데서 붙은 이름이다.

돌고래는 『자산어보』에 '상괭이'로 기록되었으며, "지금 서해와 남해에 두 종류의 인어(人魚)가 있는데 그 하나는 상광어(尙光魚)이며 모양이 사람을 닮아 두 개의 젖이 있다.『본초』에서 말하는 해돈어(海豚魚)가 바로 그 것이다."라고 하였다. 돌고래는 '물돼지'라고 사전에 올라 있고, 돌고래의 한 종류인 상괭이는 현재 표준명이 '쇠물돼지'이다. 한자 이름을 풀어서 표준명을 삼은 모양인데, '상괭이'나 '슈욱이'가 더 정답게 들린다.

돌고래는 지능이 높고 사람을 잘 따라서 수족관에서 사육하며 훈련을 시키면 사람이 시키는 대로 재주를 부리기도 한다. 깊은 바다에 서식하지 않고 얕은 바다와 강, 하구에서 유영하기를 즐긴다. 군집생활을 하지 않고 단독으로 행동하기를 좋아하며, 쌍을 이루어 유영하는 것을 종종 볼 수가 있는데 이것은 암수보다도 어미와 새끼인 경우가 많다.

『난호어명고』에 돌고래가 바다에서 유영하는 모습을 '사람 여러 명이 동행하는 것과 유사한데 한번은 위에 뜨고 한번은 아래에 가라앉아 배풍(拜風)이라고 한다.'고 하였다. 해양에서 배를 타고 가다가 돌고래를 만나면 배를 따라 빠른 속도로 물속에 들어갔다 나왔다 하기를 반복하며 나란히 달린다. 그 모습이 마치 바람을 맞아 절을 하는 것 같아 그런 이름이 붙은 것 같다.

돌고래는 연안에서도 자주 볼 수 있지만, 혹간 한강을 따라 올라오기도 하였다. 『지봉유설』에 "가정갑자년(嘉靖甲子年, 1564)에 한강에 돼지들 닮은 큰 고기가 나타났다. 색은 희고 길이가 1장인 것이 머리 뒤에 구멍이 있는데, 사람이 그 이름을 몰랐다. 자서를 고찰해 보니 해돈이었다."는 기록이 있다(禽蟲部 鱗介).

돌고래가 게으른 며느리(懶婦)가 변화한 것이라는 이야기가 있다. 중국의 『술이기(述異記)』에 나오는 설화이다. 이 설화를 재미있게 풀어 쓴 글이 있다.

<게으른 며느리 물고기>

　남해 바다에 나부어(懶婦魚)라는 고기가 있다. 물고기 중에도 게으른 물고기가 있는지 전해 오는 말에 의하면 다음과 같다.

　옛날에 양씨 집안에 새 며느리가 들어왔다. 그런데 어찌나 게으른지 한낮이 되어도 방 청소도 안 하고 밥 지을 줄도 모른다. 그러니 자연 시어머니 눈 밖에 날 수밖에 없었다. 보다 못한 시어머니가 물에 빠뜨려 죽였는데 그 게으른 며느리가 나중에 나부어라는 물고기로 변했다.

　지금처럼 기름이 없던 시절에는 물고기를 잡아 그 기름으로 불을 붙여 밤을 밝혔고, 나부 기름으로 불을 켜곤 하였다. 나부어로 만든 기름이 등불 켜기에 적당했기 때문이다. 그런데 희한한 것은 거문고를 타거나 바둑을 둘 때 켜면 환하게 비쳐 여러모로 쓸데가 있었지만, 길쌈을 하려고 켜기만 하면 희미해져서 쓸모가 없었다. 죽어서도 게으른 며느리였다(정후수, 2004).

　돌고래 기름으로 켠 등의 밝기에 대해서는 다음과 같은 생각이 든다. 돌고래 기름은 그 밝은 정도가 글을 읽고 베를 짜는 것과 같은 정밀한 일을 하기에는 어둡지만, 놀이판을 벌리기에는 지장이 없을 정도의 밝기는 되었던 것이다. 또 순도가 그리 좋지 못했던지 등잔불이 밝았다 어두워지고, 깜박대거나 하기에 이런 전설이 생긴 것이 아닐까.

45. 인어 人魚

　인어(人魚)는 상반신이 사람의 몸이고, 하반신이 물고기의 모습인 전설상의 생물이다. 인어 전설은 세계에 널리 있으며 흔히 여성으로 표현된다. 서양의 인어는 머리를 길게 늘어뜨린 미녀이며, 라인강을 왕래하는 배를 홀려 침몰시키는 로렐라이 전설이 유명하다. 동양의 전설에도 인어가 나오지만 서양의 인어처럼 하반신이 꼭 물고기만은 아니며 사람을 닮은 동물로도 나온다.
　듀공(dugon)이라는 포유류가 사람의 키보다 크고, 앞발로 새끼를 안고 해면에 나타나 젖을 물리는 습관이 있어 이를 보고 인어라 부르기도 하며, 또 대서양에 서식하며 해우(海牛)로 불리는 매너티를 멀리서 보고 착각한 것이라는 설도 있다.

『자산어보』에서는 옛 문헌을 검토하여 우리 연안에서 볼 수 있는 것을 대상으로 인어를 비정하고 있다. 그 하나는 상광어(尙光魚), 즉 돌고래(海豚)이다. 포유류인 돌고래가 바다에 누어서 젖을 먹이며 새끼를 기르는 모습이 사람과 비슷한 면이 있다. 『자산어보』에서도 상광어가 '모양은 사람과 비슷하여 젖이 두 개가 있다'며 우리 서해와 남해에 살며, 인어로 간주될 수 있음을 기록하고 있다. 다른 하나는 옥붕어(人魚, 俗名 玉朋魚)이다. 『자산어보』에는 옥붕어의 모습을 '길이가 가히 8척 정도이고 몸은 보통 사람과 같으며, 머리는 어린아이와 같다. 수염, 머리털이 있다'며 인어로 보고 있다.

이 옥붕어가 바닷가 사람이 말하는 '옥붕이', '옥봉이', '옥보이'이고, 물개의 일종으로 보는 의견이 있다. '김대식(1981)은 물개의 일종으로 보고, 현지인들이 일컫는 '옥봉이', '옥보이'는 그 수컷의 생식기로 보신(補腎)의 약재로 쓰인다고 했다(김홍석,

<그림 9> 산해경(山海經)에 나오는 저인국(氐人國)의 인어 모습

2008).

순암(順菴) 안정복(安鼎福)이 쓴 『동사강목(東史綱目)』66에도 우리 바다에서 나는 인어를 논한 것이 있다.
"지금 울릉도(蔚陵島)에 가지어(嘉支魚·인어)가 있는데 바위 밑에 굴을 파고 살며 비늘이 없고 꼬리가 있으며 물고기 몸(魚身)에 네발이 달렸는데 뒷발이 매우 짧다. 육지에서는 잘 달리지 못하나 물에서는 나는 듯이 다니며 소리는 어린애와 같은데, 그 기름은 등유(燈油)로 쓸 만하다 하니, 전아(前兒)라는 것은 아마 그런 류인가?(附錄下卷 潢考)"

글 내용으로 보아 물개나 물범 종류를 설명하려 한 것 같다. 우리 실학자들은 중국의 교인을 비롯한 인어의 전설을 알고 있지만, 우리 주변에서 인어의 실체를 알아보려 한 것이다.

동양의 인어는 중국의 『산해경』과 같은 신화적인 책에서 연원하고 있다. 동양 인어 전설의 뿌리에 대해 살펴본다. 중국 옛 문헌에서는 인어를 교인(鮫人)이라 하며, 천선(泉仙) 혹은 천객(泉客)이라고 부른다. 『술이기(述異記)』에는 "남해에는 교인이 사는 집이 있는데, 물고기처럼 물속에 살며, 끝없이 길쌈을 한다. 그 눈에 눈물이 흐르면 진주가 나온다. 진나라 목현허(木玄虛)는 『해부(海賦)』에서 이르길, 하늘과 물의 기이한 보물이 있는 곳에 교인의 거처가 있다고 했다." 이 천객이 짜는 교포(鮫布)는 용사

---

66 안정복(安鼎福, 1712~1791)이 지은 역사책으로 기자조선에서부터 고려에 이르기까지의 역사를 주희의 통감강목을 참고로 하여 편년체로 기록하였다.

(龍紗)라고도 하는데, 이 천으로 옷을 만들면 물속에 들어가도 젖지 않는다고 한다.

『술이기』에 나오는 교인은 성별이 명확히 구분되어 있지 않다. 그러나 신화적인 이야기는 부풀어져 교인이 아름다운 여성으로 모습으로 꾸며지게 되었다. 이러한 교인의 모습을 묘사한 옛글이 있다.

"어떤 사람이 해서에 여행을 갔는데, 빈집에 아름다운 여인과 여러 아이들이 모두 몸을 하얗게 드러내 놓고 갇혀 있는 것을 보았는데, 그것이 사람이라고 생각하였다. 가까이 가서 교접(交接)을 하였는데, 행동거지와 정감이 있는 태도가 모두 사람이었다. 주인이 들에서 돌아와 그것을 삶아 대접하려고 하기에 놀라서 물으니, '물고기입니다.'라고 말하였다. 주인에게 청하여 바다에 데리고 가서 놓아주었다. 떠나려고 할 즈음 세 번 돌아봐서, 마치 은혜에 감사하면서 사사로웠던 것에 연연하는 듯하였다고 한다(李鈺, '白雲筆 談魚')."

인어와 교접한 사람은 곧바로 죽는다는 이야기도 있지만, 인어를 잡아 연못에 기르며 자신의 아내나 남편으로 삼는다는 이야기까지 있다. 그러나 인어를 가축처럼 기르다가 잡아먹는다는 이야기는 좀 살벌한 면이 있기도 하다.

교인 즉, 인어는 인간 세상에도 끼어들어 살며 물건 값을 진주로 치른다고 한다. 눈에서 눈물 대신 진주를 흘리고, 보물 같은 베를 짜며, 게다가 아름답다면 인간이 아니더라도 짝을 삼을 만하다. 교인의 신화, 전설은 수천 년 세월을 통해 전해지면서 살이 붙고, 미화된 데다 마치 사실 같은 스토리까지 밑받침되고 있다. 이는 전설에 인간이 원하는 소망이 덧붙어 신화를 구축해 나가는 전형일 수도 있다.

어쨌든 동양이든 서양이든 인어로 오인될만하여 이러한 신화의 모티브를 제공한 특정 생물이 있을 것이고, 우리 연안에 있는 돌고래와 물개가 바로 그런 동물일 수도 있다. 인어란 동물이 바다에 실존하지 않더라도 인어는 사람의 마음에 영원한 로망으로 남아 있을 것이다.

46. 대구大口

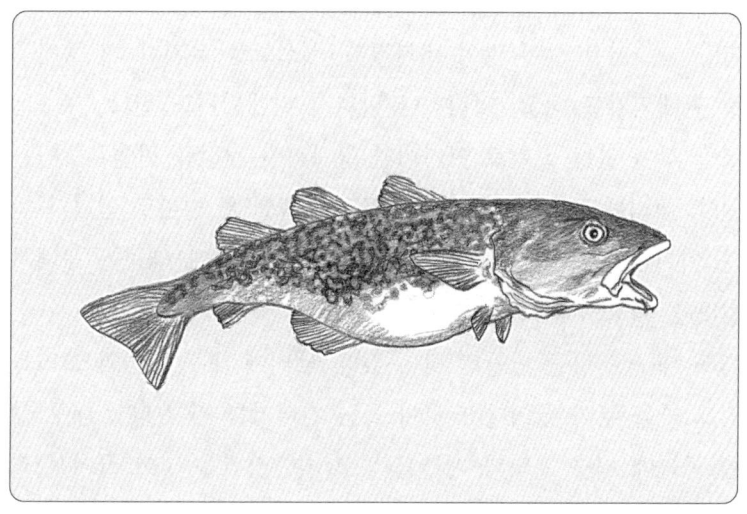

대구는 대구목 대구과의 바닷물고기로 머리가 크고 입이 커서 대구(大口) 또는 대구어(大口魚)라고 부른다. 옛 어보에는 화어(夻魚, 㕦魚)로 기록되어 있는데 입이 크다는 데서 만들어진 한자다. 비린 맛이 없이 담백해서 오래전부터 많은 사람들이 즐겨 먹었다.

대구는 한국, 일본, 알래스카 등의 북태평양 연안에 살며 생김새는 명태와 비슷하지만 몸 앞쪽이 보다 두툼하고 뒤쪽은 점점 납작해진다. 크기는 태어난 지 2~3년에 50cm 정도가 되고 1m 정도로 자라기도 한다. 몸무게도 많이 나가는 편이어서 무거운 경우 20kg을 넘는 것으로 보고되어 있다.

'눈 본 대구요, 비 본 청어'라는 속담이 있듯이 대구는 겨울이 제철이다. 산란기가 되는 겨울에 맛이 가장 좋으나 최근에는 어획량이 줄어서 값이 많이 비싸졌다. 신선도를 유지한 채 생대구로 판매되기도 하고, 얼리거나 말려서 판매되기도 한다. 대구는 버릴 것이 없는 고기로 아가미와 창자까지 젓갈을 만들 때 이용된다. 머리에도 살이 많아 '볼때기찜', '뽈찜'은 별미로 인기가 높다. 아가미 뚜껑 양쪽에 붙은 살이 볼때기 살인데, 대구는 볼때기 살맛을 최고로 친다.

또 대구로 탕을 만들면 맛이 있다. 냄비에 대구 머리와 꼬리를 담고 물을 부어 끓이다가 맛이 들면 건더기를 건져낸다. 대구 삶은 국물에 대구 토막과 배추를 넣고 갖은양념을 넣어 끓여서 익으면 생굴과 파를 넣는다. 굴이 익어서 맛이 어우러지면 바로 불에서 내린다.

대구는 예로부터 한약재로도 이용되었으며, 대구의 간에서 추출한 간유(肝油)는 의약품을 만들 때 요긴하게 사용되었다. 민간요법으로 젖이 부족한 산모에게 대구탕을 끓여 주었고, 씻지 않은 대구를 그대로 달여 구충제를 대신하기도 하였다.

우리나라에서 나는 대구는 조선시대에 일본까지 수출되었다. 일본의 『화한삼재도회』에도 "말린 대구(乾吳魚)는 색이 흰 것이 상품이고 황색을 띤 것이 그 다음 간다. 조선국으로부터 온 것은 살이 두텁고 맛이 좋다."는 기록이 보인다.

이학규(李學逵, 1770~1835)의 글에도, "대구 첫물을 맛보니, 생각 외로 살이 올라 있다. 바다 포구에서 모두 생것으로 거래된다.

왜인들이 아주 좋아하며, 무역선이 동래로 온다. 동지 이후에는 맛이 없어져 더 매매되지 않는다. 어장은 가덕포(加德浦)에 있으며 대구와 청어가 난다."고 하였다('海榴菴集', 洛下生集冊十三).

대구의 본고장은 남해 가덕만과 진해만 일대이며 예부터 '가덕대구'를 최상품으로 쳤다. 가덕도에서 불리던 민요 '가덕팔경(加德八景)'에서도 '새바지 겨울 되면, 대구가 조종이요'라고 노래하고 있다. 새바지는 가덕도의 마을 이름이다.

대구를 읊은 한시가 생각 외로 많다. 그중 두 수를 감상해 본다.

〈첫물 건대구를 맛보고〉

잔 비늘에 큰 입이나 어찌 송강농어랴마는,
그 깊은 맛 진실로 술꾼들 입맛 도우네.
인간사 변해도 물고기들은 따르지 않으니,
옛 생각 새삼 나서 홀로 길게 탄식하네.
〈得嘗新乾大口魚〉 李廷馣(1541~1600, 四留齋集卷之二)
纖鱗巨口豈松鱸, 風味眞堪佐酒徒. 魚物不隨人事變, 感時懷舊獨長吁.

시인은 첫물로 나온 대구를 맛보고 감회를 적고 있다. 대구는 입이 크고 비늘이 잘기에 옛글에서 거구세린(巨口細鱗)이라고 부르는 귀향의 상징인 송강농어를 연상시킨다. 대구 안주에 술을 마시면서 시인은 옛 생각을 한다. 인심은 변하고 세상을 변했지만, 철철이 나는 대구는 여전하구나 하며. 시인에게 그럴만한 사연이 있나보다.

〈생창역〉

생창으로 길에 들어서도 햇살은 퍼지지 않고,
십 리를 가고가도 인가는 드무네.
가끔 마주치는 장사꾼들 많은데,
모두 철령 너머에서 대구를 싣고 오네.
〈生昌驛〉 申翊全(1605~1660, 東江遺集卷之九)
路入生昌日未舒, 行行十里少人居. 箇中逢着多商旅, 盡馱關東大口魚.

　시인은 이른 시간에 강원도 지방에 여행길에 올라있다. 생창역을 지나며 인가도 드문데, 그래도 간혹 대구를 싣고 관동지방에서 오는 행상 일행을 만날 수 있다. 생창역은 강원도 금화에 있던 옛 역참(驛站)의 이름이다. 예전에도 강원도 먼 동해바다에서 잡힌 대구를 마바리에 싣고 철령(鐵嶺)67을 넘어 한양으로 그 먼 길을 다녔나 보다.
　대구를 읊은 시 한 수를 더 살펴본다.

〈대구〉

푸른 바다에 특이한 물고기 있으니,
이름이 예전에는 알려지지 않았지.

---

67 함남 안변군과 강원 회양군의 경계에 있는 고개로 예부터 서울과 관북지방을 연결하는 교통·군사상 요지였다. 이 고개의 북쪽을 관북지방, 동쪽을 관동지방이라고 부른다.

입이 다른 물고기들보다 훨씬 크고,
비늘은 물고기들 중에서 가장 자잘하구나.
안줏거리로 이보다 좋은 게 없으니,
진귀함이 비길 것이 드물지.
맛은 좋지만 의외로 많이 생산되니,
곡물과 돈 많이 쓸 필요가 있으랴.
〈巨口〉李應禧(1579~1651, 玉潭詩集 玉潭私集)
滄溟有異錯, 名號未詳前. 巨口超群族, 纖鱗冠衆鮮.
佳肴無此秩, 珍品少相肩. 味貴還多産, 何勞費穀錢.

시는 대구의 모습과 맛을 잘 묘사하고 있다. 그러고는 이리 맛있는 물고기가 값이 싼 것을 다행스럽게 여긴다. 예전에도 대구는 많이 잡히는 물고기였나 보다.

대구는 회귀성 어류로 태어난 곳으로 돌아온다. 가덕포 해역에서 태어난 대구 새끼는 북태평양으로 가서 자란 후에, 겨울에 한류를 타고 태어난 해역으로 돌아온다. 이 대구가 유명한 '가덕대구', 혹은 '거제대구'이다. 근년 들어 가덕대구의 회유가 적어져 '금대구'라 불릴 만큼 희귀해졌다. 다행이 남획을 자제하고 수정란 방류사업을 지속한 결과 개체수가 크게 늘고 있다 한다. 서해에서도 대구가 잡히지만, 원양으로 가지 않아서, 그 크기가 대구의 절반 정도에 불과해 '왜대구'라 불린다.

대구는 유럽인들에게 중요한 식량의 하나였다. 18세기 중엽의 산업혁명 당시 영국의 해군이 최강이었던 것은 말린 대구를 식량으로 충분히 확보했던 때문으로 보는 견해도 있다.

대구로 인한 전쟁도 있었다. 자원이 부족하고 대구잡이 등의 수산업이 주요산업이었던 아이슬란드는 1972년 9월 어업전관수역(漁業專管水域)을 12해리에서 50해리까지 확대하여 선포하면서 영국과 국제 분규가 일어났다. 트롤 어선으로 대구를 포획하던 영국은 자국 어선들에 호위함을 붙여 조업을 강행했고, 아이슬란드는 영국과 곧바로 국교를 끊었다. 양국 간에 포격전도 벌어졌다. 이른바 '대구전쟁(Cod war)'이다.

그러나 국제 추세가 200해리 경제수역의 시대로 접어들면서, 영국이 1976년에 아이슬란드 근해 200해리 수역에서 어선을 철수함으로써 대구전쟁은 끝났다. 양국의 어업협정 과정에서 아이슬란드의 주장이 대부분 받아들여진 것이다. 인구 수십만에 불과한 아이슬란드가 영국을 이긴 영해전쟁이었다.

47. 명태明太

명태는 대구목 대구과로 우리 민족이 즐겨 먹어왔고, 무척이나 많이 잡히던 물고기이다. 몸무게는 600~800gr으로 한국 동해, 북부 오호츠크해, 베링해, 알래스카에 걸친 북태평양 해역에 주로 분포한다. 명태는 같은 과인 대구보다 홀쭉하고 길쭉한 모습을 하고 있다. 몸 전체에 특이한 무늬가 덮여있고 머리가 큰 편이며, 눈이 크고 아래턱은 위턱에 비해 앞으로 튀어나와 있다.

한류성 어류에 속하며 수온이 10~12℃ 정도가 되는 북태평양 지역의 대륙사면 근처에서 산다. 무리를 지어서 이동하며 생활하고, 집단이 커진 경우에는 종종 서로 잡아먹기도 한다. 주낙이나 그물을 이용해 잡으며 연중 내내 포획이 이루어진다. 맛이 담백하고 어획량이 많아 중요한 수산자원 가운데 하나이다.

명태는 『난호어명고』에 명태어(明鮐魚)라 기록되어 있고, 산 것을 '명틱', 말린 것을 '북어'라 한다고 하였다. 또 『동국여지승람』에는 무태어(無泰魚)라고 하였고, 『임하필기』 등 여러 글에도 명태(明太)라는 이름이 나온다. 원양에서 잡히는 물고기이어서인지 근해 어류를 기록한 『자산어보』와 『우해이어보』에는 명태에 대한 기록이 보이지 않는다.

명태란 이름이 붙게 된 연유에는 여러 설이 있다. 그 중 유명한 것이 '명천에 사는 태씨' 설이다.

"명천(明川)에 사는 어부 중에 태 씨(太氏) 성을 가진 자가 있었다. 어느 날 낚시로 물고기 한 마리를 낚아 고을 관청의 주방(廚房) 일을 보는 아전으로 하여금 도백(道伯)에게 드리게 하였는데, 도백이 이를 매우 맛있게 여겨 물고기의 이름을 물었으나 아무도 알지 못하고 단지 '태 씨 어부(太漁父)가 잡은 것이다.'라고만 대답하였다. 이에 도백이 말하기를, '명천의 태 씨가 잡았으니, 명태라고 이름을 붙이면 좋겠다.'고 하였다. 이로부터 이 물고기가 해마다 수천 석씩 잡혀 팔도에 두루 퍼지게 되었는데, 북어(北魚)라고 불렀다. 노봉(老峯) 민정중(閔鼎重)이 말하기를, '300년 뒤에는 이 고기가 지금보다 귀해질 것이다.' 하였는데, 이제 그 말이 들어맞은 셈이다. 내가 원산(元山)을 지나다가 이 물고기가 쌓여 있는 것을 보았는데, 마치 오강(五江, 지금의 한강 일대)에 쌓인 땔나무처럼 많아서 그 수효를 헤아릴 수 없었다('春明逸史', 『林下筆記』第二七卷)."

다른 설로는 "함경도 삼수갑산의 농민들이 영양 부족으로 눈이 보이지 않게 된 사람이 많았는데, '해변에 나가 명태 간을 먹고 돌아가면 눈이 밝아진다.'고 해서 명태라 불렀다"는 것이다(이두석 외, 2006).

또 다른 설로는 "함경도와 일본 동해안 지방에서는 명태 간으로 기름을 짜서 등불을 밝혔는데 '밝게 해 주는 물고기'란 뜻으로 명태(明太)란 이름이 붙었다."는 것이다. 실제 북한지역에서는 명태의 창자기름 따위로 실내에 불을 켰으며 이를 어유방등(魚油房燈)이라고 불렀다.

명태가 눈과 관련된 일화가 있어서인지 '눈에 명태껍질 발랐다'란 속담에 있다. 이는 시력이 좋지 않아 가까운 곳에 있는 물건도 찾지 못한다는 말이다. 명태가 흔한 지방에서는 눈병이 났을 때 마른 명태 껍질을 물에 적셨다가 눈에 발랐기 때문에 생긴 말이란다.

『임하필기(林下筆記)』는 이유원(李裕元, 1814~1888)이 1871년에 펴 낸 책이다. 이 책에서 '300년 뒤에는 이 고기가 지금보다 귀해질 것이다(此魚當貴于今)'라는 민정중(閔鼎重, 1628~1692)의 말은 후일 명태가 더 비싸지고 대접을 받을 거란 의미이거나, 아니면 명태가 당시에 그다지 대접을 받지 못했는데 후일 더 쓸모 있는 생선이 될 것이라는 말일수도 있다. 그러나 민정중의 시대에도 명태는 당연히 많이 잡히는 물고기였을 것이므로 명태의 지나친 남획을 걱정한 것으로 보아야 할 것이다. 이렇게 잡아대니 3백년 뒤에는 귀해질 것이 아닌가, 한탄한 것일 수도 있다.

명태는 버릴 것이 없는 생선으로 알려져 있으며, 러시아를 비롯한 일본, 우리나라에서 주요 수산물로 다양하게 이용되고 있다. 단백질이 풍부하여 찌개, 매운탕, 구이, 찜, 무침 등으로 다양하게 조리된다. 그래서 명태는 다양한 측면에서 여러 이름으로 불린다.

우선 크기에 다른 구분이다. 다 큰 것은 명태이지만, 새끼는 '노가리'이며 어린 명태는 '아기태'이다. 명태의 상태에 따라 갓 잡은 싱싱한 것은 선태(鮮太), 물태, 생태라 불린다. 생태가 언 것은 동태(凍太)이고 동명태라고도 한다. 말리면 북어이고 건명태, 건태(乾太)라고 한다. 얼려서 말린 가장 품질이 좋은 명태는 북홍어(北薨魚)이다. 또 포장 방법에 따라 짚 따위로 명태 따위의 주둥이 밑을 꿰어 묶으면 작태(作太)라 하고, 말린 명태를 싸리로 한 쾌에 20마리씩 꿰면 관태(貫太)이다.

명태는 말려서 건어로 만드는데, 배를 갈라서 내장을 빼고 소금에 절여서 넓적하게 말린 것은 짝태, 짝명태라고도 한다. 북어를 만드는 가공 과정에서 색깔에 따라 이름이 달라진다. 북어를 만들기 위해서는 바닷바람이 통하는 덕장에서 명태를 자연 상태에서 얼렸다 말리기를 여러 번 되풀이한다. 누렇게 빛이 변한 것이 가장 좋은 것으로 황태(黃太)라 하며, 하얗게 마른 것은 백태이고, 검게 마른 것은 흑태이고, 딱딱하게 마른 것은 깡태이다. 근년에 개발된 가공법으로 명태의 내장과 아가미를 빼고 보름 정도 반쯤 말려서 살이 꾸덕꾸덕한 것을 코다리라고 한다.

명태는 연중 잡히는 물고기어서 계절에 따라 다른 이름으로 불린다. 정월에 잡히면 일태(一太)라 하는 식으로 달에 따라 사태(四太), 오태(五太)라 불린다. 봄에 잡으면 춘태이고, 가을에 잡으면 추태이다. 음력으로 섣달 초순에 함경도 연안에 몰려드는 명태의 떼를 섣달받이라 하고, 음력 시월 보름 전후로 함경도 연안에 몰리는 명태의 떼를 은어받이라 하는데 몸이 크고 암컷이 많다. 동짓달 보름께에 함경도 바다로 몰려드는 명태 떼는 동지받이로 볼이 붉고 등이 넓으며 알배기가 많다. 산란을 마친 후 뼈만 남아 상품가치가 없는 것은 꺾태라 한다.

잡는 시간대에 따라 이름을 달리 부르기도 한다. 아침 해가 솟기 직전에 잡히는 명태를 아침때기물이라 하고, 맨 끝물에 잡은 명태를 막물태라고 한다. 잡는 방법에 따라 그물로 잡은 것은 그물태, 망태(網太)이고, 주낙으로 잡은 명태를 조태(釣太)라 부르는데, 조태는 대개 자잘한 것이 많다.

명태가 잡힌 장소에 따라 이름이 붙기도 한다. 주로 동해 연안에서 잡히는 명태는 해안태(海岸太)이고, 육지에서 멀리 떨어진 큰 바다에서 잡히는 명태는 원양태(遠洋太)이다. 강원도에서 잡히는 명태는 품질이 좋지 않았고 강태(江太)라 했고, 강원도 간성 앞바다에서 잡히는 명태는 간태(杆太)이고, 함경도 연안에서 잡히는 작은 명태가 왜태(倭太)이다.

명태는 다양하게 젓갈로 쓰인다. 명태 살을 발라 만든 육젓은 물론이요, 알을 소금에 절여 담근 명란(明卵)은 너무나 잘 알려진 것이다. 또 명태의 이리로 담은 젓은 고지젓이요, 명태의 눈으로 담그면 태안젓(太眼젓)이고, 명태의 창자에 소금, 고춧가루 따위의 양념을 쳐서 담근 젓은 창란젓이다. 창란젓은 태안해, 축이(鱁鮧), 태장젓이라고도 불린다. 아가미도 젓을 담갔고 귀세미젓이라고 부른다. 참, 우리네 조상들은 명태를 알뜰하게 먹었다.

　이렇듯 우리 생활과 밀접하게 이어 내려온 명태라서인지 속담에도 곧잘 등장한다. '명태 대가리 하나는 아깝지 않아도 고양이 소위가 괘씸하다.'는 없어진 명태가 아까워서가 아니라 훔쳐 간 고양이의 소행이 더 밉다는 뜻으로, 입은 손해보다도 그 저지른 짓이 미움을 비유적으로 이르는 말이다. '명태 만진 물로 사흘을 국 끓인다.'는 몹시 인색한 사람을 두고 하는 말이다. '북어 뜯고 손가락 빤다.'는 말은 작은 이익을 당치도 않은 데서 보려고 하는 사람을 비웃는 속담이다. '북어 한 마리 놓고 제사상 엎는다.'는 것은 해 준 것 없이 생색만 내는 사람을 이르는 말이다. '명태 한 마리 놓고 단전 본다.'는 말은 하고 있는 일과는 상관없는 엉뚱한 일을 함을 이르는 속담이다.

　요즘 세상과는 전혀 어울리지 않는 속담도 있다. '북어하고 팥은 두들겨서 껍질을 벗기고, 촌놈하고 계집은 두들겨서 길들인다.'는 것은 아래 것들은 무섭게 다루어 길을 들여야 한다는 말이다. 속말 비슷하게 '노가리 깐다.'는 말이 있다. 말이 많거나, 거짓말을 늘어놓는 것을 속되게 이르는 말이다. 명태는 한꺼번에 매우 많은 수의 알을 까는 만큼 헛말이 많거나, 잡담을 늘어놓는 것을 이르는 말이다.

　『난호어명고』에 동해에서 나는 명태를 '말로 실어 나르는 것은 철령(鐵嶺)을 넘는다.'고 하였다. 다른 옛글에서도 명태를 내륙으로 운반하는 모습을 묘사하고 있다.

"함흥 이북 바다에 명태라는 고기가 있는데, 몸이 길고 비늘이 잔데다 약한 검은색을 띠었다. 가을에서 겨울로 넘어갈 때 잡기 시작한다. 얼린 것이 맛이 있고. 알도 젓을 담글 수 있는데 그 이익이 크다. 철령(鐵嶺) 이남으로 나르는 고삐를 이은 말방울 소리가 그치지 않는데, 모두 이 물고기이다(成海應, '北邊雜議 記東方土産', 硏經齋全集卷之四十六)."

명태는 우리 민족의 물고기랄 만큼 쓸모도 있고, 맛도 있어 사연도 많았다. 마지막으로 명태를 잡아 놓은 포구의 모습을 그려 놓은 시를 살펴본다.

〈수성가 그 여섯 번째〉

어부들이 날마다 명태를 잡는데,
쌓아 놓은 것이 작은 산 같아 셀 수조차 없네.
엽전으로 삼백 량 어치인지 오백 량 어치인지,
날마다 영서에서 온 장사치에 팔아넘기네.
〈水城歌, 其六〉崔昌大(1669~1720, 昆侖集卷之二)
漁夫日捉明太魚, 積如丘山不可數. 靑錢三百直五百, 日日賣與嶺西賈.
● 水城·杆城의 옛 이름. 守城이라고도 함. 靑錢·靑銅錢의 줄인 말이다.

얼마나 명태가 많이 잡혔으면 산언덕과 같다고 했을까? 시의 청전(靑錢)은 구리나 청동으로 주조한 돈을 말한다. 예전에는 엽전이라 불렀던 상평통보일 것이다. 시에서 고개(嶺)라 한 것은 철령(鐵嶺)을 말한다. 이른바 관북지방인 동해안의 함경도와 강원도를 잇는 고개로 옛 서울과 관북지방을 연결하는 교통 요지였다. 이 고개의 북쪽을 관북지방, 동쪽을 관동지방이라고 부른다.

명태는 이제 우리 동해에서 잘 잡히지 않는다. 요즘 우리가 먹는 동태는 러시아 쪽 북양에서 잡은 것이고, 생태는 일본 북해도산이다. 일본에서 명태를 잡으면 알만 꺼내 명란을 만들고, 나머지는 어묵이나 만들 정도로 그다지 쓸모가 없었던 것이었다. 동해에서 명태가 사라진 후 일본 명태는 한국 수출로 호황을 맞게 된 것이다. 이제 우리 바다에서 만난 수 없는 명태는 '동해바다의 그리움'이 되었다.

48. 고등어 古刀魚

고등어는 농어목 고등어과의 바닷물고기로 몸길이가 30cm 정도이고, 등 쪽은 암청색이고 배는 희다. 『자산어보』에 벽문어(碧紋魚), 고등어(皐登魚), 『난호어명고』에 고도어(古刀魚), 『재물보』에 고도어(古道魚)라 기록되어 있다.

등에 청흑색의 물결무늬가 측선에까지 분포하여 벽문어(碧紋魚)란 이름을 얻었다. 이런 색깔은 일종의 보호색으로 하늘에서 물고기를 잡아먹는 새들이 보면 바닷물 색 같아서 잘 보이지 않고, 바다 속에서 포식자들이 보면 배가 밝은 색이라 잘 보이지 않는다. 물고기의 이런 색깔을 '반대음영(反對陰影)'이라 하는데 생존을 위한 일종의 위장술이다.

고등어는 태평양, 대서양, 인도양의 온대 및 아열대 해역에 분포하는 부어성(浮魚性) 어종으로 표층 또는 표층으로부터 300m 이내의 수층에 서식한다. 계절회유를 하며, 북반구에 서식하는 종은 수온이 상승하는 여름철에 북쪽으로 이동을 하고 겨울철에는 남쪽으로 이동하여 산란한다. 한국에는 2~3월경에 제주 성산포 근해에 몰려와 점차 북으로 올라가는데 그 중 한 무리는 동해로, 다른 한 무리는 서해로 올라간다. 9월에서 다음해 1월경부터 남으로 내려가기 시작한다.

고등어는 성질이 급해 잡히자마자 죽어버린다. 죽으면 체내 아미노산이 히스타민으로 변해 식중독을 일으키기 쉽다. 이를 막기 위해서 고등어는 소금에 절여 자반고등어를 만든다.

생선을 자반으로 만드는 방법은 비늘, 내장, 알, 이리 등을 떼어 내고 소금물로 씻어 건져 물기가 빠진 후 아가미에 마른 소금을 가득 채우고 몸에도 많이 뿌려서 항아리에 나란히 놓고 켜마다 소금을 뿌려 1~2일 지난 다음 간국에서 건져서 꾸덕꾸덕 말려서 다시 마른 항아리에 담아 저장하거나 간국에 그대로 저장해 두고 쓴다. 자반 생선 중 가장 유명한 것이 자반조기인 굴비인데, 굴비는 자반이란 말을 아예 떼어내었고, 자반고등어가 자반생선의 대표주자가 되었다.

자반고등어의 산지로 유명한 곳이 바닷가가 아니라 한참 내륙인 안동지방이다. 바다에서 갓 잡은 고등어는 안동으로 운송되는 동안 숙성과정을 거치게 되어 맛이 깊어진다. 고등어는 값싸고 맛도 있는데다, 영영가도 많아 서민들이 밥상에 즐겨 올려왔다.

서민생활의 삶 속에 녹아들어 있는 대중적인 수산물이어서 '바다의 보리'란 별명도 있다.

고등어는 일본말로 '사바'이다. 그런데 우리 사회가 맑지 못한 탓인지 '사바사바'란 말이 있어 왔다. 이 말은 일본어에서 유래된 말이지만, 우리 언어생활에 깊숙이 들어와 있고 국어사전에도 올라와 있다. 국어사전에 '사바사바(일본어)'는 '뒷거래를 통하여 떳떳하지 못하게 은밀히 일을 조작하는 짓을 속되게 이르는 말'이라 나와 있다. 그런데 일본말 사바사바(さばさば)는 '마음이 후련한 모양', '성격이 소탈하고 시원스러운 모양'이라는 뜻으로 나쁜 뜻이 없다. 다만 사바란 말에 '고등어를 센다'는 용례가 있고 그 뜻은 '수량을 속여 이익을 취한다.'는 것이다. 즉 고등어를 빨리 세면서 그 수를 속였기 때문이라 한다.

사바사바란 말에 대한 설명이 나오는 한 책이 있다. "흔히 '목적을 위해 떳떳치 못한 방법으로 하는 교섭행위'를 지칭하는 '사바사바'란 말이 유래된 재미있는 일화가 있다. 즉 조선시대에 고등어는 일본에서 귀한 생선이었는데 한 일본인이 나무통에 고등어 2마리를 담아 관청에 일을 부탁하러 가던 중 어떤 사람이 그게 뭐냐고 물어 그냥 '사바'를 가지고 관청에 간다고 얘기한 것이 와전돼 '사바사바한다.'는 의미로 전해진 것이다(이두석 외, 2006)."

그럴듯한 이야기이지만 그 설명이 명쾌하게 다가오지는 않는다. 오히려 사바사바란 말이 나오고 나서 덧붙인 설명 같기도 한다. 어쨌든 '사바사바'란 말이 우리 사회에서 없어지는 것이 당연한 것인데, 이제는 국어사전에도 떡하니 올라 있는 '우리말'이 되었다. 사람 사는 데서 '사바사바'란 말이 없어지는 것이 참 어려운 모양이다.

고등어는 초가을부터 늦가을까지가 맛이 가장 좋아 '가을 배와 고등어는 며느리에게 주지 않는다'는 속담이 있다. 너무 맛이 좋아 며느리에게 주기 아깝다는 말이다. 일본에도 비슷한 속담이 있다. '가을 고등어는 며느리에게 먹이지 말라'는 말이다. 이것에 대해서는 임신한 며느리에게 고등어를 먹게 하면 그 강한 기름으로 아기에게 좋지 않는 영향이 있기 때문이란 해석이 있고, 또 다른 하나는 맛이 있고 영양이 있는 고등어를 며느리에 먹인다는 것은 과분하다는 해석이다. 며느리를 천시하는 의미이다.

고등어를 읊은 시 한 수를 감상하자.

〈자유가 보낸 먹과 고등어를 사례하며 지은 10수 중 6수〉
반 자 푸른 물고기 옛 칼이란 이름 있는데,
칼이 고기가 되었단 말이 그럴듯하이.
연평바다에서 풍우를 일으키던 칼이 아니던가,
동쪽바다를 살찌게 함이 천년을 전해 오네.
사람들은 고등어가 살지다고 말하고,
소금에 절이면 그 맛 당할 게 없지.
채소 맛을 내는데 가장 좋은 것이니,
맛난 것 즐기는 사람이면 먼 곳에서라도 구해먹지.
〈謝魚子游惠墨及古刀魚十首中六, 八〉 金世弼(1473~1533, 十淸軒集卷之二)

蒼魚半尺古刀名, 刀化爲魚理孰評. 莫是延平風雨劍, 千年遺育牣東瀛.
人說刀魚有腹腴, 和鹽爲鮓味無徒. 五宜最屬嘗茄子. 一箸何人塞遠需.

● 五宜·오장병(五藏病)에 적합한 곡류, 육류, 과일, 채소 등의 총칭임.

 시에 고검(古刀)이란 말이 옛 칼인지, 헌 칼이지 알 수 없지만, 고등어의 날렵한 칼을 닮은 모습을 말하는 것이다. 마지막 구의 '한 젓가락(一箸)'이라는 표현이 재미있다. 중국 진(晉)나라 때의 재상 하증(何曾)은 사치가 심했으며 특히, 음식 사치는 왕자보다 심해서 매일 만전(萬錢) 어치의 음식을 차려 먹으면서도 항상 "젓가락 댈 데가 없다."라고 말했다 한다. 시의 '한 젓가락(一箸)'이란 말은 '하증은 한 젓가락에 만전을 허비했다(何曾一箸費萬錢)'는 뜻을 안고 있다. 정말로 식도락가였고 '한 젓가락 하던 사람'이었다. 그런 사람이 값싼 고등어를 정말로 맛있게 먹었을까?
 고등어는 주로 낚시로 잡는데 잡히자마자 죽고, 붉은 살에 부패가 일어난다. 오죽 빨리 상하기에 '고등어는 살아서도 부패한다'는 말이 있을까. 고등어는 성인병을 예방하는 기능성 물질과 항산화 작용을 하는 비타민E, 그리고 피부를 아름답게 하는 비타민B_2가 다량 함유되어 있다. 고등어는 비싼 물고기는 아니지만, 워낙 상하기 쉬워 회로 먹기는 어려웠는데, 요즘은 고등어 초밥이 자주 눈에 띤다. 활어를 수송하는 방법이 발달한 덕택이다.

49. 쥐치 鼠魚

『난호어명고』에 서어(鼠魚)라 기록되어 있는 쥐치는 복어목 쥐치과의 물고기이다. 방언으로 객주리, 쥐고기, 가치라고도 불린다. 우리나라 서부남해에 널리 분포하며 몸은 타원형에 가깝고 납작한 편이다. 빛깔은 보통 회청색에 암갈색 반점이 많으며 때론 분홍빛을 띠기도 한다. 행동이 둔하고 헤엄을 잘 치지 못하지만 흥분하면 등가시를 세워 적을 위협한다. 다른 쥐치가 영역을 침범하면 몸빛이 선명해지면서 적을 몰아댄다. 쥐치란 이름은 넓적하고 끝이 뾰족한 이빨이 마치 쥐의 이빨처럼 보이기에 붙여진 것이다.

쥐치의 성상에 대해서는 『우해이어보』에 상세하고 흥미롭게 나와 있다. 이 어보의 쥐치 부분을 그대로 옮겨본다.

"서뢰(鼠鱲)는 쥐고기(鼠魚)이다 온몸이 쥐와 비슷하고 귀와 네 다리가 없다. 껍질은 모두 비릿하고 끈끈해서 손으로 만질 수 없다. 큰 것은 1척이며 항상 물속에 엎드려 있다. 낚시 미끼를 잘 물지만 입이 작아서 삼키지 못하고 옆에서 갉아먹는 것이 마치 쥐와 같다.

이 쥐치는 잡기가 무척 어렵다. 그래서 쥐치를 잡으려는 사람들은 낚싯바늘을 녹두알만한 크기로 7~8개 정도를 만든다. 그리고 납가새[68] 열매처럼 짧고 뾰족한 낚싯바늘에 보리밥 한 알씩을 끼어놓고, 긴 대나무 낚싯대를 쓰지 않고 손으로 낚싯줄을 잡고서 낚시를 한다. 한두 길 되는 낚싯줄로 낚싯바늘에서 한 치 정도 떨어진 곳에 납덩어리를 달아놓고, 뱃머리에 앉아 밑으로 물의 모양을 살펴보면서 바로 아래로 던져 넣는다. 만약 물의 모양이 조금이라도 움직이는 것을 보면, 재빨리 손을 뻗어 배 뒤쪽을 향하여 위로 던져 올린다. 그러면 쥐치가 따라서 물위로 끌려오는데, 조금만 늦으면 벌써 낚싯바늘을 뱉어 버린다."

『우해이어보』에서 쥐치를 읊은 시이다.

〈쥐치〉

가볍게 흔들리는 거룻배로 안개 낀 물가로 가니,

---

[68] 납가새과에 속하는 일년생 초본식물. 남가새라고도 하며, 한자어로는 질리자(蒺藜子)·백질려(白蒺藜)라고도 한다. 바닷가 모래밭에서 자라며 줄기는 밑에서 가지를 치며 갈라져 옆으로 자라 길이가 1m 정도에 달한다.

붉은 해가 막 떠오르고 푸른 바다는 차디차다.
배에서 창 열고 혼자 앉은 이 그 누구인가,
손가락 끝으로 걸어 올리는 쥐치가 보이네.
〈牛山雜曲, 鼠鯔〉 金鑢(1766~1821, 藫庭遺藁卷之八)
輕搖舴艋下烟灘, 紅日初生碧海寒. 獨坐蓬窓何許子, 指端撈出鼠魚看.

● 蓬窓·배의 창문

　『우해이어보』에는 쥐치 낚시가 까다로운 것으로 묘사되어 있다. 시에서 쥐치 낚시는 낚싯대를 쓰지 않고 줄낚시를 한다는 것이 흥미롭다. 쥐치는 입이 작아서 낚시에 잘 걸리지 않고, 또 단단한 이빨로 줄을 끊거나 미끼만 따먹고 달아나 버리기 때문에 '미끼도둑'이란 이름으로 불리기도 한다.

　『난호어명고』에는 쥐치의 껍질이 모래 같아 나무를 갈아낼 수 있다고 했다. 쥐치의 표피가 마치 줄이나 가죽처럼 거칠거칠하여 상어의 가죽과 같이 사포(砂布) 대용으로 쓰이는가보다. 또 '살이 비린내가 나서 먹을 수가 없다'고 했지만, 요즘에는 통째로 썰어서 뼈회로 먹으며, 포를 떠서 말려서 먹기도 한다. 몸이 납작하여 껍질을 벗겨서 포를 뜨기가 쉬우며, 10~12cm 크기로 포를 뜬 것을 여러 개 포개서 조미하여 말린 것이 쥐포이다.

　쥐치는 남해에 흔한 생선이었지만, 다루기 어렵고 살도 많지 않아 먹지 않았다. 어부들은 쥐치가 그물에 걸리면 골치아파했다. 머리의 가시가 그물에 걸려 엉키기 때문이었다. 쥐치는 떼로 몰려다니는데 큰 무리가 걸리면 그물을 버려야 할 지경이 되어, 어부들은 긴 막대기로 쥐치들을 몰아내는 게 일이었다고 한다.

쥐포를 즐겨 먹게 된지는 수십 년밖에 되지 않았다. 새로운 조리법의 개발로 쓸모가 없다고 여겼던 물고기를 서민의 술안주로 만들어 낸 것이다. 하지만 '쥐포'라는 이름이 좀 거시기하다. '한국 살람 징그러워요! 쥐 고기를 먹어요!'라는 동남아 캐릭터의 코미디언이 하는 개그가 인기가 있기도 했다. 쥐포는 달콤하고 고소한데다 씹을수록 맛이 울어난다. 뚝배기보다는 장맛이라더니, 쥐포의 이름이 좀 거시기 하기는 하나 맛은 제법이다.

50. 도루묵還目魚

　도루묵은 농어목 도루묵과의 바닷물고기로 몸길이는 26cm 정도이고 알래스카, 사할린섬, 캄차카반도, 한국 동해 등의 북태평양 해역에 분포한다. 수심 200~400m의 모래가 섞인 갯벌바닥에 몸의 일부를 묻은 채 산다. 고서에는 은어(銀魚), 목어(木魚), 환맥어(還麥魚), 환목어(還目魚), '도로목'으로 기록되어 있기도 하다.
　도루묵은 은어라는 아름다운 별명을 가졌지만 실은 수수하게 생기고, 맛도 그저 그런 물고기이다. 그런데 이 이름을 갖게 된 사연이 재미있어 인구에 회자되는 것이다. 어느 왕이 피난을 가서 이 물고기를 맛보고 하도 맛이 있어 은어란 이름을 붙여주었다는 것이다. 이 고사에 대해서는 택당 이식의 긴 시가 있다.

〈환목어(還目魚)〉

목어(目魚)라는 이름 가진 물고기가 있었나니,
바닷고기 중에서도 품질이 형편없었지.
원래 번지르르하게 기름지지도 못하였고,
타고난 생김새도 볼 만한 게 없었더라.
그래도 씹어 보면 담박한 맛이 있어,
겨울철 술안주로 즐길 만하였어라.
예전에 임금님이 난리를 피해,
황량한 이곳 해변에서 고초를 겪었다오.
마침 목어가 수라상에 올라와서,
출출한 배 든든하게 채워 드렸지.
은어라는 이름을 특별히 하사하시고,
영원히 궁에 바치도록 하명하셨더라.
그 뒤 대가(大駕)가 도성으로 귀환하니,
수라상 각종 진미가 서로들 뽐냈었다.
가엾게도 목어 역시 그 사이에 끼였는데,
한번이라도 맛보시는 은총을 어찌 받았으랴.
금세 이름 깎여 도로 목어로 되돌아가,
순식간에 버림 받게 되었어라.
잘나고 못난 것이 자기와 상관이 있으랴,
귀하고 천한 신분은 때가 결정하나니.
명칭이란 그저 겉치레에 불과한 것,

버림받았다 해도 그대 탓이 아니어라.
푸른 바다 깊숙한 곳에서 헤엄치며,
유유자적하는 것이 마땅할 지로다.
〈還目魚〉 李植(1584~1647, 澤堂集第五卷)
有魚名曰目, 海族題品卑. 膏腴不自潤, 形質本非奇.
終然風味淡, 亦足佐冬釀. 國君昔播越, 艱荒此海陲.
目也適登盤, 頓頓療晚飢. 勅賜銀魚號, 永充壤奠儀.
金輿旣旋反, 玉饌競珍脂. 嗟汝厠其間, 詎敢當一匙.
削號還爲目, 斯須忽如遺. 賢愚不在己. 貴賤各乘時.
名稱是外飾, 委棄非汝疵. 洋洋碧海底, 自適乃其宜.

　　은어란 이름을 하사한 왕이 누구인가는 설이 분분하다. 조선조 선조란 이야기도 있고, 또 인조란 이야기도 있다. 그러나 허균(1569~1618)의 글에 환목어 이야기가 나오는 것을 보면 병자호란(1636) 때의 사연은 아닌 것이 확실하다.

　　저자 미상인 『후광세첩(厚光世牒)』[69]이란 책의 '오음공(梧陰公) 윤두수(尹斗壽, 1533~1601) 연보'에 도루묵이 은어란 이름을 얻은 사연이 기록되어있다.

"임금이 요동으로 가기 위하여 의주를 향하여 6월 14일 영변(寧邊)을 떠났는데, 깊은 밤에 비는 내리고, 호위하던 군졸들도 사면으로 흩어지고, 시위(侍衛)는 겨우 수십 인으로서 때로는 결식을

---

[69] 16세기에 나온 저자 미상의 책으로 여러 인물의 일대기를 기록하고 있다.

해가며 행군을 계속하여 6월 20일에 의주 용만(龍灣)에 도착하였는데, 그 참상은 임진강을 건너던 때보다 더 심하였다.

도로묵이라는 생선에 대한 일화도 이때에 나온 이야기다. 어느 날 수라상에 이 생선이 올랐는데 선조 임금께서는 하도 맛이 좋아서 '이 생선의 이름이 무엇이냐?'라고 물으시어 '묵이라는 생선이옵니다.'라고 아뢰었더니 임금께서는 '그 이름이 흉하다. 은어(銀魚)라고 해라.' 하시었다. 그 후 서울이 수복되어 환도하신 후 어느 날 그 생선을 찾으시기에 수라상에 올리었더니 맛을 보시고 '이렇게 맛이 없는 생선이 어디에 있느냐.' 하시며 그 생선의 이름을 '도로 먼저 이름대로 묵이라고 해두어라.' 하시어서 세상 사람들은 그 이름을 도로묵이라고 부르게 되었다는 일화가 있다. 이는 하나의 전설로서 그 당시의 참상을 말해주고 있다."

1592년 임진왜란에 선조 왕(재위 1567~1608)이 의주로 피난했을 때의 일화라 한다. 그러나 이 글에도 이 일화가 '이는 하나의 전설로서 그 당시의 참상을 말해주고 있다'고 부연설명을 하고 있어 사실적인 기록이라고 보기 어려운 면이 있다. 게다가 선조가 피난을 갔던 의주는 도루묵 산지인 동해에서 먼 내륙지방이다.

허균의 글에 "은어는 동해에서 나는데, 애초 이름은 목어(木魚)였다. 전조(前朝)의 왕이 좋아해서 은어로 이름을 고쳤는데, 많이 먹고 실증이 나서 다시 목어로 돌렸다."는 내용이 나온다(『屠門大嚼』). 선조 왕은 허균과 동시대 사람이다. 허균이 감히 선조를 '전조의 왕'이라고 표현할 수는 없다. 고려 왕조 때 이야기인가 보다. 허균이 고려 말의 시인 이색(李穡, 1328~1396)의 일화를 말하며

'전조말(前朝末)의 시인'이라 표현하고 있기도 하다(『屠門大嚼』).

이런저런 궁금증을 풀어 줄 결정적인 단서를 만났다. 임진왜란 (1592~1598)이 일어나기 이전 사람인 신광한(申光漢, 1484~1555)이 지은 '회은어를 받고 감사하며'라는 시의 부연설명에 "이 물고기의 옛 이름은 목이었지만, 중간에 은이라 했고, 지금은 도로 목이라 한다."고 적고 있다. 시에는 도루묵의 이름을 지어준 변덕쟁이 임금님은 나오지 않는다. 어쨌든 도루묵에 은어란 이름을 지어 준 사람은 선조 왕도 인조 왕도 아니었다.

〈이혜산 원님이 보내 준 회은어에 대한 감사 편지〉

그 춥고도 적막한 바닷가에서,
생선을 보내신 그 마음 고맙기도 합니다.
땔감도 없지만 재를 피워 불붙이니,
목어 변해 은어 된 듯 진미처럼 여겨지오.

〈簡謝李使君惠山灰銀魚〉 申光漢(1484~1555, 企齋集卷之三)

鄒律難溫寂寞濱, 惠鮮還荷使君仁. 薪窮作炭能傳火, 目變爲銀更擅珍.

魚舊名目, 中變爲銀, 今還爲目云.

- 추율은 전국 시대 추연(鄒衍)이 음계를 정한 피리의 곡조이다. 추연은 음률에 밝아 피리를 불어 땅을 따뜻하게 만들 수 있었다 한다(『列子』 湯問). 擅珍·맛있는 음식, 진미

가난한 살림에 모처럼 생선이 생기고, 그것도 성의껏 보내 준 선물이어서 수수한 물고기가 귀한 은어처럼 여겨진다. 그래서 '목어가 변해 은어가 되었다(目變爲銀)'고 한다. 도루묵을 회은어

(灰銀魚)라고 적고 있는 것을 보면 시인은 은어와 도루묵의 차이를 잘 알고 있다.

수수한 물고기가 어쩌다 은어란 화려한 이름을 얻었다가 다시 제 이름으로 돌아가게 되었다는 사연은 인생유전의 쓸쓸함을 보여주기도 한다. 또 배고플 때 맛있게 먹었지만, 배가 부르니 맘이 변했다는 사연도 아침 다르고, 저녁 다른 세상인심의 변화를 말해주는 것 같기도 하다.

아무튼 도루묵이 우리에게 남긴 가장 큰 것은 '말짱 도루묵'이란 말이다. 공들인 모든 것이 허사로 돌아갔다는 냉소적 표현의 하나이다.

51. 홍어 洪魚

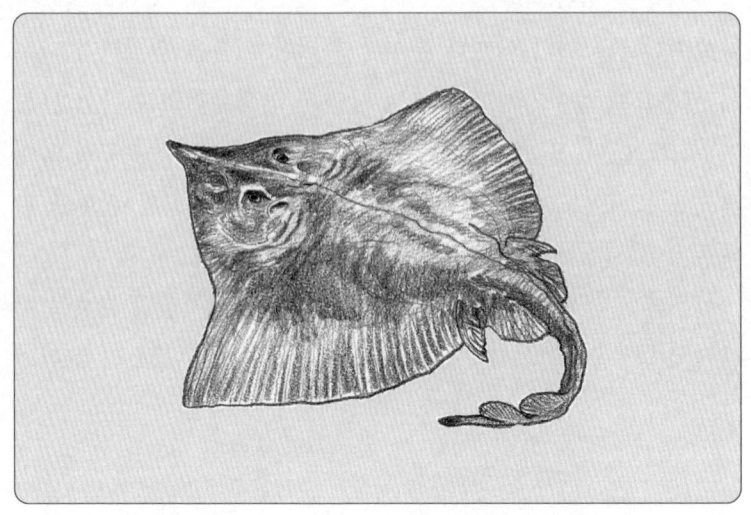

홍어는 홍어목 홍어과의 물고기이며 고서에 홍어(洪魚), '무럼'으로 기록되어 있다. 같은 과에 바닥가오리, 저자가오리, 광동홍어, 도랑가오리, 살홍어, 무늬홍어, 깨알홍어, 홍어, 오동가오리, 고려홍어, 참홍어가 포함되어 있다.

『본초강목』에는 소양어(邵陽魚)라 하였고, 모양이 연잎을 닮았다 하여 하어(荷魚), 그리고 생식 과정이 괴이하다 하여 해음어(海淫魚)라고도 하였다. 『자산어보』에는 분어(鱝魚)라 하였고 속명을 홍어(洪魚)라 하였다. 방언으로 전북에서는 간재미, 경북에서는 가부리, 나무가부리, 전남에서는 홍해, 홍에, 고동무치, 함경남도에서는 물개미, 신미도에서는 간쟁이라고도 불린다.

홍어의 몸길이는 약 150㎝ 정도이고, 몸은 마름모꼴로 폭이 넓으며, 머리는 작고 주둥이는 짧으나 튀어나와 있다. 눈은 튀어나와 있으며, 눈의 안쪽 가장자리를 따라 5개의 작은 가시가 나 있다. 등 쪽은 전체적으로 갈색을 띠며 군데군데 황색의 둥근 점이 불규칙하게 흩어져 있고, 배 쪽은 희다. 꼬리의 등 쪽 가운데에는 수컷은 1줄, 암컷은 3줄의 날카로운 가시가 줄지어 있다. 수컷은 배지느러미 뒤쪽에 대롱모양의 생식기 2개가 몸 밖으로 튀어나와 있으며 가시가 나 있다.

　홍어는 가오리와 흡사한 모양이지만 가오리는 주둥이 부분이 둥글거나 약간 모가 나 있는 것(노랑가오리, 흰가오리, 상어가오리)이 특징이다. 이에 비해 홍어는 주둥이가 뾰족하며, 굵은 꼬리 윗부분에 2개의 지느러미와 가시가 2~4줄 늘어서 있다. 산란기는 9월부터 이듬해 3월까지이며, 11~12월에 가장 성하다. 홍어 떼가 다니는 길목을 그물로 막아, 고기들이 그물을 피해 다른 그물로 들어오도록 유도하여 살아 있는 채로 잡거나, 낚시로 잡는데 산란기인 겨울에서 이른 봄이 제철이다.

　홍어는 우리나라에서 상업적 가치가 높은 어종의 하나이다. 홍어는 먹는 방법이 독특하다. 톡 쏘는 맛이 나도록 삭혀서 막걸리를 곁들여 먹는 홍탁(洪濁)이 유명하며, 전남 서남해안 지방에서는 잔치 음식에 삭힌 홍어가 빠지지 않는다. 이른 봄에 나는 보리싹과 홍어 내장을 넣어 '홍어 앳국'을 끓이기도 하며, 회, 구이, 찜, 포 등으로 먹기도 한다.『자산어보』에도 "회, 구이, 포 등에 모두 적합하다. 나주(羅州) 가까운 고을에 사는 사람들은 즐겨 삭힌 홍어(鮫魚)를 먹는다, 지방에 따라 기호가 다르다."고 삭힌 홍어 먹는 기호를 기술하고 있고, '숙취를 가라앉히는 데 가장 좋다.'는 기록이 있다.

 삭힌 홍어는 나주지방의 명품 요리로, 홍어의 내장을 제거하고 짚 발효균으로 3도에서 15일가량 숙성시킨다. 홍어는 부레와 신장이 없는 대신 혈액에 뇨소(尿素) 함유량이 많아 혈액의 삼투압을 조절하는데, 홍어가 죽는 순간부터 체내의 뇨소가 분해되어 암모니아로 바뀌는 과정에서 부패가 저지된다. 암모니아가 부패균을 죽이는 기능을 해서 홍어는 썩지 않고, 삭는 것이다. 이렇게 삭힌 홍어는 발효식품으로 식중독이 일어나지 않는다. 삭힌 홍어가 생긴 사연은 '고려 말에 왜구의 난동으로 흑산도 주민을 나주 영산현(영산포)으로 이주시키는 과정에서 반찬으로 가져온 생 홍어가 삭아서 알게 되었다.'는 전설이 있다.

 홍어 요리 중 유명한 것이 삭힌 홍어, 막걸리, 삶은 돼지고기의 홍탁 삼합이다. 막걸리에는 유기산이 많아 암모니아를 중화시키고, 돼지고기는 홍어의 냄새를 중화시키는 효과가 있다고 한다. 홍탁은 남도 사람들이 즐겨 먹은 음식이었으나 이제는 전국구가 되었다. 홍어를 썩혀서, 아니 삭혀서 먹는 것을 만들어 낸 조상의 지혜가 놀랍다.

 옛 분들은 홍어를 음탕한 물고기라고 하였다. 『자산어보』에 홍어가 해음어(海淫魚)란 이름을 얻게 된 사연이 있다.
"홍어는 암놈이 낚싯바늘을 물고 엎드릴 적에 수놈이 이에 붙어서 교합하다가 낚시를 끌어올리면 나란히 따라올라 오는데 이때

암놈은 먹이 때문에 죽고, 수놈은 간음 때문에 죽는다고 말할 수 있다."

실제 홍어는 체내수정을 하며 홍어가 교미할 때에는 배를 맞대고 꼬리를 서로 꼰 자세를 하는데, 억지로 떼어 놓으려 해도 잘 떨어지지 않을 정도로 수놈이 암놈을 꽉 껴안고 있다. 참으로 지극하고 열렬한 애정행각이며, 애정 행위 중에 낚시에 걸리게 되어 정사를 하는 것이다.

홍어는 흑산도 홍어라야 한다는 말이 있다. 그런데 흑산도에서 잡히는 홍어는 일반 홍어가 아니라 '참홍어'를 이르는 말이고, 일반 홍어인 간재미와는 구분한다. 간재미는 가오리를 이르는 말이기도 한데, 흑산 홍어가 워낙 유명하다보니 흑산도에서는 참홍어가 아니면 가오리 취급을 받는 것인지도 모르겠다. 『자산어보』에는 간재미(瘦鱝)는 '넓이는 한두 자에 지나지 않고, 몸이 몹시 파리하며 빛깔은 노랗고 맛이 없다.'고 기록되어 있으니 참홍어와는 맛 차이가 있는 것이다. 흑산 홍어는 큰 것 한 마리에 수십만 원을 호가하나 없어서 못 판다고 한다.

홍어를 읊은 시 한 수.

〈홍어〉

모습이 다른 어류와 무척 다르고,
생김새도 다른 생선들과 다르네.
몸이 커서 움직이기 어렵고,
몸이 무거워 잘 다니지 못하네.

부드러운 뼈는 씹기가 좋고,
넉넉한 살은 국끓이기 좋아라.
날뛸 만한 용기가 없으니,
발호하긴 하늘에 오르듯 어려우리.
〈洪魚〉 李應禧(1579~1651, 玉潭詩集 玉潭私集)
狀貌殊群錯, 形容異衆鮮. 身洪難起動, 體重未輕遷.
軟骨宜專嚼, 豐肌可入煎. 跳梁無一勇, 跋扈似登天.

    시에서는 홍어의 모습, 크기를 묘사하고 먹기 좋음도 잘 표현하고 있다. 그러나 홍어 자체를 그리 높이 평가하고 있지는 않다.
    요즘 '만만한 게 홍어 좆이냐'라는 속말이 있다. 홍어는 어류치고 생식방법이 특이하다. 암놈이 낳아 놓은 알 위에 방정(放精)을 하는 게 아니라 수컷이 직접 대롱 모양의 2개의 생식기로 암놈에게 정액을 주입한다. 홍어의 생식기는 몸 밖에 돌출해 있고 가시가 있어 어부가 다치거나, 작업에 지장을 주기 때문에 어부들은 홍어를 잡았을 때 가장 먼저 이것부터 잘라 버린다. 이런 홍어의 생식기를 없애는 작업 때문에 '만만한 것이나 만만한 사람'에 빗대 '만만한 게 홍어 거시기'란 말이 나왔다. 그러나 요즘에는 홍어의 거시기 요리가 인기가 높다고 한다. 우리나라 사람은 못 먹는 것이 없고, 홍어는 정말 버릴 게 없나보다. 게다가 연골인 홍어 거시기의 뼈는 퇴행성관절염에 효과가 매우 좋다고 한다.

52. 오징어 烏賊魚

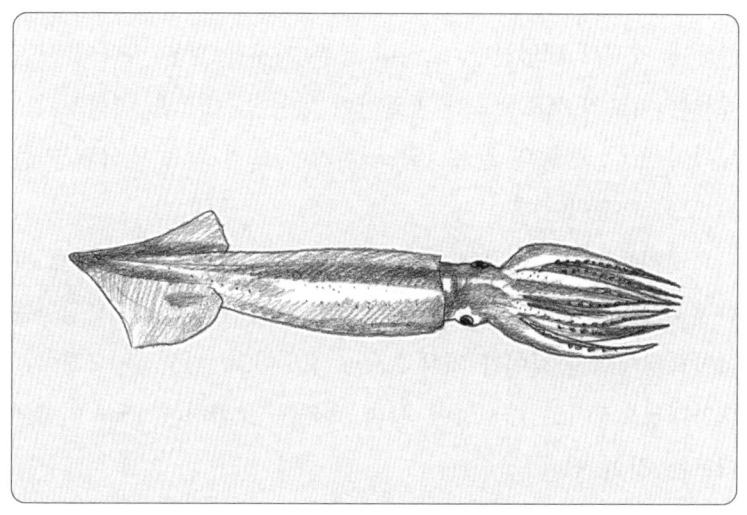

오징어는 두족류 십완목(十腕目)에 속하는 연체동물인 오징어 종류의 총칭이며 『난호어명고』에 오적어(烏賊魚), '오적어'로 기록되어 있다. 『자산어보』에는 오징어의 이름이 오적어(烏賊魚) 외에 묵어(墨魚), 남어(纜魚), 승어(僧魚)라고 적혀 있다. 『우해이어보』에는 오노어(鮢鮱魚), 오적노(烏賊奴), 승어(僧魚)라 나와 있다.

서식 장소는 연안에서 심해까지 걸쳐 광범위하다. 몸은 머리, 몸통, 다리의 3부분으로 이루어지며, 머리는 다리와 몸통 사이에 있고 좌우에 큰 눈이 있다. 2개의 촉완(觸腕)과 8개의 다리가 있고, 안쪽에 짧은 자루가 있는 빨판(吸盤)이 있다.

배 쪽에 있는 깔때기는 외투막 속의 바닷물이나 배설물을 내

보내기도 하고, 호흡이나 유영에도 도움이 된다. 급속하게 운동할 때 외투강의 물을 깔때기로부터 세차게 밖으로 내뿜으며 그 반동에 의해서 헤엄친다. 오징어 종류 가운데 얕은 바다에 사는 종류는 피부의 색소세포가 발달하여 있어 몸 빛깔을 변화시키는 능력이 있다. 몸통의 끝에 지느러미가 있으며 적을 만나면 먹물을 토하고 달아난다.

오징어류는 육식성으로 작은 물고기, 새우, 게 등을 먹으며, 바다에 사는 대형 어류와 동물의 먹이가 된다. 가장 작은 오징어는 꼬마오징어로 몸길이가 겨우 2.5cm 정도이고, 가장 큰 오징어는 대양대왕오징어로 대서양에 살며 촉완을 포함하여 15m 이상에 이르는 것이 있다.

일반적으로 우리가 식용으로 하는 오징어 종류에는 참오징어, 화살오징어, 살오징어가 있다. 참오징어는 몸 안에 길고 납작한 뼈 조직을 가지고 있어 갑오징어라고도 불린다. 오징어 종류 중 가장 맛이 좋다고 해서 참오징어라 한다. 몸이 둥글고 다리가 짧은 것이 특징이며, 서해와 남해에 많은데 유자망, 통발로 잡는다.

화살오징어는 한치, 화살꼴뚜기라고 불린다. 다리가 짧아 한치(3cm)밖에 안 된다고 하여 한치라고도 하고, 한겨울 추운 바다에서 잡혀서 한치라 한다고 전해진다. 지느러미는 세로로 긴 삼각형으로 몸통의 2/3에 달하며, 머리는 작고 팔도 짧으며 연약하다.

살오징어는 보통 오징어라고 불리며 속초, 울릉도 인근 바다가 주산지이다. 먼 바다에서 밤중에 집어등을 밝히고 채낚기로 잡는다. 동해에서 주로 잡혔으나 요즘에는 서해에도 드물게 나타난다.

이 오징어는 한때 피등어꼴뚜기라고도 불렸으나, 지금은 오징어란 이름으로 정착되었다. 울진군에서는 오징어 축제를 열고 있으며 살오징어를 아예 '울진 오징어'라고 부르고 있다.

『난호어명고』에 오적어란 이름이 생긴 사연이 나온다. "성질이 까마귀 먹기를 좋아한다. 매양 스스로 수면에 올라와 있으면 까마귀가 날라 와 죽은 것으로 보고 쪼면 이를 감아 거두어 물속에서 잡아먹는다. 그래서 오적(烏賊)이라 한다."

오징어는 몸 색깔을 변화시키는 재주가 있는데, 소식(蘇軾)은 『어설(魚說)』에서 "오징어는 다른 것이 자기를 엿보는 것을 두려워하여 몸을 붉게 해 자기를 가린다."고 재미있게 해석하고 있다.

『난호어명고』에서 오징어의 뼈를 '해표초(海螵蛸)라고 하며 약으로 쓴다.'고 했다. 『자산어보』에도 '오징어 뼈는 상처를 아물게 하며, 동물의 등창을 고치는데 효과가 있다.'고 하였다. 근대까지도 오징어 뼈는 지혈효과가 인정되어 농촌에서 상비약으로 두었다가 어린이가 상처가 나면 뼈를 칼로 긁어 그 가루를 발라 주었다. 이 경우의 오징어는 갑오징어이다.

오징어의 먹물은 옛 선비가 분들에게 감명을 주었나보다. 오징어의 몸이 붓과 벼루 따위를 넣는 주머니인 산대(筭袋)를 닮은 데다, 먹물까지 지녀서 선비로 대접받은 만하였다. 또 오징어 먹에 대해서도 재미있는 고사가 있다.

『청장관전서』에 "간교하게 속이는 무리들이 남과 문서(文券)를 만들 때에는 오징어먹이나 어유먹(魚油墨)으로 글씨를 쓰고 뒤에는 반드시 소송을 하는데, 소송할 때에 그 작성한 문권을 꺼

내어 참고해 보면 이미 글자가 없어진 비권(碑券·매매계약서)이 되어서 증빙할 수가 없게 된다. 그러나 바닷물로 적시면 글자가 다시 완연해진다고 한다."는 글이 있다('烏鰂魚墨').

이와 같이 오징어 먹으로 쓴 글씨가 사라지기 때문에 지키지 못한 약속을 이르는 말이 되었다. 다산 정약용의 시에 '묵은 약속 자연히 오징어 먹물 되어버려, 마음이야 누구인들 농어 순채 생각 없으랴(宿約自然成鰂墨, 本心誰不憶鱸蓴.).'라는 구절이 있다('夏日遣興', 茶山詩文集제4권). 고향으로 돌아가자는 약속이 지켜지지 못함을 한탄한 구절이다. 또 '늙은이 언약은 오적묵의 서약이 될까 걱정이요(老約恐成題鰂誓).'라는 구절도 있다('送惺叟還山', 茶山詩文集제6권).

다산은 실제 오징어 먹물로 글을 써 보았다. "탐진농가첩(耽津農歌帖)은 내가 귀양살이하던 중에 만든 것이다. 첫 머리에 '탐진농가(耽津農歌)'라고 쓴 큰 글자 네 자는 오징어 먹(烏鰂墨)을 가지고 쓴 것이다. 세속에서 일컫는 말이 오즉묵은 오래되면 글씨가 탈색된다고 하는데, 그것은 진한 먹물을 매끄러운 종이에 쓸 경우 오래되면 당연히 말라서 떨어지기 때문이다. 만일 갓 취한 신선한 먹물로 껄끄러운 종이에 쓰면 또한 오래 전할 수 있을 것이다('耽津農歌跋', 『茶山詩文集』제14권)."

동해안에서 오징어잡이 배들은 불을 대낮같이 밝히고 오징어를 잡는다. 이 집어등을 어화(漁火)라고도 하며, 어화(漁花)라고도 한다. 불을 밝게 켜놓으면 오징어가 몰려들어 미끼도 없는 낚시에 아무데나 걸려나온다. 채낚기이다. 그러나 오징어가 빛이 좋아서 몰리는 것이 아니고, 밤중에 빛에 끌려 수면에 뜬 플랑크톤을 먹으러 작은 물고기나 새우들이 몰려들고, 오징어는 이것들을 잡아먹으려고 몰려드는 것이다.

오징어는 지방 함량이 1%에 불과하고, 혈관질환 예방과 두뇌발달에 좋은 DHA와 EPA 등 불포화지방이 풍부하다. 검은깨, 검은콩 같은 '블랙 푸드(black food)' 열풍에 편승해 최근 오징어 먹물이 인기를 얻고 있다. 오징어 먹물 파스타는 기본이고 먹물이 들어간 과자, 빵, 두부까지 나왔다. 오징어 먹물에는 멜라닌이라는 색소 외에도 뮤코다당류가 들어 있다. 뮤코다당이란 주로 동물의 결합조직에 존재하며 점성을 띠는 다당류로 화장품 제조에 많이 쓰이고, 종양억제 성분이 있어 항암작용이 있다는 사실이 발견되어 기능성 식재료로 주목받고 있다.

오징어 몸에는 단백질을 구성하는 아미노산인 타우린이 많다. 마른 오징어 표면에 붙어 있는 하얀 가루 성분이 바로 타우린이다. 타우린은 혈중 콜레스테롤 수치를 낮추고 혈압을 조절하며 피로를 해소하고 간의 해독작용을 해서 음주 뒤 숙취 해소도 돕는다. 따라서 마른 오징어를 구울 때 흰 가루를 털어버리면 소중한 영양소를 잃게 되는 셈이다.

『자산어보』에는 오징어를 승어(僧魚)라 했다. 승어를 두고 읊은 성현의 시가 있다.

〈승어를 읊은 시〉
동해에서 나는 한 물고기 있으니,
흙탕 속 달팽이와 방불하여라.
비늘 없고 또 뼈도 없는 것이,
까만 빛깔에 배는 불룩하구나.
흡사 머리 깎은 중 같고,
검은 껍질이 가사를 걸친 것 같아라.
〈僧魚〉成俔(1439~1504, 虛白堂詩集卷之九)
有魚生東海, 彷彿泥中蝸. 無鱗又無骨, 彼黑而腹嘠.
有如髡首僧, 緇被而袈裟.

　　성현의 시에서 승어(僧魚)를 부연하여 설명하고 있다. "겨울이 되면 무리를 지어 바닷가에서 떠돈다. 힘이 약하여 숨지도 못하여 어부들이 때려잡는다. 익히면 기름기가 엉긴 것 같아 노인이 먹기 좋다. 오래 씹어도 물리지 않고 턱이 아프지 않으니 절로 감탄이 나온다."고 하였는데, 이는 오징어 종류를 이르는 것이다.
　　오징어 글을 마감하며 『우해이어보』에 나오는 오징어 시를 한 수 더 감상해 본다.

〈우산잡곡, 오징어〉
자주 빛 바구니에 귀밝이술을 파는 할멈,
오징어가 단지 하나에 가득 들어있네.

웃으면서 화로에 가서 숯을 더 넣는데,
구리 냄비 속엔 붉게 익은 오징어 안주.
〈牛山雜曲, 鯣鮧, 混沌幞頭〉 金鑢(1766~1821, 藫庭遺藁卷之八)
耳鳴酒媼紫筼籃, 烏賊奴魚滿一壜. 笑向爐前添炭子, 銅鍋烹得色紅酣.

『우해이어보』에서는 오징어의 이름을 오노인(烏老人) 일명 복두어(幞頭魚)라 기록하고 있다. 오징어 모양이 헝클어진 두건 같아서 붙은 이름이다. 이명주(耳明酒)는 정월보름날 아침 식전에 귀가 밝아지라고 마시는 술이다. 시에서 이명주를 마신다고 하니 한겨울이다. 추운 겨울날 단지에서 붉게 익어가는 오징어를 안주로 술을 마시는 것도 계절의 풍류일 것이다.

53. 문어 章擧

문어는 문어목 문어과 팔완류(八腕類)의 연체동물로 위급할 때에는 검은 먹물을 뿜고 도망가는 것으로 유명하다. 길이가 약3m, 무게가 15kg 정도까지 자라며, 연안에서 심해까지 두루 서식한다. 방언으로는 물꾸럭(제주도), 피문어(여수, 고흥, 장흥, 보성), 문에(양양, 강릉)라고 부른다.

문어는 『난호어명고』에 장어(章魚), 장거(章擧)라 하였고 한글로 '문어'라 기록되어 있다. 다른 한자 이름은 문어(文魚)이고 대팔초어(大八梢魚), 팔대어(八大魚)이다. 다른 고서에는 『난호어명고』와 다르게 기록되어 있기도 한다.

『청장관전서』에는 "장거의 큰 것(章巨大者)를 석거(石拒)라 하는데, 돌구멍에 살면서 사람이 잡으려 하면 다리로 돌멩이를 말아다가 사람을 가로막기 때문에 그렇게 부른다. 또 생김새는 산대(筭袋)과 같고 8개의 발에 길이가 2~3척이며, 발에는 못대가리 같은 것이 다닥다닥 붙었고, 못대가리 같은 것에는 구멍이 있다. 작은 것은 장거(章擧)라 하고, 또 다른 한 종류는 바다의 진흙 속에서 사는 것으로 망조(望潮)라 하는데, 몸길이는 1~2촌쯤 되고 발은 몸길이의 배가 되므로 그 고장 사람들은 도희(塗蟢)라고도 한다."는 『우항잡록(雨航雜錄)』[70]을 인용하면서 "상고하건대, 석거는 우리나라에서 이르는 문어(文魚)이고 장거는 곧 낙지(絡蹄)이며, 망조는 곧 꼴뚜기(骨篤)이라."고 설명하고 있다('雨航雜錄魚名').

그러나 이규경은 달리 설명하고 있다. "장거(章巨)를 보면 다리가 여덟에 머리가 둥글다. 『정명(正名)』에 거저(蚷蟷)라 했고, 곽박(郭璞)의 『강부(江賦)』에서 거저는 다리를 드린 채 산다고 한 것이 바로 이것이며, 바닷가 사람들은 장어(章魚)라 한다. 다른 종류로 다리는 비슷하나 작은 것을 망조(望潮)라 한다. 머리가 가장 크고 다리를 드리고, 머리가 몸 중간에 있는 것을 석거(石距)라 한다. 우리나라에서는 장거(章巨)를 문어(文魚)라 부른다. 망조의 이름은 꼴뚜기(骨篤)이고, 석거(石距)를 낙지(絡締)라 부른다." 며 달리 비정하고 있다(『오주연문장전산고』, 蟲魚類).

---

[70] 명나라 때 馮時可(?~?)가 찬한 책으로 학문, 물산, 잡사에 대해 기술하고 있다.

이와 같이 고서마다 문어 이름에 차이가 있는 것은 중국 문자 기록만 가지고, 우리 바다의 생물에 맞대어 이름을 비정하다 보니 해석과 적용에 차이가 생긴 것이다. 『자산어보』에는 문어가 장어(章魚)로, 낙지는 석거(石距)로 되어 있어 『난호어명고』와 명칭이 일치한다. 어보를 쓴 분들의 의견이 옳다.

학술적 분류는 아니지만 문어는 상품화 과정에서 참문어와 물문어(水文魚)라고 구분된다. 참문어란 동해 바다 연근해에서 잡힌 문어를 말하며, 물문어는 심해 쪽에서 잡힌 문어를 통칭하는 것으로 상인들은 참문어가 물문어보다 맛이 월등하게 좋다고 평가하며 비싼 값을 매기고 있다.

문어는 번식 행위가 독특하다. 암컷은 4~6월에 수심 13~30m 정도의 낮은 연안에서 알을 낳은 후 알이 부화할 때까지 보호하고, 깨끗하게 유지하며 다리를 이용해 신선한 물을 알에 흐르게 하여 산소를 공급해준다. 그 동안 암컷은 먹이를 먹지 않는다. 만약 어미의 정성스러운 보호가 없으면 알은 대부분 다른 물고기의 밥이 될 것이다.

문어는 성장 과정에서 다른 생물에 의해 잡아먹히는데 일부러 다리를 잘라서 포식자에게 줌으로써 잡아먹히는 것을 피하기도 한다. 드물게는 갇혀 있을 때는 자기 다리를 잘라먹는다고 한다. 다리가 모자란 문어를 보고 『오주연문장전산고』에는 문어의 습성을, "배가 고프면 제 발을 잘라 먹어 다리가 5개, 6개인 놈도 있다. 문어를 잡으려면 줄에 단지를 매어 물속에 넣고, 오래 되면 문어가 스스로 그 곳에 들어간다. 크기가 일정치 않지만 단지

하나에 문어 한 마리가 들어 있다."고 기록하고 있다(萬物篇 蟲魚類).

문어가 스스로 자기 다리를 먹는다고 해서 '문어 제 다리 뜯어 먹는 격'이란 속담도 있다 제 패거리끼리 서로 헐뜯고 비방함을 비유적으로 이르는 말이며, 자기 밑천이나 재산을 차츰차츰 까먹음을 비유적으로 이르는 말이다.

문어의 시력은 사람과 같은 정도라고 하며, 바다 속에 반짝거리는 것이 들어오면, 관심을 가지고 뛰어난 시각으로 노려본다. 이러한 점을 이용하여 문어를 잡을 때는 꽁치나 정어리와 같이 몸이 빛나거나 하얀 생선을 미끼로 쓴다. 루어로 문어를 잡을 경우 은박지나, 밝은 색의 비닐 끈을 달기도 한다. 마땅한 것이 없으면 라면 봉지를 오려 낚싯바늘에 달기도 한다. 문어가 흥미를 느끼는 것을 만지려 하는 습성을 이용한 것이다.

문어는 생긴 모양이 좀 징그럽지만 매우 똑똑하고 지능이 높은 동물이다. 무척추 동물 중 가장 복잡한 뇌를 가졌으며, 기억력이 좋아 어떤 문제를 해결하면 기억했다가 비슷한 문제가 생겼을 경우 쉽게 해결한다.

게다가 최근 문어가 도구를 사용하는 장면이 호주 과학자들에 확인되었다. 도구를 사용하는 무척추동물이 발견된 것은 문어가 처음이라 한다. 그 동영상 자료에는 문어가 코코넛 껍질을 은신처 삼아 지니고 다니며, 그 안에 들어가서는 뚜껑을 덮는 모습도 볼 수 있다.

서구 사람은 문어를 '악마의 고기(Devil fish)'라 부르며 즐겨 먹지 않는다. 서구에서 문어는 '불길의 상징'이고, '흑심을 품은 괴물'로 표현되며, 제 욕심을 위해 약자를 괴롭히는 제국주의의 상징으로도 나타난다. 요즘도 기업 경영에서 '문어발 경영'이란 말은 '다각경영'이란 말에 비해 부정적인 이미지로 다가온다.

서구에서 문어를 부정적으로 보는 것에 비해 우리 선조들은 문어를 우호적 시각으로 보고 있다. 그러기에 문어의 이름에 글월 문(文)자가 들어 있거나, 글 장(章)자가 들어 있기도 한 것이다. 문어의 이름을 묘하게 인용한 한시가 있다.

〈세찬을 받고 읊은 시 중 문어〉

문어는 바로 글을 들음이니,
그 관이 가죽주머니 닮았네,
그대 지금 팔고(八股)를 지녔으니,
문장(文章)이라 칭하기에 족하네그려.
〈宣賜歲饌, 一味侑一詩. 文魚〉柳得恭(1748~1807, 泠齋集卷之四)
文魚卽章擧, 其冠似革囊. 君今有八股, 亦足稱文章. 文魚亦名八梢魚.

시인은 왕이 내린 세찬(歲饌)[71]을 받고, 한 가지 음식에 대해 시 한 수씩을 쓰고 있다. 문어를 들고는 말한다. "네가 바로 문어이니 너를 드는 것은 글을 드는 것이고(章擧), 너의 다리가 여덟

---

[71] 설날에 차례와 세배 손님 대접을 위해 준비하는 여러 가지 음식. 설날 전에 어른들께 또는 아랫사람들에게 보내는 음식들을 이르기도 한다.

이어서 팔고문(八股文)과 같으니, 문장가(文章家)라고 칭하기에 족하구나." 팔고문은 중국 명, 청대(明淸代)의 과거시험에 적용되던 특별한 형식의 문장을 말한다.

이제 이 단락 끝내며 문어 시 한 수 더.

〈문어〉

둥근 머리에 길이는 두어 자,
모양은 이상해 알기 어렵지.
칼로 쪼개면 금빛 즙이 나오고,
불에 구우면 흰 기름 지글지글.
용을 삶은들 무어 귀할까,
봉을 끓여도 대수로울 게 없어라.
온 세상이 잔치를 열 때마다,
좋은 안주로 이것이 꼭 필요하지.
〈文魚〉 李應禧(1579~1651, 玉潭詩集 玉潭私集)
圓頭長數尺, 形色異難知. 斫罷生金液, 炮成泣玉脂.
烹龍何足貴, 湯鳳亦無奇. 擧世張高宴, 佳肴必汝期.

시에서는 문어를 요리하는 과정을 실감나게 묘사하면서 그 맛이 용과 봉 이상이라며 극찬하고 있다. 그래서 문어는 잔칫상에 꼭 오르는 안주라며.

54. 낙지 絡蹄

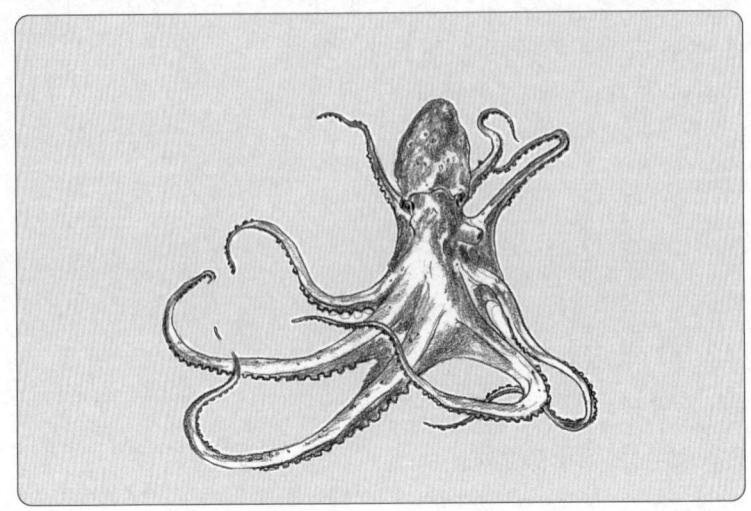

낙지는 문어과의 연체동물로 연안의 조간대(潮間帶)[72]에서 진흙 속에 굴을 파고 산다. 큰 놈은 몸길이가 70cm에 달하기도 하며, 한국, 일본, 중국의 연안에 많고 우리나라는 전라남북도 해안 갯벌이 주산지이다. 몸은 몸통, 머리, 팔로 되어 있고 머리처럼 보이는 몸통은 달걀 모양으로 심장 등 장기와 생식기가 들어 있다. 바위틈이나 진흙에 판 굴 속에 있다가 팔(다리?)을 밖으로 내어 먹이를 잡아먹는다. 쫓기거나 위급할 때 먹물을 내어 주위의 물을 검게 물들임으로써 자신을 적으로부터 보호한다.

---

[72] 만조 때의 해안선과 간조 때의 해안선 사이의 부분

낙지는 『난호어명고』에 석거(石距), 낙제(絡蹄), 소팔초어(小八稍魚)로 기록되어 있다. 다른 한자 이름으로는 초어(梢魚), 해초자(海梢子)가 있으나, 문어의 한자 이름인 장거(章擧), 장어(章魚)로 올라 있는 사전도 있어 혼동을 주고 있다.

『자산어보』에는 낙지가 '문어를 닮았으나, 발이 더 길다.'고 하였다. 『난호어명고』에 '뱀이 바다에 들어가 낙지가 된다.'고 한 것에 비해 『자산어보』는 '속된 사람들은 말하기를 낙지는 뱀과 교합한다고 한다. 그러므로 잘라보아서 피가 흐르는 놈은 먹지 말라.'고 하였다. 아마 낙지의 꾸물대는 발 모양에서 예전 사람들은 뱀을 연상한 것 같다. 그러나 『자산어보』에 '낙지는 스스로 알을 가지고 있으니 반드시 다 뱀이 되는 것은 아닐 것이다.'라고 부연 설명을 통해 낙지가 뱀이 되는 것에 의문을 표하고 있다.

문어와 낙지는 같은 부류에 속하는 것임에도 불구하고, 공부하는 옛 분들은 글 문(文)자가 든 문어는 좋게 보았지만, 낙지를 먹는 것을 기피하고 있다. 낙지의 한자 이름이 낙제(絡蹄)이기 때문이다. 『청장관전서』에는, "속류(俗流)들은 과거(科擧)를 볼 때 게를 먹지 않는다. 해(蟹)자는 해(解)자에 씌어졌으므로 그 해산(解散)이란 것을 꺼리기 때문이다. 장거(章擧)도 먹지 않는다. 장거는 속명(俗名)이 낙제(絡蹄)이므로 그 음이 낙제(落第)와 비슷한 것을 싫어하기 때문이다."라고 하였다('服食').

과거 보는 사람이 시험에 떨어지는(落第) 것은 진정 바라지 않는 일이므로 낙지 먹는 것을 기피한 것은 당연하기도 하다. 유득공의 시에 낙지의 기피에 대한 구절이 있다.

〈성주부가 보낸 4가지 물고기 중 낙지〉

낙지는 낙제(落第)인 것 같아서,
과거 볼 사람들 먹지 않는다.
제(蹄)와 제(第)는 평측이 뒤섞여서,
소리를 배우기에 우선 황당하기만.
〈成主簿餉四種魚, 絡蹄〉 柳得恭(1748~1807, 泠齋集卷之五)
絡蹄疑落第, 應擧者不嘗. 蹄第混平仄, 音學先荒唐.
● 平仄·한문의 四聲에서 발음의 높낮이를 일컫는 말.

  오늘날에도 대학 입시를 앞둔 학생들은 미역국을 먹지 않는다. 또 바나나도 기피 대상이다. 찹쌀떡이나 엿은 끈적거리고 어디에나 잘 붙어 입시생들에게 합격을 기원하는 좋은 선물이 된다. 우리 옛 분들도 과거시험을 앞두고 엿을 먹었을까? 그런데 낙지는 무엇에나 잘 달라붙고, 한번 붙으면 잘 떨어지지 않기 때문에 대학입시를 앞두고 산 낙지를 먹는다는 이야기도 있다. 무엇이나 생각 나름인가 보다.

  남해안에서 나는 낙지는 영양이 많아 '갯벌의 산삼'이라 불리며, '말라빠진 소에게 낙지를 먹이면 금세 힘을 낸다.'고 한다. 낙지에 관한 속담도 여럿이다. '오뉴월 낙지는 개도 안 먹는다.'는 말은 5, 6월에 산란을 끝낸 낙지는 영양가가 없고, 먹을 게 없는 '묵은 낙지'가 된다는 말이다. '개 꼬라지 미워서 낙지 산다.'는 말은 고기를 사면 뼈가 남아 개를 주게 됨으로, 그 꼴이 싫어 뼈가 없는 낙지를 사는 것이다. 즉 보기 싫은 것에게 이로운 짓은 않겠다는 일종의 놀부 심사를 말한다.

　알에서 부화한 낙지 새끼는 여름이 지나면 발이 가늘고 길게 자란다. 가을이 되면 살이 통통하게 오르는데, 연하고 쫄깃한 것이 이른바 '세발낙지'이다. 세발낙지(細발-)는 끓는 물에 살짝 데쳐 초고추장에 찍어 먹기도 하지만, 뭐니뭐니해도 세발낙지의 참맛은 산 채로 썰어 꿈틀거리는 낙지를 참기름소금에 찍어먹는 것이다. 젓가락에 쩍쩍 달라붙고, 입 주위에 붙은 낙지 다리를 떼어 가면서 먹어야 제맛이란다.

　세발낙지는 썰어서 먹기도 하지만, 본 고장 사람들은 식성 좋게도 세발낙지 한 마리를 통째로 먹는다. 정신을 팔다보면 낙지 발이 콧구멍으로 나오는 수도 있단다. 낙지는 빨판(吸盤)으로 물건을 잡고 잘 떨어지지 않는다. 그래서 산 낙지를 먹을 때 사람의 기도에 붙어 숨을 막아 질식사를 일으키는 경우도 있다 한다. 한 싱거운 텔레비전 프로에서 시험한 결과 무게가 750g인 낙지가 2.2kg의 흡착력을 보였다. 역시 썰어서 먹는 것이 안전하다고 하겠다.

55. 새우 蝦

　새우는 십각목에 속하는 생이하목(Caridea) 갑각류의 총칭으로 세계적으로 2,500여종이 살고 있다. 예전부터 새우는 주로 젓갈을 담아 써 왔고, 새우 종류에 따라 철에 따라 새우젓은 정말 다양하다. 우선 소설『객주』에 나오는 새우젓장수의 사설이다.
"새우젓 사려. 초봄에 담는 쌀새우는 세하젓이요. 이월 오사리는 오(五)젓이요, 오뉴월에 담는 육(六)젓이요, 가을에 담는 취(秋)젓이요, 겨울의 산 새우는 동백하(冬白蝦)젓, 전라도 법성포 중하(中蝦)젓 사시오(김주영, 2003)."
　새우젓은 보통 육젓, 오젓, 추젓, 뎃데기젓, 자젓, 곤쟁이젓 등으로 나뉜다. 그중 가장 상품은 6월에 잡은 새우로 담근 육젓이다. 색깔이 희고 살이 통통하며 맛이 고소하고 주로 김치 양념으로 사용된다. 육젓 다음으로 좋은 오젓은 5월에 잡은 새우로 담근 것으로 육젓과 추젓의 중간 크기다. 대체로 흰색이며 깨끗하고 육질이 좋다. 추젓은 가을철에 잡은 새우로 담근 것으로 육젓보다 작고 깨끗하다. 뎃데기젓, 자젓, 곤쟁이젓은 좀 하품에 속한다. 뎃데기젓은 껍질이 두껍고 단단하며 누런색에 가까운 보리새우(뎃데기)로 담근 것이다. 흔히 잡젓이라고 하는 자젓은 크기가 작은 새우를 선별하지 않고 담근 것이다. 동백하젓은 음력 2월 한겨울에 나오는 새우젓으로 희고 깨끗하다. 그러나 새우젓은 5월 이전 이른 봄에 잡은 것으로 담가 숙성시킨 것이 희고 깨끗하고 맛이 담백하다.

보통 곤쟁이젓도 새우젓에 포함시키고 있지만 곤쟁이는 새우 종류가 아니다. 곤쟁이는 작은 새우처럼 보이지만 새우와는 달리 곤쟁이과에 속하며 옛 이름은 자하(紫蝦), 감동이라고도 부른다. 곤쟁이젓은 보통 2~3월에 잡히는 보랏빛을 띠는 어린 것을 사용한다.

우리가 흔히 접하는 새우는 작은 것들이어서, 새우는 남을 비웃는데도 동원된다. '새우 같은 사람'이라고 했다면 눈이 작거나, 속이 좁은 사람이라는 의미로도 쓰인다. 또 '새우젓 같은 사람'은 매우 짠 사람 즉, 인색한 사람을 이른다.

새우와 관련된 속담도 많다. '새우 간을 빼 먹겠다.'는 몸집이 아주 작은 새우의 간까지도 빼 먹는 자신의 이익을 위해서 작은 것까지 욕심을 부린다는 비유이다. '새우도 반찬'은 작고 보잘것 없는 것도 그런대로 필요하다는 비유이다. '새우로 잉어를 낚는다.'는 말은 적은 밑천으로 큰 이득을 얻는 것을 비유한 속담이다. 속담의 새우는 역시 좀은 보잘 것 없는 것으로 평가되는 듯하다.

그러나 옛 시와 그림에는 새우는 그리 천하게만 나타나지 않는다. 다산 정약용의 시에 새우를 이른 것이 있다.

〈새우젓〉
서쪽으로 오 리쯤에 어시장이 있어,
늦가을 강어귀에 장삿배가 들어왔네.
아침상에 새우젓이 이상타 여겼더니,
어젯밤 숯을 팔고 돌아올 때 사왔다 이르네.
〈秋日門巖山莊雜詩〉 丁若鏞(1762~1836, 與猶堂全書)
水市西通五里灘, 高秋穴口賈船來. 朝盤怪有紅鰕醬, 聞道前宵賣炭廻

다산이 '가을에 문암산장에서 지은 잡시(秋日門巖山莊雜詩)'의 부분이다. 또 다산의 다른 시에도 '싱싱한 새우젓 채소무침 병 앓는 자 입에 맞고(鮮鮮鰕菜堪調病)'란 구절이 있다. 짭짤하면서도 상큼한 새우젓에 채소를 무친 것이 병든 사람의 입맛을 되돌리게 하는 것을 읊은 것이리라.

새우를 읊은 시 한 수를 더 감상하자.

〈세찬을 받고 읊은 시 중 큰새우〉
수염이 긴데도 몸은 짧아서,

용궁의 참군이나 주부 부류일 것이다.
본래 제후에 봉해질 몸체는 아닌데,
어째서 낚시 갈고리처럼 굽었는가.
〈宣賜歲饌. 一味侑一詩, 以志榮感. 大鰕〉 柳得恭(1748~1807, 泠齋集卷之四)
髥尺而軀寸, 參軍主簿流. 本非封侯骨, 云何曲如鉤.

　영재 유득공이 정월에 왕으로부터 해물을 하사받고 읊은 시 중 새우이다. 시인은 새우가 수염이 길고, 몸이 굽은 것을 보며 시를 지었다. 굽은 몸을 낚싯바늘로 비유했다. 낚싯바늘은 '무엇을 낚는다.'는 뜻으로 전해진다. 강태공의 낚시를 떠올리며 보잘 것 없이 생긴 것이 공명을 낚기 바라느냐고 시인은 웃음 짓고 있다.
　새우는 우리 생활과 연관이 깊어 민화 소재로도 곧잘 등장한다. 민화를 통해 옛 사람의 생활과의 연관성을 살펴본다.
　김인관(金仁寬)[73]이 그린 어해초하도(魚蟹草蝦圖)의 위부분에는 물고기 3마리가 시원스레 헤엄을 치고 있고, 아래에는 게가 새우를 물고 있다(그림 10). 이 그림은 상징하는 바가 있다. 물고기 3마리인 삼어(三魚)는 삼여(三餘)와 한자 발음이 같다. 삼여는 세 가지 경우의 공부하기에 좋은 때를 말한다. 따라서 삼어는 공부하란 의미이다.[74]

---

[73] 김인관은 17세기에 활동했던 화가로 생몰연대는 미상이다.
[74] 『三國志』 魏書 王肅傳에 '삼여(三餘)는 공부하기에 좋은 세 가지 여가이다. 겨울은 1년의 여가이고, 밤은 하루 중의 여가이고, 장마는 계절의 여가이다.'라 하였다.

<그림 10> 김인관의 어해도

새우는 등이 휘어 있어 노인과 같아 해로(海老)란 이름이 있고 음이 해로(偕老)와 같다. 게는 좋은 성적으로 과거에 급제(甲科)해서 출세하란 의미이다. 눈치 빠른 분은 이제 무슨 이야기인지 짐작이 갈 것이다.

그림은 열심히 공부해서 좋은 성적으로 과거에 급제(甲科)해서 출세하고, 부부가 금슬 좋게 오래오래 해로하란 기원을 담고 있는 그림이다. 출세와 부부의 백년해로(百年偕老)를 동시에 바라다니 너무 욕심이 많은 것은 아닐까.

56. 전복 全鰒

　전복(全鰒)은 원시복족목(原始腹族目) 전복과에 딸린 연체동물의 총칭이다. 수심 5~50m 되는 바다 속 암초에 서식한다. 전복은 옛날부터 식용해온 주요 수산물로 우리나라에서 나는 전복류에는 까막전복, 말전복, 오분자기 등이 있다.
　전복은 예로부터 구이, 죽, 회로 먹는 영양식의 하나였다. 우리나라 전복은 질이 좋아 조선시대에도 일본인들이 우리 바다에 와서 몰래 채취해 갔을 정도로 특산물이고 미식의 하나였다. 근대 여명기인 1892년에 전남 완도에서 통조림이 처음 제작되어 수산물 가공의 효시가 된 식재료이기도 하다.
　조선시대에도 전복은 중국 사신에게 주는 선물의 하나였고, 또 일본에 간 통신사 일행이 현지에서 받은 선물 가운데 자주 등장하는 귀한 것이었다. 전복은 말린 것과 생것을 두루 먹었고, 전복회는 별미의 하나였다. 살아있는 싱싱한 전복은 생복(生鰒)이라 했고, 통째로 말린 것은 건복(乾鰒)이라 했다. 생복의 내장을 제거하고 얇게 저며 길게 늘려 말린 것은 건복장인(乾鰒長引) 혹은 장인복(長引鰒)이라 했고, 짧게 늘려 말린 것을 건복단인(乾鰒短引) 혹은 단인복(短引鰒)이라 했다. 이렇게 늘려 말린 것을 통틀어 인복(引鰒)이라 했으며, 두들겨 가며 늘려 말린 전복을 추복(追鰒) 혹은 추인복(搥引鰒)이라 했다.

또 전복을 넣은 김치도 별미였다 한다. 약천 남구만(南九萬, 1629~1711) 의 글에,
"일찍이 들으니, 숙부께서 진도(珍島)로 유배 가셨을 때에 유자 껍질을 잘게 썰어서 배(梨)와 전복과 합하여 김치를 담았는데, 풍미(風味)가 뛰어나서 연화(煙火) 가운데의 사람이 먹을 수 있는 것이 아니라고 하였다. 나도 이것을 본받아 김치를 만들고는 젓가락을 멈추고 감회를 썼다."고 하며, '하얀 배 살을 가늘게 거듭 썰고 또 전복 살을 실처럼 썰었다오.'라며 그 감흥을 시로 표현하고 있다('詠柚詩', 藥泉集第二).

허균의 『도문대작』에는 "전복(大鰒魚)은 제주에서 나는 것이 가장 크다. 맛은 작은 것보다는 못하지만 중국 사람들이 매우 귀히 여긴다. 경상북도 해변 사람들은 전복을 따서 꽃 모양으로 썰어서 상을 장식하는데 이를 꽃전복(花鰒)이라 한다. 전복 큰 것은 얇게 썰어 만두를 만드는데, 역시 좋다."고 기록하고 있다.

『신증동국여지승람』에는 전복이 해안 46개 지역의 특산물로 기록되어 있다.『여지승람』의 기록은 그 지역에서 전복이 많이 난다는 것만을 기록한 것이 아니라, 그 지역의 공물(貢物)이나 진상품으로 지정되어 있음을 의미한다. 그러나 바다에서 나는 신선한 전복을 한양까지 수송하기는 어려웠다. 진상된 전복이 상해 관리들이 벌을 받았다는 기록이 왕조실록에 자주 등장하게 된다.

전복은 진상물 중 중요한 것이나 산지에서, 특히 거리가 먼 제주도에서 신선한 전복을 진상하는 일이 여간 힘든 것이 아니었다. 세종 때 기건(奇虔, ?~1460)은 제주를 안무하는 과정에서 '백성들이 전복(鰒魚)을 바치는 것을 괴롭게 여기는 것을 보고 3년 동안 전복을 먹지 않았다.'고 한다(왕조실록 세조 6년, 1460).

전복 공납과 진상이 백성들에게 어려움을 주자, 그 량을 감하자는 논의가 성종 때에 나온다. 집의(執義) 이형원(李亨元)이 아뢰기를, "신이 상(喪)을 입고 전라도에 있으면서 들건대 광양(光陽)·낙안(樂安)·순천(順天) 등 고을에서 해마다 세인복(細引鰒)을 공납(貢納)하는데, 경내에는 큰 전복이 없어서 외딴 섬에 깊이 들어가서 잡다가 갑자기 고기 잡는 왜인을 만나면 그 힘이 강하고 약한데 따라 서로 이기기도 하고 지기도 합니다. 관리가 비록 이를 안다고 할지라도 숨기고 보고하지 아니하여 변경의 분쟁이 항상 소홀하게 하는 데에서 일어나니, 청컨대 금방(禁防)을 엄하게 세워서 가서 캐지 못하게 하고, 또 큰 전복은 외딴 섬에서만 생산되니, 청컨대 광양 등 고을의 세인복(細引鰒) 공납(貢納)을 감하게 하소서."

이 건의는 전라도 해안 지역의 전복 공납을 감하자는 것이다. 임금이 말하기를,

"이 말은 과연 그러하나, 다만 세인복(細引鰒)은 곧 천신(薦新)하는 물건이므로 다 감할 수는 없다." 하였다(성종 5년, 1474).

중국에 진상하는 물건에도 전복이 포함되어 있었다. 한 신하가 "전복은 바다에서 잡아야 하는데, 지금 만약 실마리를 열어놓는다면 그 폐단이 작지 않을 것입니다. 주달하여 면해 주기를 청하는 것이 어떻겠습니까?" 하자, 성종은 "전복을 잡는 데 대한 폐단은 나도 들었지만 칙서에 그 물품의 이름을 열거하였으니 어쩔 수 없다."고 답하고 있다(성종 13년, 1482).

먼 바다에 나가 전복을 잡다보니 왜구와 싸움이 일어나기도 하였다. 성종 때 경상우도 수군절도사가 선군(船軍) 15명을 보내어 전복을 섬에서 채취하다가 왜구(倭寇)에게 겁략(劫掠)을 당하고는 이를 숨기다가 발각되어 국문을 받는 사고가 일어나기도 하였다(성종 25년, 1494).

숙종 때에는 왜인들이 독도에 출입하면서 전복을 잡다가 외교 분쟁이 일어나기도 하였다(숙종 21년, 1695). 왜인들은 수십 년간 방치해 놓았던 섬에 대해 조선이 영토권을 주장하는 것을 부당하다고 하였지만, 조선 조정에서는 옛 기록을 들어 독도가 우리 땅임을 밝히고 국경 침입을 항의하는 자세를 견지하였다.

먼 바다에서 전복을 잡다보니 표류사고도 발생하였다. 숙종 42년(1716)에는 유구국(오키나와)에 표류하였다가 청국을 거쳐 돌아온 진도군의 백성 9인에게 그 표류한 사정을 문초하는 기사가

실록에 있다. 전복을 캐러 배를 타고 바다로 들어갔다가 광풍을 만나 대양(大洋)에서 오간지 17일 만에 겨우 유구에 표류하였고, 유구에서 중국에 가는 사신의 배를 타고 복건성(福建省)을 경유해 1년 만에 귀국한 것이다.

전복, 특히 신선한 생전복의 진상은 쉽지 않았다. 영조 44년(1768)에는 수군통제사가 진상한 전복의 맛이 상했기 때문에 국문을 받는다.

정조 5년(1781)에는 진상한 마른 전복이 썩어 부패하자 17고을의 수령이 파직당하기도 하였다. 전복이 없는 고을에서는 사다가 진상하기도 하였다. 정조 22년(1798)에는 "동래에서 진상하는 전복은 예전부터 토산물을 따서 바쳤습니다. 그런데 연전에 마침 감영(監營)에서 퇴짜를 놓는 바람에 다른 고을에서 사다가 바쳤었는데 그것이 그냥 관례로 굳어지고 말아 발생하는 민폐가 적지 않다."는 전 동래부사의 상소가 있다.

전복을 물에 잠수하여 채취하는 과정에서 어민들의 겪는 어려움에 대한 기록이 여럿 있다. 우선 송시열(宋時烈, 1607~1689)의 기록이다.

"제주도 도중의 어민들이 전복을 딸 때는 생명을 아랑곳하지 않고 백 길이나 되는 바닷물에 몸을 던져 들어가서 무서운 교룡(蛟龍)이나 고래와 악어 같은 동물들로부터 위험을 무릅쓴다. 그러나 재수 좋으면 한두 가지의 해산물을 채취할 뿐이고, 재수 없으면 맨손으로 나올 뿐이며, 거기에서 더 재수가 없으면 사람마저 나오지 못하게 된다(宋子大全 제137권)."

제주도는 유명한 전복 산지이고 해녀가 전복을 채취한다. 우리나라에 해녀가 생긴 연원은 확실치 않다. 다만, 김성구(金聖久, 1641~1707)의 남천록(南遷錄)[75]에는 '경신년(1680) 이후 전복 따는 일을 해녀들이 전담했다'고 한다. 전복을 따는 해녀를 보고 읊은 시가 있다.

〈제주를 읊은 시 중 해녀〉
가련하구나, 전복 캐는 여인이여,
휘파람 불고는 깊은 물속으로 헤엄쳐 간다.
마치 인어가 가라앉는 것 같아,
바로 구름 물결 사이로 아득히 사라지네.
〈濟州雜詠二十二首, 第十五首〉 金允植(1835~1922, 雲養集卷之五)
可憐採鰒女, 歌嘯游深淵. 恰似鮫人沒, 雲濤正渺然.

물속으로 잠수하여 해산물을 채취하는 해녀의 삶은 시에서처럼 아름답지만은 않았다. 이건(李健, 1614~1662)의 '제주 풍토기'에도 제주 해녀의 생활이 나온다. 이 기록에는 바다에서 물질을 하는 해녀를 잠녀(潛女)라 했고, 벌거벗은 몸을 드러내고(赤身露體) 관가에서 필요한 전복을 비롯한 해산물을 채취한다고 했다. 그 생활이 극히 어려워서 말로 형용할 수 없을 정도였고, 관리가 여러 명목을 걸어 쥐어 짜내는 것이 헤아릴 수 없어, 1년 내내 일해도

---

[75] 1679년 김성구가 제주 정의현감으로 있으면서 기록한 일기체 문헌.

관가의 요구에 따른 해산물을 채워 바치기도 어려울 정도로 관리들의 농간이 심하였다고 한다('濟州風土記' 葵窓遺稿卷之十一).

바닷가에 사는 이상 관가의 수탈을 면할 길이 없었다. 잠수 일 말고는 먹고 살 일이 없을 뿐만 아니라, 이름이 고기 잡는 천인 문서에 올라 있어(名參漁蠻籍) 전복을 캐어 바치는 것은 의무였다. 조선시대에 해녀는 잠수 일을 한다는 의미에서 잠녀(潛女)라고 했는데, 특히 심해 잠수를 해서 전복을 딸 수 있는 해녀는 채복녀(採鰒女)라 했다. 일종의 특수기능을 가진 여인들로 진상을 위한 전복 채취는 그녀들의 의무였다.

이러한 전복 진상의 피해에 대해 가장 심각하게 검토한 조선의 왕은 정조이다. 정조는 '제주목(濟州牧)에서 공물로 올리는 전복(全鰒)을 특별히 줄이라'고 하교하고 있다(弘齋全書제30권). 정조는 바닷가에 있는 고을 수령을 지낸 사람에게 전복 채취의 어려움을 물어 본다. 그 신하가 말하기를,

"선왕조(英祖)께서 일찍이 '누가 접시에 담긴 전복이 한 점 한 점 어민의 신고(辛苦)임을 알겠는가.'라고 말씀하셨습니다. 그 전복을 따는 때에 보니, 하는 일이 매우 어려울 뿐만 아니라 민폐도 많았습니다." 하였다(일성록 정조4년 1780).

정조는 "제주는 곧 바다 멀리 자리하고 있으면서 근래 흉년이 들어 대부분의 백성들이 굶주려 고통을 받고 있으니, 이를 생각할 때마다 고통이 내 몸에 있는 듯하였다. 지금 제주목에서 올린 장문(狀聞)[76]을 보니, 전복을 캐기 위하여 애쓰고 힘들어 하는 모습이 마치 눈앞에 보이는 듯하다. 이 일은 익히 들어 매번 바로

잡고자 한 지 오래되었다. 차라리 어공(御供)을 줄일지언정 어찌 나의 백성을 수고롭게 할 수 있겠는가. 연례(年例)로 공물로 올리는 회전복(灰全鰒) 5,508첩(貼) 17꼬치(串) 가운데 우선 줄여 주었던 것과 아직 줄여 주지 않은 것을 아울러 경감해 주라. 그리하여 섬 백성의 폐단을 조금이나마 제거해 주어 편안히 살 수 있도록 하라."고 교시하고 있다. 이어,

"제주(濟州)에서 회복(灰鰒)을 진상하는 문제는 전복을 잡는 자의 폐해가 아주 심하다. 이와 같은 진상은 그다지 긴요하지 않으니, 영구히 제감(除減)하는 것이 좋겠다(일성록 정조 2년, 1778)."고 하였다.

정조는 전복 진상제도를 개선하려 하였고 또 그 철폐를 시도하였으나 당대에 실행되지는 못했다. 전복 진상이 철폐된 것은 조선의 마지막 왕인 고종 때였다.

"각도의 6, 7월 물선(物膳) 가운데 생복(生鰒)과 생은구어(生銀口魚)는 민폐에 크게 관계된다고 하니, 내년부터는 영구히 봉진하지 말게 하여 생민의 고질적인 폐단을 제거토록 하라(왕조실록 고종 1년, 1864)."

말도 많고 탈도 많은 전복의 진상이 철폐되기는 하였지만, 때는 조선 왕조의 황혼 무렵이었다.

---

76 장계(狀啓)를 올려 임금에게 아룀. 또는 그 글.

57. 꼬막과 피조개 瓦壟子

옛 어보에 나오는 강요주(江瑤柱)라는 조개는 꼬막 종류를 말한다. 꼬막은 꼬막조개과의 조개로 껍데기에 부챗살 모양의 골(放射肋)이 있다. 9~10월에 산란하며 모래 진흙 속에 사는데, 요리에 많이 쓴다. 강요주란 이름 외에 괴륙(魁陸), 괴합(魁蛤), 와농자(瓦壟子), 복로(伏老) 등의 한자 이름이 있고, 꼬마피안다미조개, 살조개, 안다미조개 등 여러 우리이름이 있다.

꼬막 종류는 크게 참꼬막과 새꼬막, 피조개의 세 종류로 분류된다. 꼬막 중 진짜 꼬막이란 의미에서 '참'자가 붙은 참꼬막은 표면에 털이 없고 졸깃졸깃한 맛이 나는 고급종이라 제사상에 올려져 '제사꼬막'이라고도 불린다. 꼬막류 중 최고급 종은 피조개이다. 꼬막류는 산소가 부족한 갯벌에 묻혀 살기에 호흡을 위해서 혈액 속에 철을 함유한 헤모글로빈을 가지고 있어 붉은 피가 흐른다. 피조개라 이름 붙은 것은 참꼬막과 새꼬막에 비해 월등히 크고, 붉은 피를 두드러지게 볼 수 있기 때문이다. 조가비를 벌리고 조갯살을 발라내면 붉은 피가 뚝뚝 떨어진다.

피조개는 우리나라에서 조개 종류 중 가장 많이 양식되고 있으며, 거의 대부분이 일본으로 수출되고 있다. 대부분의 해산물이 양식한 것보다 자연산이 비싸지만 피조개는 양식한 것이 자연산보다 맛이 있어 자연산보다 세 배 정도 비싸. 무엇에나 지나치게 '자연산'을 찾을 것만은 아닌가보다.

꼬막은 벌교산이 최고로 대접받는다. 고흥반도와 여수반도가 감싸는 벌교 앞바다 여자만(汝自灣)의 갯벌은 모래가 섞이지 않는데다 오염이 되지 않아 꼬막 서식에 최적의 조건을 갖추고 있다. 지금도 벌교 아낙들은 길이 2미터, 폭 50센티미터 정도 되는 나무로 만든 '널배'에 꼬막 채를 걸어 갯벌을 훑으며 꼬막을 걷어 올린다. 허리까지 푹푹 빠져드는 갯벌에서 한쪽 다리는 널배에 올리고 다른 발로는 밀면서 이동하는 일은 여간 힘든 게 아닐 것이다. 더구나 꼬막이 제맛을 내는 겨울에서 초봄에 이를 무렵에 갯벌에서 이루어지는 작업이 고단함은 두말할 나위 없을 것이다.

꼬막 조개들은 예전에도 맛있고 귀한 음식으로 대접받았다. 살짝 삶아 초고추장과 함께 먹는 전라도 지방의 향토음식이 유명하다. 『자산어보』에 꼬막은 살이 노랗고 맛이 달다고 했다. 허균(許筠)이 쓴 『도문대작』에는, "강요주(江瑤柱)는 북청(北靑)과 홍원

(洪原)에서 많이 난다. 크고 살이 연하여 맛이 좋다. 고려 때에는 원(元) 나라의 요구에 따라 모두 바쳐서 국내에서는 먹을 수 없었다."고 기록하고 있다. 강요주가 '크고 살이 연하여 맛이 좋다'고 하니 참꼬막이 아니라 피조개를 말한 것으로 짐작된다.

옛 시에 강요주가 등장하고 있다. 성종 때 문인 조신(曺伸, ?~?)이 남효온(南孝溫, 1454~1492)의 문집을 내면서 서문에 쓴 내용의 일부이다.

〈추강집 뒤에 적다, 일부〉
특이한 맛으로 소문난 강요주 조개,
멀리 강해의 굽이에서 보내왔네.
든든하기가 육고기만은 못하다지만,
그 진기한 맛을 어찌 감히 깔볼까.
〈書秋江集後〉 曺伸(?~?, 秋江集跋)
賞異江瑤柱, 遠致江海曲. 飽不如芻豢, 珍味安敢瀆.

문집을 내면서 선배인 추강의 업적을 강요주에 비해 칭송하고 있다. 비록 풀을 먹여 키운 고기(芻豢)와 같이 속이 든든하지는 않아도, 그 품격이 진귀하다고 하였다. 이 시의 강요주 역시 피조개를 말한 것일 게다.

꼬막은 한자로 와농자(瓦壟子)라고 쓰기도 하고, 강요주(江瑤珠, 江瑤柱)라고도 쓴다. 그러나 『우해이어보』의 저자인 김려는 허준(許浚, 1539~1615)이 『동의보감』에 와농자를 '관북지방에서 나는 강요주'라고 한 것을 엄격히 비판하며 다음 시를 쓰고 있다.

〈우산잡곡, 꼬막〉

가을되자 어촌에서는 서로 맞아 들여서,
채합 조개를 소반에 올리고 맛나게 요리했네.
만약 허양평이 이 바닷가 마을에 왔었다면,
와농자를 강요주로 잘못 알진 알았을 걸.
〈牛山雜曲, 瓦䗩子〉 金鑢(1766~1822, 藫庭遺藁)
新秋漁戶另相邀, 綵蛤登槃五味調. 若使陽平來海嶠, 不將瓦䗩視江瑤.
● 陽平·허준은 1606년에는 양평군(陽平君)이라는 칭호를 받았다.

   담정은 와농자를 꼬막으로, 강요주를 피조개로 구분하여 비정하고 있는 것이다. 와롱(瓦䗩)은 '기왓골'이란 의미로 꼬막이나 피조개나 모두 껍질에 종으로 골이 있어 와롱이라 할 만하다. 그러나 강요주인 경우는 크고 맛있는 와농자, 즉 피조개를 말하고 있는 것이다.

58. 홍합 紅蛤

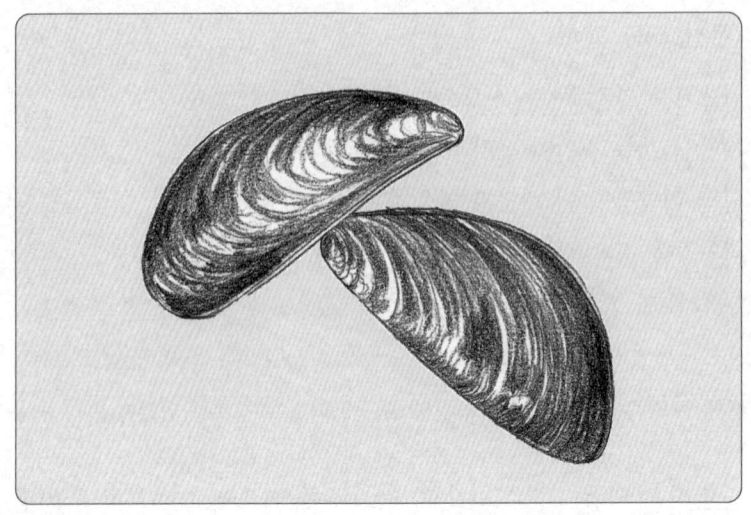

　홍합은 사새목 홍합과의 연체동물로서, 바닷가의 바위에 붙어 서식한다. 사투리로 담치, 합자, 열합, 섭이라고도 불린다. 맛이 달면서 성질이 따뜻해 피부를 매끄럽고 윤기 있게 가꿔준다고 하며 동해부인(東海夫人)이라고도 부른다. 한방에서는 자양, 양혈, 보간(補肝)의 효능이 있어 허약체질, 빈혈, 식은땀, 현기증, 발기부전 등에 처방한다.

　우리나라의 전 해안에 분포하며 남해안의 일부 지역에서는 양식이 되고 있다. 늦봄에서 여름사이의 산란기에는 맛이 떨어지므로 늦겨울에서 초봄이 제철이다. 5~9월에 홍합에는 입 마름과 마비 등을 일으키는 '삭시톡신(Saxitoxin)'이라는 독소가 들어 있어 겨울철에 먹는 것이 안전하다.

홍합은 껍데기가 검은데다 속살을 붉고 검은 털이 많이 나 있다. 그 털은 족사(足絲)라는 단백질성 섬유 다발로 접착성이 강해 그것을 이용해 바위에 붙어산다. 토종 홍합 외에 근년에 우리 해안에 지중해 담치가 퍼지고 있고, 껍질 안쪽이 진주 빛이 난다고 하여 '진주담치'라는 이름이 붙었다. 홍합과 유사하게 생겼으나 껍데기가 얇고 너비가 넓다. 지중해 담치도 족사(足絲)를 내어 붙어살며 강도가 강해 어른의 힘으로도 떼어내기 힘들며, 방파제나 어망, 부두의 다리 등에 많이 달라붙어 문제가 되고 있다. 지중해 지방에서는 맛있다고 평가되고 있다지만, 홍합보다는 맛이 못하다. '역시 우리 것은 좋은 것이여'인가.

홍합은 패각 안에 진주를 키우기도 한다. 홍합이 든 중국 음식인 짬뽕을 먹다가 회색 진주가 이에 씹히기도 하는데, 질은 그다지 좋지 않다. 우리나라의 진주는 예부터 중국에서 귀하게 평가되었고 고려주(高麗珠)라 불렸다.

연암 박지원의 『열하일기(熱河日記)』에도 진주 이야기가 나온다. 중국 귀주안찰사(貴州按察使) 기풍액(奇豐額)이 모자 끝에 우리나라 진주를 달긴 하였으나 빛깔이 썩 좋지 못하였다. 연암이 평가하기를, "이 진주는 토산(土産)이 아니오. 혹 홍합(紅蛤)을 먹다가 입 안에서 발견되는데, 이를 육주(陸珠)라 하나 너무 잘아서 보배로울 것 없소." 하였다.

홍합을 읊은 시 한 수. 시에서는 홍합이 모양은 보잘 것 없이 보여도 맛이 좋음을 말하고 있다. 그러면서도 홍합이 생선과 게보다는 잔치 음식으로는 떨어지지만 나름대로 맛은 있다 말하고 있다.

〈홍합〉
푸른 바다 속에 조개가 있는데,
형체가 미미해 보잘 것이 없어라.
붉은 빛이 선명하게 빛나고,
감미로운 맛도 매우 뛰어나지.
겨울에 채취하면 반찬으로 좋고,
말리면 봄에 잔치 음식에 쓰이지.
비록 생선과 게보다 못하지만,
좋은 품질은 비길 데가 없어라.
〈紅蛤〉李應禧(1579~1651, 玉潭詩集 玉潭私集)
有蛤滄溟裏, 形微百不侔. 丹赤珍輝燦, 甛香美味優.
冬拾宜盤膳, 春乾入宴需. 雖居魚蟹下, 嘉品食無儔.

　홍합은 생김새가 좀 거시기해서 이상한 비유로 쓰이기도 한다. 이덕무가 지은 『청장관전서』에도 해산물 중 사람의 신체부분을 닮은 것을 살펴보고 있다. 그 일부를 살펴본다.
"기괴한 해물들이 많이 있는데, 사람의 일부분을 닮은 것도 있다. 원나라 능준(凌準)의 『여황일소(艅艎日疏)』에 이렇게 되어 있다. '척거(戚車)는 남자의 성기와 비슷하고, 문설(文㗚)은 여자의 음부(女陰)와 비슷하다.' 상고하건대, 척거는 혹시 해삼(海蔘)으로 해남자(海男子)로 불리는 것인가, 그렇지 않다면 세속(世俗)에서 말하는 오만동(五萬銅)[77]의 별명(別名)인가? 그리고 문설은 혹시 홍합(紅蛤)으로 동해부인(東海夫人)이라 불리는 것인가?"

낙하생 이학규(李學逵, 1770~1835)가 김해의 5일 시장을 둘러보고 지은 시에도 '홍합은 털이 있어 싫고, 청어는 곤이가 들어 좋다(紅蛤憎含髦, 靑魚喜孕鮞.)'는 구절이 나온다(洛下生集冊十六). 왜일까?

홍합은 남성의 발기부전(陰痿)에 좋다고 한다. 물론 영양도 있고 약효도 있겠지만 생김새 때문에 효능이 좋다고 보는 플라시보(僞藥) 효과는 아닌지. 그럼 해삼과 홍합을 섞어 끓여 부부가 같이 먹으면 그 효과는 누가 볼까?

---

[77] 『자산어보』에 음충(淫蟲), 속어로 오만동(五萬童)이라 기록된 수산물은 미더덕으로 추정된다.

59. 소라螺

소라는 권패류(卷貝類) 소라과에 속하며 방추형 모양에 직경 8cm, 높이 10cm 정도 크기의 대형종이다. 나층(螺層)은 6~7층으로 껍질은 겉이 암청색이고 속은 희고 진주광택이 나며, 껍질 표면에 크고 작은 뿔 모양의 돌기가 많다. 소라과에는 소라 외에도 고둥이란 이름 들어간 여러 종류가 속해 있으나 고둥류가 소라류에 비해 크기가 작은 편이다. 소라란 이름이 들어간 것은 소라, 납작소라, 월계관소라뿐이며 대부분 소라과 조개는 고둥이란 이름이 들어가 있다.

한자명으로는 해라(海螺) 외에도 법라(法螺), 라(螺), 주라(朱螺) 등으로 불린다. 부산 포항 등지에선 소라고둥, 여수와 거문도에선 꾸적, 제주도에선 구쟁이, 해남, 통영 등지에선 살고동 등으로 부르기도 한다.

살은 맛이 좋아 회, 구이 등으로 먹고, 우리나라에선 특히 제주도와 울릉도 등지의 암초에서 많이 잡힌다. 살은 단백질이 20%로 풍부하며 지방이 적고 비타민A가 많지만 소화, 흡수율이 다른 생선에 비해 떨어지므로 노인과 병후 회복기에 있는 사람은 국물로 만들어 먹는 것이 좋다.

큰 소라껍질로는 나전 등 여러 가지 기구를 만드는 데도 사용되었지만, 껍질에 구멍을 뚫어 악기로도 사용되었다. 특히 옛 군악에 많이 쓰였다. 또 소라의 머리 부분을 가공하여 술잔으로도 이용하였다. 앵무소라 껍질로 만든 술잔을 앵무잔(鸚鵡盞)이라 하는데, 전(傳)하여 좋은 술잔의 뜻으로 널리 쓰인다.

〈앵무라 껍질로 술잔을 만들다〉

유구에서 온 사신이 꽃 소라를 주는데,
무늬와 빛깔 갈아낸 것 같이 빛나 시선을 끄네.
뾰족한 머리를 쪼게 떼어내니 술잔이 되기에,
손들어 단지에서 술 따르니 감탄이 절로 나네.
〈琉球使, 餉海螺三枚. 小如梨子, 黑點成文, 甚光潤. 剖作酒杯.〉 蘇世讓
(1486~1562, 陽谷集卷之三)

琉球使者贈花螺, 奪目斑文瑩可摩. 剖却尖頭成飮器, 手斟罇酒助唫哦.

외국에서 들여온 진귀한 소라껍질로 술잔을 만들어 마시니 술맛이 더욱 좋단다. 4구의 '금아(唫哦)'는 글자 그대로 풀면 '말을 더듬거나 입을 다물고 아! 하고 가볍게 소리 낸다'는 뜻이다. 감탄을 못 이기는 모습이다. 얼마나 잔이 좋기에 술을 따르고는 맛보기에 앞서 감탄부터 나올까?『수호지(水湖志)』에 호걸 송강(宋江)이 '맛난 음식이 아름다운 그릇만 못하다(美食不如美器).'라고 음식에 앞서 술집의 그릇을 칭찬하는 말이 나온다. 역시 술 맛에 앞서 술잔이 멋져야 한다는 말이렷다.

프랑스 시인 쟝 콕토((Jean Cocteau, 1889~1963)가 소라를 읊은 유명한 짧은 시가 있다.

내 귀는 소라껍질,
먼 바다 소리를 그리워하네.

몇 자 안 되는 짧은 글 가운데에 바다와 파도의 소리, 그리고 시인의 낭만이 담겨져 있지 않은가? 바닷가에 여행을 가면 토산품 가게에서 큰 소라껍질을 팔고 있다. 소라껍질을 귀에 대고 들어보면 휘잉, 하며 아련한 바람소리가 아득하게 들린다. 그러나 집에 가져와 들어보면 아무 소리도 나지 않는다. 바닷가 바람소리가 빈 소라껍질을 울려서 낸 소리였고 역시 바닷가에서만 들을 수 있는 소리였다. 도시로 온 소라껍질도 바다의 파도소리, 바람소리를 그리워할 것이다.

60. 어락도 읽기

물고기와 관련된 옛 그림을 찾다보니 자연스럽게 물고기를 그린 유어도(遊魚圖) 혹은 어락도(魚樂圖)를 접하게 된다. 처음에는 이런 그림에서 물고기의 사실적인 모습만 찾았지만, 차츰 그림이 상징하는 의미를 찾는 작업으로 넘어들어 가게 되었다.

오원 장승업(吾園 張承業, 1843~1897)의 어락도(魚樂圖)를 보고 잘 그린 그림이구나, 하고 심상히 넘어 갔지만 두고두고 관찰하니 비로소 그 그림이 품고 있는 상징성이 눈에 들어온다. 오원(吾園)은 호방한 필묵법과 정교한 묘사력으로 19세기말 조선화단을 풍성하게 살찌운 화가로, 이 어락도(魚樂圖)도 역시 발군의 필력이다(그림 11).

내리그림의 상단에는 말풀 사이로 잘 생긴 잉어가 몸을 번드치며 아래쪽을 바라보고 있다. 아래를 보는 잉어의 눈이 심상치 않다. 그림 중단에는 게 4마리가 갈대와 같이 배치되어 있다. 그 중 한 마리는 갈대를 집게발로 물고 있는 듯하다. 그림 하단에는 조그맣게 조개 2개가 배치되어 있다.

그림 제목은 '물고기의 즐거움'이지만 피상적으로 물속에서 노니는 물고기를 묘사한 것은 아니다.

잉어는 충효, 좋은 소식을 상징하지만 출세를 상징하는 심벌로도 그림에서 나타난다. 잉어가 용문(龍門)의 폭포를 거슬러 올라가면 용이 된다고 하며 이를 등룡(登龍)이라고 한다. 그림의 잉어 주위에 있는 말풀 즉 수초는 뿌리가 굳건하지 못한 식물이다. 따라서 잉어가 상징하는 선비는 아직 과거에 급제하지 못했거나, 출세가도에 오르지 못한 사람일 것이다. 또 말풀 대신에 부평초와 같은 풀이었다면, 이 선비가 타향살이를 하고 있음을 상징하게 된다.

또 게와 갈대도 옛 그림에 곧잘 등장하는 주제이다. 게와 갈대가 독립적으로 있거나, 게가 갈대 줄기를 물고 있기도 하며, 게가 갈대 잎으로 묶여 있기도 한다. 이러한 그림에는 '갈대를 전한다(傳蘆)'라는 화제가 붙어 있기도 하고, 또 전려도(傳臚圖)라고 불리고 있다. 전로(傳蘆)와 전려(傳臚)는 중국 독음(루)이 같아서 '갈대를 전한다(傳蘆).'는 말은 전려(傳臚)와 같은 의미이다.

전려(傳臚)는 임금이 직접 주재하는 과거 전시(殿試)에 붙은 2갑(甲)의 1인자를 일컫는 말이다. 즉 과거에 좋은 성적으로 급제하는 것이다. 또 전려(傳臚)는 여전(臚傳)과 같은 말로 '위의 말을 아래로 전달하는 일'이다. 과거에 좋은 성적으로 급제하여, 본인의 이름이 큰 소리로 불리게 되는 장면이기도 한다.

따라서 어락도 그림에 게와 갈대가 등장하는 것은 '과거에 좋은 성적으로 급제하라'는 의미이다. 갈대와 게를 서로 나란히 그림을 그려도 전려도(傳臚圖)인데 아예 게를 갈대로 꽁꽁 묶어놓은 경우에는 급제는 확실하다는 뜻이 된다. 그림에서 게딱지(甲)는 당연히 과거급제에서 첫째(甲)가 되는 것이다.

이제, 그림의 하단에 있는 조개의 상징이다. 조개(蛤)는 그림 맨 아래쪽에 배치되어 있다(下). 아래쪽에 있는 조개(蛤下)는 대신의 높임말인 합하(閤下)를 상징하며 각하(閣下)와 같은 뜻을 가진 말이기도 하다. 즉 크게 출세한다는 의미이다.

오원의 어락도에서 잉어(선비)는 가까이로는 게와 갈대(과거 급제)를 바라보고 있으며, 멀리로는 조개(합하)를 바라보고 있다. 비록 잉어로 대신하지만 그 바라보는 눈길이 야심만만하게 보인다.

이 어락도는 오원이 어느 사람에게 과거에 훌륭한 성적으로 급제해서 큰 사람이 되라고 축원하는 이미지를 그림에 담은 것이다. 또 그림에서 오원은 선비의 출세하는 과정을 공간적 경과와 원근 거리감을 살려 표현하고 있다.

이 그림을 위에서부터 내려 볼 때 잉어, 게와 갈대, 조개의 순서이며, 또 먼 후일의 일인 높은 자리(합하,

〈그림 11〉 오원 장승업의 어락도

각하)는 멀리 아득히 보이는 조개로서 조그맣게 구석에 그려져 있는 것이다.

어락도는 그림에 나오는 물고기 자체만으로도 훌륭한 볼거리이다. 그러나 그 그림의 뜻까지 알게 되니 이제부터는 물고기 그림을 한번 보고 지나칠 수 없게 되었다. 당세의 대가인 오원으로부터 이 그림을 받은 사람은 무척 기뻤을 것이다.

<참고 문헌>

권문해 지음, 경상한학연구회 역주, 『大東韻府群玉』, 소명출판사, 2003.
권오길, 『열목어 눈에는 열이 없다』, 지성사, 2003.
권오길, 『생물의 애옥살이』, 지성사, 2007.
김대민, 『물고기 열하일기』 상·하, 다인아트, 2005.
김려 지음, 박준원 옮김, 『牛海異魚譜』, 다운샘, 2004.
김무상, 『어류의 생태』, 아카데미서적, 2003.
김시습 지음, 이가원·허경진 옮김, 『금오신화·매월당집』, 한양출판, 1995.
김익수, 『춤추는 물고기』, 다른세상, 2004.
김익수 외, 『한국어류대도감』, 교학사, 2005.
김익수, 『그 강에는 물고기가 산다』, 다른세상, 2013.
감장한 옮김, 『列仙傳』, 예문서원, 1996.
김판수, 『낚시, 여백에 비친 세상』, 이카루스미디어, 2008.
김홍석, 『우해이어보와 자산어보 연구』, 한국문화사, 2008.
김홍석, 「어명의 명명법에 대한 어휘론적 고찰」, 『국어국문과 국문학논집』, 단국대학교, 2000.12.
남광우 편, 『고어사전』, 교학사, 2009.
柳僖, 『物名考』, 1824.
민패류박물관, 『신원색한국패류도감』, 도서출판한글, 2001.
박수현, 『바다 생물 이름 풀이사전』, 지성사, 2008.
박영수, 『유물속에 살아있는 동물이야기3』 영교출판, 2005.
방기혁, 『중국의 어구어법 및 한중간 어류명 대조표』, 해양수산부어업협정기획단, 1999.
서동찬, 『낚시백과사전』, 자연과학, 1998.
徐有榘 지음, 김명년 역, 『佃漁志』, 한국어촌어항협회, 2007.

徐有榘, 『林園經濟志 佃漁志』, 고대본·오오사카본.

서정범, 『국어어원사전』, 보고사, 2003.

성구수 옮김, 샤를 바라, 『조선기행』, 눈빛, 2006.

여찬영, 「우리말 물고기 명칭어 연구」, 『전통문화연구9호』, 효성여대 한국전통문화연구소, 1994.

유재명, 『물고기백과』, 행림출판, 1996.

李嘉煥·李載威, 『物譜』, 1820.

이광정, 『물고기 백과』, 행림출판, 1996.

이기석·한백우 해역, 『詩經』, 홍신문화사, 1999.

이두석 외 2인, 『水邊情談』, 국립수산과학원, 2006.

이두석 외 2인, 『속담 속 바다이야기』, 국립수산과학원, 2007.

李晩永, 『才物譜』, 필사본, 1798.

이원섭 역, 『詩經』, 현암사, 1967.

이 옥 지음, 실시학사 고전문화연구회 역, 『이옥전집 3. 벌레들의 괴롭힘에 대하여』, 휴머니스트, 2009.

이태원. 『현산어보를 찾아서 1~5』, 청어람미디어, 2003.

李學逵, 『物名類解』

이학영, 『물고기여행』, 창조문화, 2005.

이화영, 『述異記 試論 및 譯註』, 이화여자대학교 대학원 석사학위 논문, 2003.

이황 지음, 장세후 옮김, 『도산잡영』, 을유문화사, 2005.

저자 미상, 『廣才物譜』, 필사본, 19세기초.

전학수, 『한시어사전』, 국학자료원, 2002.

정기태 지음, 『고기잡이 여행』, 바보새, 2004.

정문기, 『물고기의 세계』, 일지사, 1997.

정문기, 『한국어도보』, 일지사, 2005.

정석조, 『詳解 玆山魚譜』, 신안군, 1998.

정약용 지음, 정해렴 역주, 『雅言覺非·耳談續纂』, 현대실학사, 2005.
정약전 지음, 정문기 옮김, 『玆山魚譜』, 지식산업사, 2004.
정양완 외 3인, 『朝鮮後期漢字語彙檢索辭典』, 한국정신문화연구원, 1997.
정학유 지음, 허경진·김형태 옮김, 『詩名多識』, 한길사, 2007.
정후수, 『話典』, 어진소리, 2004.
최기철, 『민물고기』, 대원사, 2001.
최기철, 『쉽게 찾는 내 고향 민물고기』, 현암사, 2001.
최기철, 『우리 민물고기 백 가지』, 현암사, 2002.
최기철 외 2인, 『한국패류도감』, 아카데미서적, 1993.
崔永年, 『海東竹枝』, 장학사, 1925.
최　윤, 『뛰는 물고기 기는 물고기』, 풍등출판사, 2010.
최　윤 외 2인, 『낚시물고기 도감』, 지성사, 2000.
최　윤 외 2인, 『한국의 바닷물고기』, 교학사, 2008.
최태호, 『낚시와 인생』, 범우사, 1978.
한국민족문화대백과사전 편찬위원회, 『한국민족문화대백과사전』, 한국정신문화연구원, 1991.
한국정신문화연구원, 『한국구비문학대계』, 2002.
한창훈, 『인생이 허기질 때 바다로 가라-내 밥상 위의 자산어보』, 문학동네, 2010.
한국고전번역원, 『고전번역서』, 『한국문집총간』, 『국학원전』 데이터베이스.

고전古典과 설화說話속의 우리 물고기

2013년 6월 20일 1판 1쇄

글	이하상
그림	강우규
편집	최영수 김민철
인쇄	동양문화인쇄포럼
펴낸이	김수경
펴낸곳	도서출판 목근통
등록번호	제 6-0609
등록일자	2002년 6월 25일
주소	서울·동대문구 답십리4동 961-2 송화B/D 603호
전화	02)2242-7120, 02)2242-2248
팩스	02)2213-2247
전자우편	dongyt@chol.com

저작권자와 맺은 협약에 따라 인지를 생략합니다.

값은 뒤 표지에 적혀 있습니다.
잘못 만든 책은 서점에서 바꾸어 드립니다.

ISBN 978-89-958363-5-4 03810